中国-上海合作组织国际司法交流合作培训基地学术文库

刑事处罚早期化问题研究

赵运锋 ◎ 著

中国政法大学出版社

2023·北京

声 明	1. 版权所有，侵权必究。
	2. 如有缺页、倒装问题，由出版社负责退换。

图书在版编目（CIP）数据

刑事处罚早期化问题研究/赵运锋著. —北京：中国政法大学出版社，2023.8
ISBN 978-7-5764-1046-4

Ⅰ.①刑… Ⅱ.①赵… Ⅲ.①刑罚－研究－中国Ⅳ.①D924.134

中国国家版本馆 CIP 数据核字(2023)第 150519 号

出 版 者	中国政法大学出版社
地 址	北京市海淀区西土城路 25 号
邮寄地址	北京 100088 信箱 8034 分箱　邮编 100088
网 址	http://www.cuplpress.com（网络实名：中国政法大学出版社）
电 话	010-58908285(总编室) 58908433（编辑部）58908334(邮购部)
承 印	固安华明印业有限公司
开 本	720mm×960mm　1/16
印 张	17.25
字 数	280 千字
版 次	2023 年 8 月第 1 版
印 次	2023 年 8 月第 1 次印刷
定 价	79.00 元

前 言

风险社会理论虽然于20世纪50年代产生于大陆法系国家,但该理论并未局限于西方社会,其超越了地域限制、超越了民族和国家范畴,在全球范围渗透和蔓延,其理论影响也覆盖到不同法系的国家和地区,产生的法学效果与社会效果难以估量。易言之,源于风险社会的现代社会风险是一种全球性的风险,不管是居住于地球上任何地方,都不能对这种现代性社会风险置之不理,不论是哪个学科领域,都不能忽视风险社会理论对学科发展的影响。于是,随着风险社会理论成为热点话题,关于风险问题与应对的理论探讨开始从不同视角,在政治、经济、金融、管理、医药、科技、科技、卫生、教育、法律等诸多领域予以展开。法学作为社会科学的重要组成部分,利用风险社会理论分析法律问题显然是合理的,也是必要的。

21世纪以来,恐怖主义、环境污染、网络犯罪、食品与药品安全事故、金融风险等新型风险在生活世界的逐渐泛化,极大刺激了公众的安全神经,不安和焦虑感在全社会迅速蔓延,也使得社会公众对安全产生了更高的诉求。[1] 据此,风险社会带给社会公众的不仅是客观的现实风险,还有内心的焦虑不安。由此,学界开始反思现代工业社会制度,对技术风险和制度风险进行有针对性的研究,并基于此提出不同于工业社会的社会学理论。于是,风险社会理论应时而生,遂成为西方社会分析和解决社会问题的模式和工具。风险社会理论是对西方社会发展的制度性反思,是在社会学理论演进的基础上发展起来的。一定意义上,在西方社会理论演进中,风险社会是具有范式转换

---

[1] 参见劳东燕:"风险社会与功能主义的刑法立法观",载《法学评论》2017年第6期。

意义的新理论，对西方社会科学的发展具有划时代的意义，是学界分析和解决社会问题的一种新的理论体系和框架。

具体到法学领域，立足于资本主义社会初期工业社会建构起来的古典刑法理论与犯罪论体系远远不能应对当下复杂的犯罪态势，尤其是不能合理回答抽象危险犯、客观归责、罪责客观化的正当性问题。基于此，改变既有的刑法理论与刑法结构以应对社会风险高发社会的犯罪形势，显然是现代刑法的未来发展方向。刑法是社会规范体系的重要部分，是社会主体的行为规范，于是，在社会问题的分析与应对层面上，风险社会理论与刑法理论找到了共同的话题和问题所在。质言之，风险社会理论逐步成为认识和分析刑法问题的理论工具，刑法理论转型、刑法结构变革开始成为时代话题，并日益推动刑事立法的发展和更新。也即，刑法理论的时代转型更不容忽视。尽管传统刑法体系仍然有效并发挥基础作用，但却面临知识结构陈旧、知识体系滞后、知识内容冲突等问题，亟待通过适度的知识转型确保刑法的时代适应性。[1]质言之，正处于全面转型时期的我国所面临的"风险"并不低，且在风险形式和具体内容上更为复杂和多元化，由此，知识转型是刑法发展的社会需要与内在诉求。也即，我们所面临的"风险"既有农业社会的风险，也有工业社会的风险，还有后工业社会的风险，是三种风险的叠加，情况更加复杂。所以，来自西方社会的"风险刑法"理论仍具有积极的借鉴意义。[2]

鉴于风险社会在理论法学领域尤其是在刑法学领域的影响，学界将其作为探讨刑法问题的理论范式和分析模型，风险社会理论逐渐成为刑法成长、发展的支撑和基础，并成为改造法律体系与刑法结构的理论模型。比如，德国刑法学者最早提出了"风险刑法"[3]的概念，旨在顺应风险社会的要求对刑法理论和刑法结构进行修正。[4]及至21世纪初，风险社会理论开始进入到国内刑法领域，风险社会理论的话语体系开始为诸多刑法学者接受，被作为分析刑法问题的理论依据。我国的刑法学者，尤其是中青年刑法学者，对

---

[1] 参见高铭暄、孙道萃："预防性刑法观及其教义学思考"，载《中国法学》2018年第1期。
[2] 参见同志："刑法扩张下的审判立场"，载《人民法院报》2016年4月20日，第6版。
[3] 在德国刑法理论界，金德豪伊泽尔、齐白教授等人积极倡导风险刑法观，也有学者称之为象征刑法、功能刑法或安全刑法，前述概念虽然在具体名称上有一定区别，不过，都是基于风险社会背景提出来的刑法概念，是刑法属性的时代体现，也是对风险社会的刑法回应。
[4] 参见吕英杰："风险社会中的产品刑事责任"，载《法律科学（西北政法大学学报）》2011年第6期。

刑法上的新事物和新理论尤其敏感，纷纷主张将风险社会理论作为分析我国社会形态的理论工具，并据此对我国传统的犯罪构成、刑事责任、因果关系、法益理论等刑法问题进行解构和改造，以应对风险社会视域下出现的诸多社会风险问题。

我国当前正处于社会转型时期，社会改革不断向纵深推进，科技的迅速发展与生产力的高速增长，使得各种社会风险的释放达到了前所未有的程度，诸如环境污染、食品安全危机等社会发展之阴暗面也开始不断暴露。有学者认为，这在一定程度上表明，我国正经历从工业社会向风险社会的转变。因此，如何以刑法规范控制社会风险，乃是当今中国刑法学应努力探讨的时代课题。[1] 当然，对于该论者关于我国进入风险社会的观点，我们持保留意见。不过，需要承认的是，我国的社会正在发生结构性转变是无可争议的。这种社会的快速变迁导致了中国社会结构的特征：从某些方面看，中国社会仍表现出强烈的传统/前现代特征，而从另一些方面看，中国社会已经进入了后现代社会。这一特征表现在风险领域内，就是我们不仅面临大量传统风险的挑战，也无可避免地要应对一些现代风险的挑战。近年来发生的一系列事件表明，风险社会距离中国其实并不遥远。"在这样的背景下，风险社会理论为理解和思考中国的社会发展提供了一个不可或缺的视角。"[2]

当然，虽然风险社会理论尚未被我国主流理论界认可，有关我国社会发展的论争还在持续，但是，这并不影响风险社会理论在我国法学理论发展中的建设性作用。也即，近年来基于我国社会发展的变化，在刑法理论层面上持续围绕风险社会、风险刑法、刑法风险等问题展开了深入讨论，并对刑法理论与司法实践产生一定程度的影响。基于此，以应对社会风险为目的的刑事处罚早期化概念被提出和发展，并逐渐为理论界和实务界所熟悉。于是刑法关注重点开始从事后惩罚功能转向事前预防功能，并基于此改变着刑法的内部构造和外部机能。"预防刑法以及由此催生的刑罚积极预防机能的空前强化，展示了现代刑法正在经历规范结构和机能上的综合调整。"[3] 由此可知，

---

[1] 参见姜涛："风险刑法的理论逻辑——兼及转型中国的路径选择"，载《当代法学》2014年第1期。

[2] 赵延东："解读'风险社会'理论"，载《自然辩证法研究》2007年第6期。该论者关于风险社会的观点是理性的，也对我国社会结构的复杂性做了合理概括。

[3] 何荣功："预防刑法的扩张及其限度"，载《法学研究》2017年第4期。

报应刑法向预防刑法的转变是现代刑法发展的新阶段，是刑法发生结构性变化的基础，也是对社会发展的积极回应。其实，积极的一般预防不仅在欧洲大陆盛行，在其他地区也相当流行，是当代刑法理论发展的新趋向。正如有的学者所言：进入20世纪中期，报应刑法的没落与特殊预防之矫治构想的失败已成为不争的事实，一般预防则脱颖而出，成为各国刑法的首要目的。不管在美国还是斯堪的那维亚或是德国，都可以察觉到积极的一般预防、间接的或是整合的一般预防占了上风。[1] 于是，在以后的年代里，刑法模式开始随着社会发展而发生转变，风险刑法逐渐补充甚至将替代自由刑法，并成为世界范围内的主流刑法理论。尤其是到了20世纪80年代以后，风险社会理论获得飞速发展且日益盛行，并继而成为社会科学的支配性理论。在刑法上，对刑罚的积极预防功能重视程度获得空前发展，刑法必须基于社会共同体的安全需要做出反应，成为一种正义且必要的选择。在积极预防理论的系统里，刑法与刑罚的目的是维持刑法规范或者法秩序在公众心目中的效力，追求的是"信赖"或"安抚"两种效果。即通过向公众宣示法秩序的不容侵犯，强化公众对法的忠诚和信赖。[2] 基于此，培养社会主体的刑法认可与信赖，成为积极预防刑法理论追求的目标。

　　刑事处罚早期化是近年来刑法理论上提出的一个概念，是基于应对社会风险而产生的刑法问题，也是基于社会风险高发而充分发挥刑法积极预防功能的表征。质言之，在现代社会风险态势下，为了保障社会秩序的安全，刑法介入的时机和态度不得不发生变化，即介入的时间提前，不是在行为已经造成了法益（个体法益）侵害时才进行介入，而是在侵害的危险出现时就允许刑法的介入，也就是使刑法成为最有利于保护社会安全的刑法。[3] 根据前文所述，刑事处罚早期化的基本内涵是指，即使行为尚未造成现实的法益侵害，因其对法益具有严重侵害的威胁或者可能，而应受到刑事处罚。质言之，社会成员容认了国家为了迅速有效的应对危险而提前介入社会生活的倾向，为了使之正当化，提出了例如"为了维持安全的社会生活""为了维持国家·社会秩序""为了维持平稳的社会生活环境""为了下一代更加美好的社会生

---

　　[1] 参见［德］许逎曼："刑法体系与刑事政策"，载许玉秀、陈志辉合编：《不移不惑献身法与正义：许逎曼教授六秩寿辰》，新学林出版股份有限公司2006年版，第59页。

　　[2] 参见程红："象征性刑法及其规避"，载《法商研究》2017年第6期。

　　[3] 参见李洁："风险社会的刑法立法期待"，载《检察日报》2011年12月9日，第3版。

活环境"等各种各样的根据。可是，这些根据最终在刑事立法中蕴含了容忍将"如果有危险就有刑罚"原则化、扩大化的危险。[1]

刑事处罚早期化的出现迅速引起理论与实务上的关注，并逐渐成为学者探讨和研究的对象。风险刑法理论的核心在于刑罚范围扩张、刑法处罚前置，从而更好地维护社会秩序。由此，一定程度上，风险刑法与刑事处罚早期化理论有内在的一致性，都主张积极应对和规制社会风险，以解决日益引起民众关切的风险扩大问题。对此，需要肯定刑法介入早期化的价值和意义，这既是消除社会成员不安、规避风险的要求，也是发挥刑法规范的威慑作用、督促社会成员形成规范意识的要求。与传统的刑事立法与刑事司法相比较，刑事处罚早期化主要是指刑法介入生活领域的时间提前，或者违法行为构成犯罪的门槛降低。由此，相比传统的司法实践，刑事处罚介入时间明显提前，犯罪成立标准也开始前移，以至引申出刑事处罚早期化等刑法问题。在这个意义上，刑事处罚早期化并不是风险社会下的概念，与传统刑法也有一定区别，因此，符合现代社会发展的刑法发展路径。对此，有学者认为，这属于刑法发展的第三条道路，我们认为有一定道理。纯粹的功能性刑法那种忽略法治国刑法的主张，以及法兰克福学派这种让刑法退出风险控制领域的主张，都是一种过于片面的立场，因而，主张在重新认识因果关系问题、故意和不法意识问题、实行人和参与人以及法人责任等之后，寻找一种第三条道路，才是解决问题之道。[2] 该论者虽然并非直接论述刑事处罚早期化理论，但其关于第三条道路的发展思路，对构建刑事处罚早期化理论具有积极意义。

从刑法理论上看，刑事处罚早期化是一个宏观概念，其源自对国内外刑法理论问题的思考和总结，比如，理论上的风险刑法、敌人刑法、刑法积极主义、功能主义刑法、积极立法主义等概念。分析国内外的刑法理论，基本都是对传统的自由刑法观进行的反思，并根据社会发展需要，对刑法属性进行重新定位，对刑法内容进行更新，并改造和发展刑法体系，继而提出一系列符合社会需要的刑法理论。"在面对风险社会下法益保护的需求时，传统刑

---

[1] 参见［日］关哲夫："现代社会中法益论的课题"，王充译，载《刑法论丛》2007年第2期。

[2] Vgl. Stratenwerth, Zukunftssicherung mit den Mitteln des Strafrechts, ZSW105, 1993, S. 679.

法的反应速度、反应方式以及对公众的保护程度都显得苍白无力。社会需求作为法律的最为重要的形塑性力量之一,必然会催生法律的变迁。"[1]从这个角度看,刑事处罚早期化是对刑法理论发展趋向的凝练,是对刑法理论发展内容的抽象,也是对司法实践表现的归结。对此,刑法理论上不断有学者提到刑事处罚早期化的概念,但同时也能看到,学者们往往是在论述刑法属性、刑法价值、刑法机能等问题时,顺带提出刑事处罚早期化的概念,但是,理论上鲜有对该概念进行的深度分析和论证,更未有对刑事处罚早期化引起的问题进行检讨和反思。因此,围绕刑事处罚早期化问题进行研究,并对其相关的问题展开深入讨论,显然具有深刻的理论价值和实践意义。

刑法传统理论坚持谦抑性,刑事处罚的二次性和保障性是刑法的重要属性。易言之,刑法规范在社会生活面前应该保持足够的谨慎,在功能和价值上都不能显得过于积极,以避免彰显刑法干预社会生活的内在冲动。因此,刑法学者对刑法干预的宽度、深度和广度一般都持相对谨慎的态度,并对实践上弱化谦抑性的刑法解释和司法判决,往往进行有针对性的批判,以确保刑法的干预机能体现内敛和抑制的特性。因此,罪刑法定原则的重要性总是被提及和坚守,理论上对刑法的目的解释和社会学解释往往伴有质疑的目光,刑事立法的范围和对象也经常成为理论评判的对象,行刑衔接、刑民交叉等问题总会给理论界和实务界带来持续不断的话题。不过,随着社会的发展,多年来一直坚持和追求的现代社会还未完全呈现到国人面前,风险社会就带着凌厉态势进入国内各个领域,并随即成为理论界分析问题和构建理论框架的分析模型,发展之快令人叹为观止。基于此,作为社会治理的规则手段,刑法的谦抑性内涵和精神在理论上也逐渐发生转变。我们认为,在不同的社会形态下,对刑法谦抑性的理解应该有所不同。刑法谦抑性理论产生于工业社会,其精神是为了限制刑法对社会的干预限度,确保刑法最后性在司法实践上的贯彻。及至西方的风险社会,鉴于社会风险的提升,刑法在社会干预的深度上也应该发生变化,刑法的最后性特征不再是其干预社会合理性判断的通行标准。由此,与传统意义不同,刑法谦抑性在当代社会中获得了新的内涵和理解。根据积极的刑法观,在新的社会背景下,刑法的保障机能逐渐

---

[1] 郝艳兵、解永照:"风险社会下刑法的提前保护",载《江西警察学院学报》2011年第6期。

弱化，刑法的秩序保护机能开始被提倡，刑法积极干预社会生活的冲动和态势逐渐成为一种常态，并转化为社会现实，在刑事立法与刑事司法上的体现也日渐明显。

刑法学者从社会学上引入风险社会概念，并将其作为问题分析模型和理论范式，依托风险社会理论对刑法结构和刑法体系进行反思，并对传统的犯罪构成内容进行发展和重构，进而达到影响刑事立法、刑法解释和司法实践的目的。比如，德国著名刑法学家罗克辛、金德豪伊泽尔、雅科布斯等，国内刑法理论界的劳东燕、冯军教授等，都主张在刑法研究上引入风险社会理论，并对刑法属性的深入探讨发挥了重要作用，为刑法立法发展和刑法结构演变奠定了理论基础。比如，在日本，最近一二十年时间里越来越频繁地实施刑法修正，而且其刑事立法也陆续增加了不少未遂犯、危险犯、预备犯的处罚规定，从而呈现出刑法保护早期化的特征。[1] 对此，国内有学者认为，根据社会风险治理的需要，刑法早期介入社会生活有其必要性与合理性。"随着社会生活越来越复杂化，法益保护的早期化越来越必要"[2]。当然，从刑法理论看，反对风险刑法的国内外刑法理论学者不乏其人，并且，反对风险刑法[3]的声音一直都占据主导的理论地位。但无论如何，风险社会理论带给刑法理论与犯罪结构的转变是不可忽视的，也是不能肆意弱化的。由此，在一定意义上，风险刑法成了现代刑法的重要属性，通过风险刑法还不断衍生出新的刑法概念，比如，积极刑法主义、功能主义刑法解释、积极的立法主义、人工智能的刑事责任等。在前述理论指导下，在刑事立法理论上不断创新出具体的概念，如未遂行为实行化、帮助行为正犯化、具体危险抽象化等。在刑法解释理论上，基于风险社会的影响，实质解释、目的解释、客观解释的地位和功能在规范解释上被逐渐强化。在刑法与部门法的关系上，刑法干预的积极性日渐提升，违法行为犯罪化的门槛日趋降低。

刑事处罚早期化概念的提出和发展有具体的理论背景，基本动因是源于大陆法系刑法理论的传入，并在国内刑法理论上迅速发展和蔓延。风险社会概念缘起于德国社会学家贝克的社会学理论，并经其他学者发扬光大。因此，

---

[1] 参见胡江："《刑法修正案（九）》恐怖主义犯罪规定的解读与思考"，载《理论月刊》2016年第7期。

[2] 张明楷："日本刑法的发展及其启示"，载《当代法学》2006年第1期。

[3] 国内著名刑法学者如张明楷、陈兴良教授等都曾撰文，明确反对或质疑风险刑法理论。

德国的刑法理论近水楼台，最早经受风险社会的影响，继而衍生出风险刑法、安全刑法、敌人刑法等理论。基于风险刑法的理念，德国的刑法体系发生了重大变化，刑法教义学与刑事政策学之间的鸿沟成为历史，刑事政策开始融合到刑法教义学当中，并不断改造传统的犯罪构成体系，于是犯罪论体系政策化取向日益明显。基于此，罗克辛教授提出的积极的一般预防理论遂成为德国当代犯罪论体系发展完善的理论基础，并对三阶层犯罪构成体系发展和演变起到了重要的改造和推动作用。比如，罗克辛教授曾指出：答责性的评价不仅仅涉及人们是否对行为人能够提出（罪责）非难的问题，也涉及这样的判断：即从刑法的视角来看行为人是否必须对其行为负责。据此，他认为可谴责性只是答责性的必要但非充分的条件，必须加上预防的制裁必要性。[1] 雅科布斯教授则提出功能性的罪责概念，明确主张罪责非难的前提不是非难可能性，而是现实的或可能的预防需要。他认为，目的赋予罪责概念以内容，罪责的确定在于为确证秩序与法信赖之间的联系而惩罚公民的需要提供根据；罪责由一般预防所构建，并根据一般预防来衡量。[2] 于是，三阶层犯罪论体系中的因果关系、违法性和有责性等内容都发生了改变，客观归责、实质合法性及答责等内容遂成为新的犯罪构成要素。近年来，德国刑法理论对我国的刑法理论的影响，在速度上开始加快，在深度上持续加强，尤其是对我国刑法理论界中的中青年学者群体产生重要且深远的影响。正是基于德国刑法理论的转变、刑法结构的调整，以及刑法理念的变化，国内学者也开始通过比较分析，借鉴德国刑法理论和犯罪论体系，随之改造我国传统刑法理念和刑法结构，并借此改变我国长期形成的刑法理论传统与犯罪构成体系[3]。

刑事处罚早期化是我国法学理论上的一个重要问题，如果不能从理论上对刑事处罚早期化问题做深入和有效研讨，对刑事处罚早期化及有关的刑法理论问题就不能达致合理认知。但是，从当前理论研究现状看，理论界对刑

---

[1] Vgl. Jakobs, Schuld und Prävention, 1976, S. 8-9.

[2] Vgl. Roxin, Strafrecht Allgemeiner Teil, Band I, 4. Aufl., C. H. Beck's Verlag, 2006, S. 858-859.

[3] 近年来，刑法理论上相继出现风险刑法、安全刑法等较为代表性的刑法观念，并由此派生出积极的刑法立法主义、功能主义刑法解释、积极主义刑法观、积极的一般预防等理论，都在不同程度上改变着我国传统刑法理论，并对我国犯罪构成的价值基础起着一定消解作用。

事处罚早期化的研究一般仅限于内涵、理论功能等部分内容，对刑事处罚早期化问题的系统化研究还远远不够。刑事处罚早期化对刑事立法与司法实践可能带来的消极影响更是缺乏全面且合理的关注和探讨。当然，刑事处罚早期化不单单是刑法理论问题，在刑事立法与刑事司法层面上也有重要影响，历年刑法修正案中出现的诸多立法条款都表征了刑事处罚提前的现象，司法实践层面出现的犯罪门槛降低与犯罪标准前移等，也显现出与刑事处罚早期化问题密切相关。比如，《中华人民共和国刑法修正案（九）》以扩大恐怖活动犯罪圈并加重刑罚的方式，应对恐怖主义带来的社会风险。具体表现为增设了六个新的罪名：准备实施恐怖活动罪，宣扬恐怖主义、极端主义、煽动实施恐怖活动罪，利用极端主义破坏法律实施罪，强制穿戴宣扬恐怖主义、极端主义服饰、标志罪，非法持有宣扬恐怖主义、极端主义物品罪以及拒绝提供间谍犯罪、恐怖主义犯罪、极端主义犯罪证据罪等。从刑罚设计上看，《中华人民共和国刑法》第120条组织、领导、参加恐怖组织罪增加规定了财产刑规定。由此，从恐怖主义犯罪新设罪名和增加刑罚方式两个维度能清楚地看出刑事立法体现出来的刑事处罚早期化特征。鉴于此，从理论上探讨刑事处罚早期化问题，不仅具有重要的理论意义，还有切实的实践价值。除了立法上的明确规定，实务层面也有体现。比如，对预备行为或未遂行为进行实行化的立法规定，或者强化对预备行为和未遂行为的司法处理，以迎合理论上的刑事处罚早期化思想，都在近期的刑事司法实践当中有充分表征。另外，对缺乏行政监管或行政处罚的危害行为进行刑法干预、对危害程度不足的行为认定刑事犯罪，对刑民交叉行为擅自刑法介入等，都表明刑事处罚早期化在司法实践上也有一定市场，并成为积极刑事司法政策的鲜明体现。

其实，关于刑事处罚早期化的现象和类似的立法规定在国外刑法中并不鲜见，在德国和日本刑法中，就有将未遂行为规定为独立犯罪的情形。《德国刑法典》第331条和第332条规定了接受利益罪，根据该规定，公务员或者对公共职务负有特别义务的人就其职务活动为自己或者他人索要让他人允诺或收受他人利益的，就构成本罪的既遂；《日本刑法典》第208条暴行罪规定，施暴行而没有伤害他人的，处二年以下的惩役、三十万日元以下的罚金或者拘留或者科料。观察上述德日刑事立法的最新动态不难发现，德国刑事立法犯罪化、处罚早期化和重刑化迹象明显，甚至出现了被称为"象征性立法"[1]的现象,而且还有持续发展的趋势。更为重要的是,这种立法现象并非德日等国独有,在大陆法系的其他国家、英美法系国家同样存在。在英美法系中,预防性法规的发展主要集中于恐怖活动、环境犯罪等公共安全领域。例如,英国《2000年恐怖主义法案》中第57条第1款规定,如果行为人所持有的物品被合理怀疑与组织、准备或教唆恐怖组织犯罪有关,则其可被认定为构成该罪。2007年,英国确立"重罪预防令"制度,将预防性原则适用于破坏环境、贩毒、拐卖人口、走私武器弹药等严重刑事犯罪领域,这昭示着此类预防性权力的扩张与实施将成为常态,成为"预防性正义"兴起与发展的里程碑。

从2011年《中华人民共和国刑法修正案(八)》到2015年《中华人民共和国刑法修正案(九)》,从时间上看,刑法的修正进程明显加快,修正内容也大幅增加,修正内容不仅涉及基于创立新型法益而增设的系列罪名,而且涉及对既有规范的重点修正与完善。前者扩大了10个罪名的适用范围,新增7个罪名;后者扩大了21个罪名的适用范围,新增20个罪名。[2]2020年通过的《中华人民共和国刑法修正案(十一)》新增条文13处,修改条文34条,针对低龄未成年人犯罪、疫情防控、高空抛物、抢控驾驶操纵装置、侮辱英雄烈士、妨害金融市场治理等人民群众关切的突出问题,对刑法作出修改完善,罪名范围进一步扩大,刑法介入提前的现象还在持续。分析前述刑法修正案可知,尽管不是所有涉及修改的罪名都与刑事处罚早期化有关,但很明显,前述修正案明显体现出了刑法立法介入提前的思想,反映出我国刑法修正符合社会发展的总体需求,积极回应治理社会风险的政策需要。总的来看,刑事处罚早期化问题不仅仅涉及刑事立法、刑法解释以及行刑衔接等传统的刑法问题,还基于社会发展需要,延伸出了一些新的刑法理论上的问题,比如,刑法如何规范因人工智能产生的违法犯罪问题、法益在刑法规范诠释中的功能定位问题,以及行政犯中的法律规定认识问题,等等。对上

---

[1] "象征性立法"或"象征性刑法"的概念,最早源于20世纪60年代北美学者有关政治和象征性的讨论。20世纪70年代以后,在德语文化圈中,有学者开始在法律社会学和批判刑法学的领域内开展对象征性立法问题的讨论。到20世纪80年代末,"象征性立法"的含义在刑法学范畴内被特定化,学者们用其来概括某些新近立法规定的特征并进而对其提出系统批判。参见程红:"象征性刑法及其规避",载《法商研究》2017年第6期。

[2] 参见夏勇、尉立坤:"对我国刑法修正案内容的基本研究",载《人民检察》2018年第1期。

述问题，需要在现代社会背景下进行深入分析和理性探讨，并寻找合适的举措予以积极应对。也即，解决当下的社会风险问题，不能脱离社会背景孤立地看待这些问题，否则，得出的结论就会显得缺乏时代性、合理性与科学性。

刑法理论的发展与社会发展有密切关系，需根据社会发展而完善既有刑法理论，并不断发展和构建出新的法律理论，所以刑法理论会随着社会发展而发生改变。因此，在不同社会阶段下，刑法都会具有相应的时代特征和社会属性，在前现代社会阶段，刑法倾向于权利保障，坚持罪刑法定原则、法益保护和罪责主义，刑法的谦抑性是刑法规范的典型特征，强调刑法的最后性和保障性，前述内容构成自由主义刑法最为鲜明的规范属性。当社会发展进入现代与后现代阶段，刑法的内在精神和外在属性都随之发生变化，刑法在应对社会问题的姿态和作用上都有了较大转变。于是，刑法理论上开始强调罪刑法定原则的相对性、刑法谦抑性的时代性[1]、法益保护的抽象性等，刑法规范传统意义上的保守性和消极性不再为理论和实务所倡导，反之，政策性、工具性和创新性等内容成为刑法在新时代下的热点话题。基于此，刑事处罚早期化的观念更为顺应时代需要和社会精神，并迅速为理论界和实务界认识和认可。

刑法规范从消极干预社会到积极介入生活，经历了从内在到外在的显著变化，一定程度上表明刑法理论的发展和变迁，也从社会角度反映出刑法规范发展的现实意义。对此，我们认为，刑事处罚早期化是特定社会阶段下的刑法理论发展体现，是适应社会变化和转型的理论演变，具有积极的司法价值和实践意义。同时，我们还应该看到，刑事处罚早期化对传统刑法理论与司法实践的冲击，对公民权利保障的消极影响，一定程度上削弱了我国长期以来形成的形式理性和现代法治观，弱化了社会层面对刑法规范的信任和尊重，最终导致罪刑法定原则的实质侧面被逐渐强化，公民权利保障在与秩序保护之间的博弈上逐步退让。由此可能产生的长远影响或者弊端是，社会保

---

[1] 在刑法理论上，有学者认为，刑法谦抑性不是一成不变的概念，也会根据社会的发展而发展，在不同的社会阶段中，刑法谦抑性会呈现出不同的特征，基于此，学者认为，在风险社会的背景下，刑事立法上的积极主义并不违背刑法的谦抑性，反而是刑法谦抑性在新的社会阶段下的发展和体现。对此，我们认为，论者观点一定程度符合社会需求，但有相对主义的嫌疑，没有认真对待和遵循刑法谦抑性的本质和精神。参见姜涛："社会风险的刑法调控及其模式改造"，载《中国社会科学》2019年7期。

护机能成为我国罪刑法定原则的首要价值取向，人权保障机能退居其后，甚至成为社会保护机能的补充，进入司法程序的案件笼罩在有罪推定的思维下，有罪是前提，无罪判断只是最后得出的逻辑结论。[1]基于此，对刑法发展的新面向和刑事处罚早期化需要进行认真反思和深度研究，构建符合现代法治意义的刑事处罚早期化理论框架，最大程度消解和弱化因刑事处罚早期化带来的不利影响和负面价值。同时，刑事处罚早期化的观念还会导致刑法适用的灵活性、开放性和实用性，刑法的形式价值和严肃特性则有弱化迹象，对此也需要给予足够关注。质言之，在刑法的机能从权利保障向秩序保护适度转变的过程中，刑法对社会风险治理和社会秩序保护具有重要意义，但同时还要看到，刑法风险也会滋生和发展，现代法治的根基也会被蚕食和损害，公民权利空间会逐渐被压缩和侵占。正如有的学者指出的：这种过度实用和随意的刑事立法和刑事司法正在一步一步瓦解公众自古形成的对刑法的尊重和畏惧的心理和传统。"社会治理过度刑法化促使社会对刑法的畏惧情结消解，而社会对刑法畏惧的消解又会再次催生社会治理过度刑法化，如此恶性循环，将会彻底导致刑法全面干预社会生活的局面。"[2]论者的观点虽然有过激之嫌，但是一定程度上反映出，刑事处罚早期化背景下刑法面临的现实问题，以及该刑法观念导致的潜在不利影响。因此，论者的观点对探讨刑法理论的未来走向和刑法实践，具有积极的借鉴意义，对我们理性认识预防性刑法观具有积极作用。

从理论层面探讨刑事处罚早期化问题，是对国内外风险刑法理论的积极反思，也是对国内相关刑法理论的检讨，对于合理看待刑法规范在社会风险治理中的作用具有积极意义。同时，对于刑事处罚早期化问题，应该从我国具体的社会背景出发进行分析和研究，合理辨析刑事处罚早期化在刑事立法、刑事司法、刑事政策贯彻中的价值和功能，并积极建构适合具体社会场景的规范制度，以及时回应刑事处罚早期化的具体需求和司法适用。对待刑事处罚早期化，理论上不但需要探讨其本体论问题，更需要研究方法论问题，还需要把刑事处罚早期化放在社会背景和具体问题中进行分析和研究。因此，

---

[1] 参见刘艳红："刑法的目的与犯罪论的实质化——'中国特色'罪刑法定原则的出罪机制"，载《环球法律评论》2008年第1期。

[2] 王强军："社会治理过度刑法化的隐忧"，载《当代法学》2019年第2期。

刑事处罚早期化不单单是一个刑法理论问题，也是一个司法实践问题，需要从理论和实践两个层面进行深度研究和考察，具体应从社会基础、理论价值、刑事立法、刑法解释、刑行关系、法益内容等方面进行展开。

目 录 CONTENTS

前　言 …………………………………………………………… 001

第一章　刑事处罚早期化本体诠释 ………………………… 001
　第一节　刑事处罚早期化内涵分析 ………………………… 001
　第二节　刑事处罚早期化功能阐释 ………………………… 003
　　一、提升刑法的秩序保障功能 …………………………… 003
　　二、强化刑法的社会干预程度 …………………………… 004
　　三、加大刑法的刑事政策属性 …………………………… 006
　第三节　刑事处罚早期化的具体表现 ……………………… 008
　　一、刑法理论的考察 ……………………………………… 008
　　二、刑事立法的分析 ……………………………………… 011
　　三、刑事司法的反映 ……………………………………… 015
　第四节　刑事处罚早期化问题反思 ………………………… 022
　　一、积极缓和刑事处罚早期化的压力 …………………… 022
　　二、理性分析行政违法与刑事违法的关系 ……………… 024
　　三、慎重对待危害行为入罪的立法问题 ………………… 026

第二章　刑事处罚早期化的属性评析 ·········· 029

第一节　风险刑法的判断指标 ·········· 030
一、风险属性比较分析 ·········· 034
二、风险性质比较分析 ·········· 036
三、从刑法理论比较分析 ·········· 038

第二节　刑法属性的理性反思 ·········· 041
一、对刑法的保障机能应有理性认识 ·········· 041
二、对刑事处罚早期化应有理性认识 ·········· 045
三、对罪过责任发展应该有理性认识 ·········· 050

第三节　刑事立法趋向分析 ·········· 053
一、《中华人民共和国刑法修正案（十一）》法条分析 ·········· 054
二、《中华人民共和国刑法修正案（九）》法条分析 ·········· 054
三、《中华人民共和国刑法修正案（八）》法条分析 ·········· 055
四、《中华人民共和国刑法修正案（七）》到《中华人民共和国刑法修正案（五）》法条分析 ·········· 055
五、《中华人民共和国刑法修正案（四）》到《中华人民共和国刑法修正案》法条分析 ·········· 056

第四节　刑法解释姿态分析 ·········· 058
一、刑法解释应该保持克制主义 ·········· 059
二、刑法解释应该重视规范精神 ·········· 060
三、刑法解释应该重视沟通协商 ·········· 062

第三章　刑事处罚早期化的价值体现 ·········· 065
第一节　有效回应社会发展的需要 ·········· 066
第二节　有效体现刑事政策的精神 ·········· 070
第三节　有效推动预防性立法的发展 ·········· 074
一、刑法修改的频率在加快 ·········· 075

二、刑法规制的范围在扩大 ………………………………… 076
　　三、刑法的刑罚幅度在提升 ………………………………… 077
　　四、刑法修改方向更加明确 ………………………………… 078

　第四节　有效改善司法主体的理念 …………………………… 079
　　一、有效推动司法能动性实践展开 ………………………… 079
　　二、有效推动实质解释的司法适用 ………………………… 081
　　三、有效推动秩序保护的司法实践 ………………………… 082
　　四、有效发挥规范解释的指导功能 ………………………… 084

第四章　刑事处罚早期化与功能主义刑法解释 …………… 086

　第一节　功能主义解释内涵解析 ……………………………… 087
　　一、实质性是实质解释的属性 ……………………………… 090
　　二、目的性是实质解释的方法 ……………………………… 091
　　三、回应性是实质解释的特征 ……………………………… 092
　　四、结果性是实质解释的诉求 ……………………………… 093

　第二节　功能主义解释的社会基础 …………………………… 095

　第三节　功能主义解释的立法背景 …………………………… 104
　　一、抽象危险犯的增加 ……………………………………… 104
　　二、悖德行为上升为犯罪行为 ……………………………… 106
　　三、预备行为实行化和帮助行为正犯化 …………………… 106
　　四、行政违法行为犯罪化 …………………………………… 107

　第四节　功能主义解释的法理评析 …………………………… 111
　　一、司法解释中的规范解释 ………………………………… 113
　　二、个案适用中的规范解释 ………………………………… 116
　　三、理论上的刑法规范解释 ………………………………… 118

第五章　刑事处罚早期化与积极主义刑事立法 ……………… 123
第一节　积极立法主义趋向 ………………………………… 124
一、法益内容日益抽象化 ………………………………… 126
二、刑罚程度日益严厉化 ………………………………… 127
三、刑法对象日益宽泛化 ………………………………… 128
四、刑法机能日益秩序化 ………………………………… 128
五、刑法属性日益工具化 ………………………………… 129
第二节　谨慎对待实质刑法观 ……………………………… 134
第三节　严格遵循二次违法性原理 ………………………… 142
一、立法层面的考察 ……………………………………… 146
二、司法层面的分析 ……………………………………… 148
第四节　合理回应积极的一般预防 ………………………… 151
第五节　理性对待司法能动主义 …………………………… 156

第六章　刑事处罚早期化与行刑关系适用分析 ……………… 163
第一节　行政犯适用范围的案例反思 ……………………… 164
第二节　行政法与刑法的价值和属性 ……………………… 166
一、行政法与刑法的价值取向 …………………………… 167
二、行政法与刑法的内在属性 …………………………… 168
第三节　行政犯构成的理性分析 …………………………… 170
一、刑法应该是行政法的保障法 ………………………… 171
二、刑法应坚守独立的司法品性 ………………………… 172
三、刑法应该坚持客观真实性 …………………………… 174
第四节　行政犯司法认定的标准构建 ……………………… 176
一、犯罪行为应具有严重的社会危害性 ………………… 176
二、犯罪行为应具有法益侵害性 ………………………… 179
三、犯罪行为应具有二次违法性 ………………………… 180

四、犯罪行为应具有客观真实性 ………………………… 181
第五节　行政违法与刑事违法的关系 ………………………… 184
　　一、行政违法与刑事违法规范竞合 ……………………… 184
　　二、行政处罚缺位与刑事处罚越位 ……………………… 185
　　三、行政处罚就位与刑事处罚错位 ……………………… 186
第六节　行政处罚与刑事处罚的界限 ………………………… 188
　　一、从解释论的角度进行分析 …………………………… 188
　　二、从构成要素的角度进行分析 ………………………… 190
　　三、从立法体系的角度进行分析 ………………………… 191
第七节　行政犯司法适用的路径分析 ………………………… 193
　　一、坚持文义解释并通过目的解释发现规范文义 ……… 193
　　二、引入比例原则检视文义发现是否符合立法精神 …… 195
　　三、根据合宪性原则判断文义解读结果是否违法 ……… 197

第七章　刑事处罚早期化与前置法律规定 …………………… 199
第一节　前置法律规定内涵分析 ……………………………… 200
　　一、前置法律规定梳理 …………………………………… 200
　　二、前置法律规定内涵解析 ……………………………… 202
　　三、前置法律规定实践适用 ……………………………… 205
第二节　前置法律规定认识评析 ……………………………… 208
　　一、违法性认识的理论分歧 ……………………………… 208
　　二、违法性认识的体系定位 ……………………………… 213
　　三、违法性认识的判断机制 ……………………………… 214
第三节　前置法律规定适用分析 ……………………………… 216
　　一、法益侵害一致性判断 ………………………………… 216
　　二、法益侵害严重性考量 ………………………………… 218
　　三、刑法原则符合性分析 ………………………………… 221

四、刑法精神一致性考量 …………………………………………… 224

第八章　刑事处罚早期化与法益功能检视 ………………………… 227
第一节　刑法法益的理性认知 ……………………………………… 228
　　一、理性认识法益的批判功能 …………………………………… 228
　　二、理性分析风险社会的法益类型 ……………………………… 230
第二节　法益理论对刑法知识的改造 ……………………………… 232
　　一、犯罪客体的功能弱化 ………………………………………… 232
　　二、社会危害性价值下降 ………………………………………… 234
第三节　法益价值的时代演变 ……………………………………… 235
　　一、法益内涵抽象化日渐强化 …………………………………… 236
　　二、法益保护早期化日益明显 …………………………………… 240
　　三、特定不作为义务犯逐渐增多 ………………………………… 243
第四节　法益规范解释的机能弱化 ………………………………… 244
第五节　法益解释机能的未来出路 ………………………………… 248
　　一、对危害行为进行二次违法性判断 …………………………… 250
　　二、对危害行为进行处罚必要性衡量 …………………………… 251
　　三、对危害行为进行处罚替代性考量 …………………………… 253
　　四、对危害行为进行处罚合宪性考察 …………………………… 254

第一章 刑事处罚早期化本体诠释

自从风险社会理论在欧洲大陆的德国出现以来，在社会科学领域引起很大反响，成为各学科理论发展的理论基础和分析工具。作为社会主体的行为规范领域的理论，法学也深受风险社会理论之影响，尤其是刑法理论层面的影响相对深远，刑事立法与司法实践也经受深度影响。风险社会理论起始于欧洲大陆，所以风险社会首先对欧洲大陆的刑法发生影响，这在德日的刑法理论、刑法结构、刑事立法、刑事司法等各个层面都有明确体现。相对于现代社会下的自由刑法观念，风险社会理论对刑法的改造是多方位的，在因果关系、罪责原则、犯罪形态、刑罚理念等内容上都体现明显，随之，刑法属性也开始从自由刑法向安全刑法转变。自由刑法观倡导刑法谦抑性、二次性、最后性，坚持刑法基本原则，倾向于刑法的权利保障机能，主张罪过原则。与自由刑法相区分的是，安全刑法在刑法基本理念上发生了诸多转变，比如，主张积极的一般预防，倡导刑事处罚的积极介入，重视抽象危险犯和严格责任，法益的立法批判和规范诠释功能被稀释和消解，刑法社会秩序维护机能逐渐凸显。

第一节 刑事处罚早期化内涵分析

刑事处罚早期化是近年来出现的一个刑法概念，是对刑法发展规律和本质的归纳和总结。质言之，刑事处罚早期化是基于社会发展与刑法演变而出现的新的刑法现象，是对刑法理论、刑事立法、刑事司法新的变化和趋势进行的理论概括，也是转型社会下刑法知识的结构性完善和发展，对刑法理论发展具有重要意义，对刑事司法发展与社会秩序治理具有积极的价值和作用。

刑事处罚早期化的内涵是指，在危害行为产生实害之前就施以刑事处罚，或者通过立法和司法降低犯罪成立的标准，或者将行政违法行为上升为刑事犯罪行为，对特定法益类型给予提前保护，积极推进刑法对社会关系的规范和干预。换言之，通过贯彻积极的预防刑法观，加大刑法干预社会关系的力度，将刑法规制危害社会行为的限度大幅提前，不断推进刑法介入危害行为的时间节点。"对于在实害的前阶段就实行犯罪化以提前预防危险来说，最重要的方法就明确提前保护的法益，以及在实害的前阶上构造出犯罪构成要件的类型。"[1] 前述观点也是对刑事处罚早期化的阐述，具体就是充分发挥刑法的社会规制机能，提前法益类型保护的时间，尽早消除或者规制可能出现的社会风险。刑事处罚早期化在实践上其主要是通过立法与司法两种路径进行展开的。其一，立法层面表现为以下几种情况：第一，减少犯罪构成要件，降低犯罪的成立标准；第二，将预备行为和帮助行为转变为实行行为，扩大犯罪成立范围；第三，将行政违法行为上升为犯罪行为，推进刑法规范介入社会关系的程度；第四，增加新的个罪罪名，增加刑法保护的法益类型；第五，调整犯罪构成要件的内涵，扩张犯罪成立的构成范围；其二，司法层面表现为以下两种情况：第一，通过最高人民法院与最高人民检察院的司法解释，对刑法规范的内容进行扩大解释，以扩大刑法条文的规制范围；第二，通过法官的个案解释，对刑法条文的罪状进行扩大解释，扩张刑法规范的适用范围。

作为一种客观的刑法现象，刑事处罚早期化最早出现于西方社会，在英美法系和大陆法系国家的刑法理论上都有体现，在发生机理、社会背景、制度设计等方面都有时代性和趋同性。在英美法系国家中，针对近年来日益严重的恐怖主义、生态危害以及交通安全等危害公共安全的犯罪行为，基于实用主义哲学，美英等国在相关的犯罪行为认定、刑事程序设计、刑罚制度调整等层面，开始了刑事处罚早期化的刑事立法和司法进程，以积极推进刑法在社会安全保护上的功能和作用。在大陆法系国家，因为社会风险的急剧扩张，加之对科学理念、技术措施和制度规范的理性反思，在风险社会理论的基础上，德日刑法理论界开始展开刑事处罚早期化的研究和思考。由此，刑

---

[1] Kurt Seelmann, Risikostrafrecht, Die Risikogesellschaft und ihre symbolische Gesetzgebung im umwelt -und Betaubungsmittelstrafrecht, KritV 1992, S. 453.

事处罚早期化顺应现代社会的发展规律而生，是风险社会的内在诉求，也是现代刑法发展的特殊阶段，具有不同于传统刑法观的内在与外在特征。对刑事处罚早期化的功能、特征和问题需有充分、合理的认识，并需进行及时、有效和准确的分析和判断，以达到科学认识现代刑法的目的，并对刑法发展现状和未来趋势进行准确、科学的预测和评估，以最大程度保证刑法知识与社会发展之间的一致性。

第二节 刑事处罚早期化功能阐释

从刑法功能层面分析，刑事处罚早期化不但是理论现象，还是刑事政策在刑事立法与刑事司法上的具体体现，也是社会治理公共政策在刑事立法上的反映。在未来一段时间内，刑事处罚早期化趋向将会继续保持延续和推进，并在社会秩序安全保护、刑法干预时间节点，以及刑事政策意图等方面体现出鲜明特征，具体表现为以下几个方面。

一、提升刑法的秩序保障功能

在整个法律体系内，刑法是重要的社会规范，也是其他社会规范的保障性规范，其具体功能是规范社会主体的行为，规制和应对犯罪的发生，以达到维持社会秩序稳定的机能。也即，刑法具有保障公民权利和保护社会秩序的双重机能，具有鲜明的规范属性和社会特征。不过，在社会发展的不同阶段，刑法机能也会因调整社会关系的需要而呈现出不同的特征。刑法的保障机能与保护机能之间的关系，在不同阶段会有适当调整。易言之，在社会发展平稳、社会风险较少的阶段，鉴于社会秩序平稳，社会矛盾较少，刑法的社会保障机能一般更容易受到关注，公民权利往往是刑法机能中的重要侧面。反之，在风险多发的社会发展阶段，社会矛盾往往相对激化，刑法的秩序保护机能就会被置于重要位置，社会秩序保护就会成为决策者关注的层面，基于此，刑法对公民权利保障就会相对弱化。

根据刑法机能的社会属性，在前现代社会阶段，由于社会形态相对单一，社会主体在权利诉求上较为简单，社会矛盾也比较缓和，于是，包括刑法规范在内的社会规范会保持相对稳定，往往没有明显的制度不足和规范缺陷，对公民行为的规范和治理也比较科学。鉴于社会秩序相对稳定，刑法的机能往往倾向于权利保障，也即，公民权利诉求和保障往往成为刑法发展和完善的重要方面。但是，20世纪中期以来，不管是西方社会还是东方社会，都在发生剧烈的社会变革和内部转型，社会治理出现了新的特征。西方社会变革是在资本社会基础上的深化和调整，社会发展理念和法律规范设计也随之发生改变，据此，基于现代社会的自由刑法观开始向基于风险社会的安全刑法观转变，社会治理的需求开始被置于重要地位。正如有的学者指出的："'过度刑法化'作为社会治理中的病态现象，其中纠缠着历史和现实诸多因素。在现实方面，社会转型期引起的严峻社会治安形势，使得国家面临巨大压力，而动用刑法解决这些问题，往往有立竿见影之效果"[1]。

近年来，我国的社会发展在基本的社会制度框架下也不断推进，并且在社会发展阶段上比西方社会更为复杂，在社会形态上也比西方社会更为多元化，由此，在法律规范层面上发生的变化也更为深刻，在法律价值的体现上也发生明显变化。因此，随着西方社会实用主义哲学和风险社会理论的引入，我国的社会发展也呈现出新的特点和规律。基于此，我国刑法理论也在持续发生改变和完善，并从实用主义、功能主义等角度调整刑法规范的功能性和实用性，从风险社会理论维度调整刑法规范的目的性和政策性，以应对我国当下多元、复杂的社会发展形态。随之，刑法的基本理念和价值内涵也相继发生改变，刑法机能也由传统的权利保障向秩序保护倾斜。随着控制风险以安抚公众成为压倒性的政治需要，刑法逐渐蜕变成一项规制性的管理事务。……在风险不断扩散的后工业社会，为适应积极主义的治理模式，启蒙以来的责任主义刑法正被迫做出重大调整，日益以规制为己任而走上所谓的现代化之路。[2] 我们认为，论者的观点是合理的，准确的指出了我国刑法的当代特征和工具属性。由此，刑法的秩序安全属性得以持续强化和提升，并不断影响着刑法理论的发展、刑法结构的改革和刑事司法实践的开展。

二、强化刑法的社会干预程度

作为社会秩序治理的最后一道屏障，刑法在规范社会主体行为上的作用

---

[1] 何荣功："社会治理'过度刑法化'的法哲学批判"，载《中外法学》2015年第2期。
[2] 参见劳东燕："责任主义与违法性认识问题"，载《中国法学》2008年第3期。

毋庸置疑。资本主义早期的启蒙思想对近代刑法基本原则的产生和发展起到了引领作用，在卢梭、洛克、孟德斯鸠等思想家的影响下，古典自由主义刑法思想得以产生和发展，并为近代刑法的发展和构建奠定了坚实的理论基础。

古典自由主义刑法是在反对欧洲封建中世纪刑法的基础上出现的，是对刑罚擅断和滥施刑罚的反思和设计，在刑法理念、规范宗旨及法律原则等方面都有创新性发展，尤其是在权利保障的制度设计上充分体现了时代性与科学性。另外，古典刑法观的形成与自然法学的关系相对密切，自然法中的公平、正义、人权等理念都贯穿到古典刑法理论当中。基于此，资本主义时期的刑法理论和制度安排，充满了人道主义色彩和权利保障精神。随着资本主义社会的发展，社会发展和改革向纵深推进，刑法也随着社会的发展而发展。随之，刑事社会学派产生，并开始对西方社会的刑事立法和刑事司法产生深远影响。刑事社会学派的产生和发展，并未在根本上改变古典刑法公民保障的精神，只是对传统刑法中的既定理论和制度安排进行反思，并在刑法的秩序保护机能上进行适当强化。由此，不论是刑事古典学派还是刑事社会学派，都是现代社会下的刑法理论，具有鲜明的时代性与合理性，都倡导自由主义的刑法观，主张保障社会主体的权利，刑法的发展主线并没有在既定的轨道上发生偏离。

及至21世纪，西方社会发生深度变革，社会属性和犯罪问题都发生了显著变化，现代社会逐渐为风险社会替代，于是，社会发展进入风险社会阶段。继而，随着社会风险的增加，在社会层面开始侧重秩序安全的保护和关注。当然，社会理念的转变不会仅仅停留在社会层面，而是会渗透和影响法律制度和立法规范，尤其是作为社会关系治理的重要保障，刑法规范也会因为社会属性的改变而发生变化，并会因为社会风险多发而开始关注秩序安全问题，并将更多精力投入社会秩序治理层面。体现在刑事立法上，就是在特定的社会领域，立法者开始调整刑法的规制力度和价值取向，更多关注刑法的秩序保障价值，以体现刑法的积极预防功能。刑事立法（无论是犯罪化还是非犯罪化）应兼顾不同的价值取向，在犯罪化或者非犯罪化的过程中保持适当的价值平衡。衡量自由是否牺牲过多需要进行自由的计算。例如，恐怖犯罪现象、核能利用等，因其所形成的风险具有毁灭性，人们需要忍受刑法对其前置性的干预。[1]基于此，在风险社会阶段，关注和保护社会公共安全成为刑

---

[1] 参见孙国祥："新时代刑法发展的基本立场"，载《法学家》2019年第6期。

法规范的重要机能。由此，刑法干预社会的积极性开始增加，尤其是特殊的社会领域，刑法的社会干预力度在深度和广度上都相继深化。质言之，现代社会下的自由刑法观与风险社会下的安全刑法观并存，并共同发展。也即，在社会风险高发的社会背景下，对安全价值的追求成为风险社会下刑法的重要价值选择，因此，在刑事立法与刑事司法上，应当更加关注犯罪化趋势，注重刑法的积极一般预防功能。

三、加大刑法的刑事政策属性

近代以来，刑法教义学和刑事政策学在并行不悖地发展，不管是刑法理论还是刑事政策，都获得了快速发展和完善。不过，刑法教义学和刑事政策学之间的关系则是疏离的，呈现出一种相互分离和紧张的态势。这种紧张是李斯特对刑事政策与刑法的不同任务定位的体现，并在理论上被称为李斯特鸿沟。对教义学与政策学之间的这种现象，日本学者曾明确指出："历来的研究，倒不如说是将刑法学和刑事政策学作为规范学和事实学这两种不同性质的学问对待的，二者之间虽然并非毫不相干，但仍然是完全不同的东西"[1]。

一定程度上，李斯特鸿沟的形成与19世纪以来的实证主义思潮相关，也和刑事法理论发展不足有密切关联。同时，李斯特鸿沟现象也是特定社会发展阶段中的产物，易言之，在不同的社会形态下，刑法教义学与刑事政策学的关系会有不同表现。在现代社会背景下，刑法教义学主要聚焦于刑法规范本身，具体包括刑法条文诠释、规范内涵补充、规范文义探究等内容，基本都是立足于刑法规范本身展开的。基于此，刑法教义学主要是从规范解释角度而言的，对刑法规范之外的社会政策、价值判断、利益衡量等内容则不予关注。从古典主义的三阶层犯罪论体系看，刑法教义学的内容在较长时间内没有发生变化，比如，在符合性阶段，主要包括危害行为、危害结果和因果关系等体系客观要素。及至目的理性犯罪论阶段，才有目的、故意、过失等主观要素进入符合性阶段，犯罪构成开始呈现主观主义色彩。需要明确的是，这里的故意和过失不是责任意义上的，而是作为犯罪类型的故意和过失；在违法性阶段，是从违法阻却事由角度进行犯罪构成的排除性审查；在有责性

---

[1] 转引自［日］前田雅英：《刑法学和刑事政策》，黎宏译，载谢望原、张小虎主编：《中国刑事政策报告》（第1辑），中国法制出版社2007年版，第528页。

阶段，有责任年龄、责任能力、故意和过失等要素。由此，古典主义刑法下的三阶层犯罪论体系中，主要是构成要件的不同排列和分布，但是，除了构成要素之外，并没有明确的政策要素内容。

随着社会的发展，社会形态和社会属性逐渐发生变化，资本主义社会发展出现了新的特征，社会风险开始成为社会发展中的主要问题，风险社会成为一种社会学理论，并成为指导法律理论发展、法律结构变化及法律责任演变的制度模型和分析工具。刑法是社会治理的重要法律规范，需要对社会风险治理进行回应和应对，由此，风险社会理论开始成为推进犯罪论体系改进和演变的理论框架。鉴于在风险社会背景下，社会各领域中的风险成为需要解决的显著问题，秩序安全遂成为决策者重点考虑的问题，并为刑法理论与刑事立法所关注。于是，如何通过刑法规范解决社会风险开始成为立法者面临的问题。在此社会背景下，刑事政策开始渗透和改变刑法理论，并进而推动刑法结构和刑法体系的完善，于是，在三阶层犯罪论体系内部开始发生变化，有明确政策意义的构成要素和内容开始出现在犯罪论体系当中。尤其到了目的理性犯罪论体系阶段，与刑事政策密切关联的违法认识可能性、期待可能性等内容相继出现，并被充实到犯罪论体系当中，刑法教义学的内容日益体现刑法的目的理性和价值判断。"把刑法的目的理性作为建构刑法教义学体系的基础，试图使刑法教义学的内容符合刑事政策的要求，力求在刑法教义学的严密体系中实现刑法的社会机能。"[1] 可以看到，积极的一般预防开始替代传统的报应理论，安全刑法成为刑法属性的本质概括，实质违法性、期待可能性、违法认识可能性、客观归责、答责等内容逐一出现，并根据自身性质被归属到犯罪论体系的不同阶段。在刑事立法当中，刑法条文的政策化色彩相对明显，刑法刑事政策化的特征日益突出，并在逐渐改变着刑法对公民生活干预的力度和模式。"诸如替考等越轨行为，深受政策导向的影响。无论是宏大范式的变迁，还是具体管控范围的改变，虽然都受制于特定时空下各种社会参与者的诸种情况，但是其间最具有决定性意义的，仍是政策转向所施加的影响。"[2] 根据论者观点，政策导向在刑事立法中的体现是明显

---

[1] [德] 克劳斯·罗克辛：《刑事政策与刑法体系》，蔡桂生译，中国人民大学出版社2010年版，第7页。

[2] 邵博文："晚近我国刑事立法趋向评析——由《刑法修正案（九）》展开"，载《法制与社会发展》2016年第5期。

的，在某种情况下，政策影响甚至是决定性的。至此，在大陆法系国家进入风险社会以来，刑法教义学与刑事政策学之间的关系不再分离而是相互弥合的，两者的关系愈发密切。基于此，刑事政策开始持续改造犯罪论体系，并通过改造和完善犯罪论体系，达到在刑法教义学中体现刑事政策精神的目的。

第三节 刑事处罚早期化的具体表现

作为一种刑法理论和现象，刑事处罚早期化在刑法上的反映是全方位的，是刑法的时代性和特色性体现，对刑法理论的发展、刑事立法的影响及刑事司法的指导不言而喻。从理论上看，需要对刑事早期化的刑法体现给予理性及全面的梳理和分析，以达到合理认识该法律现象的目的。

一、刑法理论的考察

作为一种刑法理论，刑事处罚早期化的根本目的是解决风险社会下出现的各种社会风险，并最终缓解因社会风险导致的社会矛盾和关系紧张等问题，由此，从理论上探讨刑事处罚早期化问题，是继续探讨该问题其他方面的基础和前提。

刑事处罚早期化是对传统刑法理论的发展和完善，是社会风险在刑法理论上的反映和体现，也是理论界对刑法发展的反思和检讨。刑法理论对风险社会的关注，源于风险社会理论对社会问题分析角度的转变，也与风险社会自身的反思性和方法功能具有密切联系。作为风险社会理论发源地的德国，最早展开了对风险刑法问题的研究和论证。在德国刑法理论界，如雅科布斯、金德豪伊泽尔、罗克辛等知名专家学者，都从不同侧面论述了刑事处罚早期化问题，进而在德日刑法理论上引起了关于风险刑法的争论。与自由刑法不同，风险刑法理论是基于风险社会背景产生的，为了充分发挥刑法规范在治理社会中的作用，刑法基本理念开始转变，并对法益功能、因果关系、罪责类型、刑事政策等传统的刑法问题做出新的思考和定位。由此，刑法预防性理论在风险社会中得以发展和完善，从自由刑法的一般预防到风险刑法的积极一般预防，不仅仅是预防内容的改变，更是刑法观念的转变。在此基础上，刑法的工具性与规制性色彩进一步提升，规范认同和社会信任对社会主体的重要性被强化，刑事政策逐渐为刑法教义学接纳，并成为改造和挂动犯罪论体系发展和完善的价值基础。于是，刑事处罚早期化也使刑法成为支持刑事政策的立法工具：民众常常要求政府对危害重大法益的风险行为予以迅速反应，刑法早期化的介入恰恰满足了这种政策性的要求。[1]基于此，刑事处罚早期化其实是刑事政策在刑事立法上的反映。风险刑法理论在阶层式犯罪论体系上的具体表征为：符合性阶段植入客观归责理论，加大对因果关系的规范化的定位和判断；在违法性阶段考量实质违法，将价值衡量等法外因素通过违法性纳入犯罪符合性判断；在有责性阶段，则加大规范性判断的比重，将违法认识可能性和期待可能性等因素归入责任能力范围。

一段时间以来，德日刑法理论对中国刑法理论的影响是明显的。虽然理论上经过广泛且深入的激辩，风险刑法理论并未成为学界的主流理论，但是，风险刑法理论对我国刑法理论的影响显然是明显且深远的。尤其是刑法理论界的新生力量，对风险刑法理论的接受度很高，并积极倡导用风险刑法理论改造刑法结构和犯罪构成、更新刑法理念，积极发挥刑事处罚早期化在治理社会风险中的作用。考察国内当下为应对社会风险而构建的刑法理论，主要是借鉴德日刑法理论上的风险刑法观，对我国传统刑法理论进行改造和完善，以体现我国的社会背景和政策需要。具体来看，主要表现为以下几个方面：

第一，主张用风险刑法替代自由刑法观，改造我国传统的刑法结构和刑法体系。基于回应风险高发的社会治理需求，风险刑法理论积极关注刑事政策的时代性，并主张基于刑事政策精神重构刑法理论，为刑事立法上的积极主义与刑法解释上的功能主义提供论证。也即，理论上对我国的刑法属性虽有不同看法，但总的精神一致，即积极回应社会安全的保护机能。

第二，倡导积极的一般预防理论。风险刑法强调刑法规范的认同感和信任度，主张构建预防刑法和安全刑法，将危害行为的需罚性判断置于重要位置，并与传统的罪责要素一起，共同构成刑事责任的判断标准。由此，在新的社会背景下，刑事政策通过积极一般预防进入到犯罪论体系当中，并成为影响犯罪成立的重要因素。

第三，主张客观归责理论。客观归责理论坚持因果关系判断的规范化和客观化，强调关注危害行为产生的风险，并对风险是否造成危害结果，以及

---

[1] 参见姚贝、王拓："法益保护前置化问题研究"，载《中国刑事法杂志》2012年第1期。

危害结果是否属于构成要件范畴进行判断。客观归责是风险社会在德国刑法上的体现,并有效改变了德国的刑法犯罪论体系。当下,客观归责理论被国内学者重视和引入,一定程度上,也是对社会风险治理需要的积极回应。

第四,主张修正罪过责任,认同共同过失责任、监督过失责任、严格责任与集体责任。在风险不断加剧并扩散的后工业社会,责任主义刑法不得不做出重大调整:一定程度上限制个人自由以预防公众面临的风险。而与传统的客观归责即结果责任相区别的严格责任理论,正好切合"风险社会"下的价值选择。[1]由此,根据风险刑法理论,在责任类型上开始多元化,在传统责任观的基础上增加新的责任类型,以回应社会风险治理的政策需求。基于此,新的责任模式对行为人主观过错要求降低,甚至不做要求。比如,无论是上海"11.15"特别重大火灾事故,抑或央视失火案,都有多人被追究刑事责任,而这些被告人都共同对火灾所造成的后果负责,因而又都属于共同过失犯罪。[2]

第五,弱化危害结果在客观要件中的地位,加大对危害行为的独立性判断。这主要体现在抽象危险犯、持有性犯罪、预备行为实行化、帮助行为正犯化等立法内容的增加。风险的不断扩散化和日常化,使得结果本位主义的刑法在法益保护与预防危险方面日益力不从心。于是,刑法关注的重心不再是作为结果的危害,尤其是法定犯中,惩罚的根据越来越取决于风险的行为本身,而非依赖于现实的侵害结果。[3]由此,前述犯罪类型的变化,表征出危害结果在犯罪构成中的评价地位下降,危害行为的危险性成为犯罪成立判断的重要指标。

第六,降低法益在犯罪定性中的作用,强化行为危险在犯罪构成中的功能。分析近年来的刑事立法条款,基于社会风险治理的需要,法益的抽象化与整体化色彩体现明显,赞成抽象危险犯、预备行为实行化等的刑事处罚早期化理论逐渐增多,直接导致法益在规范诠释和犯罪评价中的作用下降,法益对犯罪行为的定性和批判价值发生弱化。

---

[1]参见陈兴良:"'风险刑法'与刑法风险:双重视角的考察",载《法商研究》2011年第4期。

[2]参见姜涛:"风险刑法的理论逻辑——兼及转型中国的路径选择",载《当代法学》2014年第1期。

[3]参见劳东燕:"犯罪故意理论的反思与重构",载《政法论坛》2009年第1期。

从当下的社会状态来看，社会风险处于多发期，根据危害结果构建犯罪构成和形塑社会秩序显然是不现实的，因比，需要改变刑法的治理要求和规则，降低犯罪成立的标准。其实，上述几个方面正是风险刑法理论或者安全刑法观在我国刑法理论上的反映，也是社会风险叠加下刑法理论的合理发展，即使是反对风险刑法理论的学者，对上述理论发展也基本持赞同态度。质言之，前述理论本身就是刑事处罚早期化的具体化，明确体现出提前刑法积极干预社会生活的内在精神和宗旨。

二、刑事立法的分析

刑事处罚早期化对我国刑法的影响是全方位的，对刑事立法的影响也很明显。在我国近年来的刑法修正案中，可以明显发现刑事处罚早期化理论对刑事立法的渗透和影响。之所以如此，源于在新的社会背景下，传统刑法规范在应对社会风险时的功能不足。"与当代风险社会密切相关的技术上、经济上与政治上的变化催生了新形式的复杂犯罪，这些复杂犯罪的新形式特别是在恐怖主义、有组织犯罪和经济犯罪领域构成重大风险。在涉及安全与自由的保障时，犯罪的这些新风险与新形势使传统刑法遭遇其功能上的边界限制。"[1] 基于此，刑事立法在内容和形式上开始发生变化，以有效缓解刑法社会治理的功能性不足问题。总的来看，这种变化具体表现为以下几个方面：

第一，减少构成要素，降低犯罪门槛。

根据社会发展的具体需求看，犯罪构成要素也是一种变量，会随着社会发展而减少或增多。从犯罪构成要素与犯罪成立门槛的关系看，一般情况下，二者基本是成反比关系，犯罪构成要素越多，犯罪成立门槛越高；反之，犯罪构成要素越少，犯罪成立门槛越低。在风险社会理论盛行的语境下，通过减少犯罪构成要素降低犯罪门槛，是国内外的一种常态性立法现象，并构成刑事处罚早期化的重要内容。

在近年来的刑法修正案中，通过改变犯罪构成要素降低犯罪成立门槛的情形并不鲜见。据统计，立法机关通过减少犯罪的构成要件要素而扩张刑事处罚范围的罪名分布在不同章节当中。比如，《中华人民共和国刑法修正案

---

[1] [德] 乌尔里希·齐白：《全球风险社会与信息社会中的刑法：二十一世纪刑法模式的转换》，周遵友等译，中国法制出版社2011年版，第162页。

（八）》对重大环境污染事故罪进行修改，将结果要件"致使公私财产遭受重大损失或者人身伤亡严重后果"删除。最高人民法院、最高人民检察院 2011 年 4 月 27 日公布的《关于执行〈中华人民共和国刑法〉确定罪名的补充规定（五）》将本罪的罪名修改为"污染环境罪"，取消了"重大环境污染事故罪"的罪名。立法者直面环境污染问题多年来一直未得到根本遏制的严峻现实，通过减少罪名的构成要素降低犯罪构成的门槛，以有效打击环境污染犯罪；《中华人民共和国刑法修正案（六）》分别删除了第 182 条原条文中的"获得不正当利益或者转嫁风险"的要件与第 187 条原条文中的"以牟利为目的"要件，从而使操纵证券、期货市场罪与吸收客户资金不入账罪的构成要件要素得以减少。在德国刑法上，基于保护环境的需要，也在刑法规范上进行调整。《德国刑法典》第 324 条直接将水的洁净品质作为独立存在的法益，规定为刑法保护的客体，对水的污染并不需要影响到人的生命或健康，而是不得对水的洁净造成任何影响。[1]再如，《中华人民共和国刑法修正案（八）》第 23 条规定，将《中华人民共和国刑法》（以下简称《刑法》）第 141 条第 1 款修改为："生产、销售假药的，处三年以下有期徒刑或者拘役，并处罚金……"将"足以危害人体健康的行为"的构成要素删除，从而使该罪名由具体危险犯转变为抽象危险犯，并达到降低犯罪构成门槛的目的，以有效治理社会当中多发的生产、销售假药的行为。抽象危险的保护法益是公共安全，有的学者称之为群体法益，并强调群体法益的重要性。"在现代社会，群体法益及其重要，抽象危险犯概念就是保护群体法益的工具。"[2]

第二，增加行为方式，扩大犯罪范围。

行为方式是犯罪构成客观要素，是犯罪成立的核心要件，也是犯罪成立范围的支配要素。在刑法条文中，立法主体一般都会对危害行为进行明确，以限定犯罪的成立范围。不过，基于治理社会的需要，立法主体会在刑法修正案中对行为要件进行增加，将更多的危害行为纳入相应罪名的犯罪构成当中。

通过扩张行为类型或扩大行为对象，立法机关可以达到调整罪名处罚范围的目的，在金融犯罪、扰乱市场秩序犯罪、环境资源犯罪等罪名中都存在

---

[1] Vgl. Blanca Mendoze Buergo, El Dercho Penal en el Sociedad del Riesgo, Madrid, 2001, S. 71.
[2] 周光权："论刑法学中的规范违反说"，载《环球法律评论》2005 年第 2 期。

这种现象。《中华人民共和国刑法修正案（八）》规定，在道路上驾驶机动车追逐竞驶，情节恶劣的，以及在道路上醉驾的，均构成危险驾驶罪，处拘役，并处罚金；2015 年《中华人民共和国刑法修正案（九）》将下列交通违法行为纳入到危险驾驶罪：一是从事校车业务或者旅客运输，严重超过额定乘员载客或者严重超速行驶的；二是违反危险化学品安全管理规定运输危险化学品，危及公共安全的。随着危险驾驶罪的行为方式的增多，罪名的规制范围进一步扩大；再则，通过刑法修正案扩大了妨碍公务罪的成立范围，也是基于行为方式的增加完成扩大犯罪圈的目的。比如，《中华人民共和国刑法修正案（九）》第 277 条妨害公务罪增加了第 5 款"暴力袭击正在依法执行职务的人民警察的，依照第一款的规定从重处罚"。这里所指的"第一款"，内容是以暴力、威胁方法阻碍国家机关工作人员依法执行职务的，处三年以下有期徒刑、拘役、管制或者罚金；《中华人民共和国刑法修正案（十一）》在第 134 条第 2 款强令违章冒险作业罪中，增加明知存在重大事故隐患而不排除，仍冒险组织作业，也属于行为方式的增加，扩大了该罪的规制范围。

第三，增加犯罪主体或危害对象，改变犯罪结构

犯罪主体和行为危害对象的多少与犯罪的成立范围大小成正比。基于此，立法主体为了有效治理社会秩序，会在既定罪名的基础上调整行为主体或危害对象，从而达到改变犯罪结构，并扩大刑法规制范围的目的，这种情况在近年来的刑事立法当中并不罕见。

《中华人民共和国刑法修正案（九）》修改了刑法中对伪造、变造居民身份证的犯罪对象，新的立法规定：伪造、变造、买卖居民身份证、护照、社会保障卡、驾驶证等依法可以用于证明身份的证件的，处三年以下有期徒刑、拘役、管制或者剥夺政治权利，并处罚金。从身份证到身份证件，该罪的行为对象发生了较大变化，犯罪的成立范围也相继扩大；《刑法》第 302 条规定，盗窃、侮辱尸体的，处三年以下有期徒刑、拘役或者管制；《中华人民共和国刑法修正案（九）》则将本条规定修改为：盗窃、侮辱、故意毁坏尸体、尸骨、骨灰的，处三年以下有期徒刑、拘役或者管制。通过对比可知，《中华人民共和国刑法修正案（九）》对《刑法》第 302 条的犯罪对象做了调整，在尸体的基础上增加了尸骨和骨灰，既解决了实践当中存在的问题，也有效的改变了本罪的规制范围。《中华人民共和国刑法修正案（十一）》在第 213 条假冒注册商标罪中，增加关于服务的规定，也在通过改变犯罪对

象扩大刑法的处罚范围。

第四，扩张实行行为，增加新的罪名。

在刑事立法当中，有一种现象值得关注，即立法主体通过将预备行为和帮助行为规定为实行行为，或者在增加新的实行行为基础上，加大对预备行为、帮助行为、新的危害行为的刑法治理，并达到维护社会秩序目的。

首先，增加新的个罪罪名。《中华人民共和国刑法修正案（九）》第35条规定，"在刑法第三百零七条后增加一条，作为第三百零七条之一：以捏造的事实提起民事诉讼，妨害司法秩序或者严重侵害他人合法权益的，处三年以下有期徒刑、拘役或者管制，并处或者单处罚金⋯⋯"《中华人民共和国刑法修正案（十一）》将高空抛物、抢夺方向盘、非法讨债等行为规定新的罪名都属于该种立法类型；其次，预备行为实行化。《刑法》第120条之二准备实施恐怖活动罪，该罪名规制的是为实施恐怖活动进行策划或者准备的行为，具体包括为实施恐怖活动准备凶器、危险物品或者其他工具的；组织恐怖活动培训或者积极参加恐怖活动培训的；为实施恐怖活动与境外恐怖活动组织或者人员联络的；为实施恐怖活动进行策划或者其他准备的。"虽然根据我国刑法总则规定，预备犯原则上可以处罚，但在司法实践中，绝大多数的犯罪预备行为并没有处罚。立法者现在明确地以专门条文规定处罚恐怖活动预备行为，实际上是将对恐怖活动犯罪的处罚提前至预备阶段。"[1]对于恐怖活动犯罪化行为，在英国法律上也有明确体现。例如，英国于2006年通过的《反恐法案》规定，凡是赞扬恐怖主义、散发恐怖主义宣传品、接受或提供进行恐怖活动的训练、为恐怖活动行动进行策划的行为都属于非法。[2]最后，帮助行为正犯化。《中华人民共和国刑法修正案（九）》增设帮助信息网络犯罪活动罪规定，明知他人利用信息网络实施犯罪，为其犯罪提供互联网接入、服务器托管、网络存储、通讯传输等技术支持，或者提供广告推广、支付结算等帮助，情节严重的，处三年以下有期徒刑或者拘役，并处或者单处罚金。单位犯前款罪的，对单位判处罚金，并对其直接负责的主管人员和其他直接责任人员，依照第一款的规定处罚。有前两款行为，同时构成其他犯

---

[1] 谢望原、张宝："《刑法修正案（九）》的亮点与不足"，载《苏州大学学报（哲学社会科学版）》2015年第6期。

[2] 参见"禁止颂扬恐怖主义 《英国2006年反恐法案》生效"，载https://news.sina.com.cn/w/2006-04-13/16038689175S.shtml，最后访问日期，2014年10月8日。

罪的，依照处罚较重的规定定罪处罚。"

总的来看，刑事立法的不断扩张是立法主体对社会风险治理的立法应对和策略，也是国家重塑社会治理机制的重要举措。"概括起来讲就是：刑法规制社会生活的深度、广度和强度都有大幅度拓展、扩张，不仅'管得宽'，而且'管得严'。"[1] 类似的立法趋势也曾出现在近代德国的刑事立法发展中。希尔根多夫教授在评述1975年至2005年德国的刑法发展时指出，德国三十年的刑法立法呈现两大趋势：一是经由犯罪化和刑罚严厉化而进行的刑法扩张；二是通过去除明确和有约束力的规则而出现的刑法灵活化。这些策略的背后，体现的是一种控制性的思维。[2]

三、刑事司法的反映

刑事处罚早期化不仅是一个理论问题，也会对司法实践产生一定影响，并在司法层面上体现出刑法提前介入的思想。对司法上的刑事处罚早期化问题，应认真考量和分析，并给予理性探讨和诠释，既要合理解读该司法现象，又要对其可能的消极影响有充分认识。

（一）积极关注刑法形式正义

在刑法分则的罪名中，个罪的客观方面有数额、情节、后果等数量化要求，有的犯罪则属于行为犯和危险犯，符合构成要件就可以构成犯罪。对个罪构成性的司法考量更多是基于形式判断，往往会忽略实质性要素。司法实践中，往往会有两种价值取向：第一，对于有明确数额要求的犯罪，比如交通肇事犯罪、财产犯罪、贿赂性犯罪等，司法机关往往习惯于根据数额进行决定，危害行为达到法定标准的就构成犯罪。比如，盗窃罪的法定入罪标准根据地方经济发展不同，各地的司法机关做出了不同规定，不同地方的司法主体会根据不同数额标准做出是否构成犯罪的裁断；第二，对于没有明确数额标准的犯罪，司法主体往往会根据构成要件进行判断，符合个罪构成形式要件的就认定为犯罪。比如，就代替考试罪的司法判断而言，往往是只要发生代替法定考试的行为，司法主体就会按照代替考试罪进行认定。

---

[1] 周光权："积极刑法立法观在中国的确立"，载《法学研究》2016年第4期。
[2] 参见劳东燕："风险社会与功能主义的刑法立法观"，载《法学评论》2017年第6期。

犯罪构成符合性只是形式上的判断，也即，犯罪构成只是判断犯罪是否成立的形式标准，不过，危害行为形式上符合犯罪构成要求，只是具备了犯罪构成的最低标准，除此之外，还需要从实质层面对危害行为进行判断。对于大多数犯罪而言，适用三段论的司法逻辑就可以完成行为定性问题，但是，对于那些疑难的司法问题，则需要通过实质解释进行判断和裁量。定罪不是一个标准的三段论的推理过程。"所谓的法律三段论（Juristischer Syllogismus）只能描述法律适用的（最简单的）基本结构。它并非可计算地（'逻辑地'）发现裁决的可靠模式。"[1] 也即，在司法实践中，不可能要求法官像自动售货机或流水生产线那样处理司法个案。相反，在对犯罪主体进行定罪时，司法主体往往会先有一个合理结论，然后据此寻找大前提，并且使大小前提相互对应。这个过程与司法三段论不同，是典型的倒三段论的过程。

从司法实践看，司法主体对危害行为往往会趋于形式判断，对犯罪构成的实质层面则疏于考察。比如，醉酒驾车达到法定标准的，就严格依照危险驾驶罪处理，盗窃达到当地数额标准的，就严格按照盗窃罪进行认定，行为人实施了诬告陷害行为的，就按照诬告陷害行为定性。不过，对于危害行为是否符合严重的社会危害性，是否实质上侵害了社会法益，司法主体给予的关注往往不够，导致符合形式要件但缺乏实质危害的行为被认定为犯罪。由此，在司法实践上，对危害行为定性需要考虑形式要件，但有时也要考虑实质要素，比如，危害行为是否真的侵害了法益、法益侵害是否达到刑法要求、是否需要对行为人给予刑事处罚，等等。正如实质刑法观所言，从实质层面判断危害行为的刑法属性，有利于从出罪层面对危害行为进行认定和论证。解释者、适用者在解释和适用刑法规定的构成要件时，也必须从实质上理解，即只能将值得科处刑罚的行为解释为符合构成要件的行为。因此，对于不值得科处刑罚的行为，应以行为不符合构成要件为由宣告无罪，而不是直接以《刑法》第13条的但书为根据宣告无罪。当然，实质刑法观在刑事司法实践中的作用还需要进行探讨，如果适用得当，实质刑法观的积极价值可以在司法实践中体现出来，因此，司法主体需要在实质层面进行考虑，以最大程度消解因关注形式正义而导致的刑事处罚早期化问题。

---

[1]〔德〕伯恩·魏德士：《法理学》，丁小春、吴越译，法律出版社2005年版，第308页。

(二) 积极体现刑事政策诉求

刑法前置与犯罪化、非犯罪化都是刑事政策层面的概念，刑法前置之于犯罪化，是手段与目的、原因与结果的关系。一般情况下，刑法采取前置化的方式，客观上都会导致犯罪圈扩张、法益保护的法网更加严密的效果，进而形成刑法犯罪化的趋势，从这一角度来看，刑法前置化是原因，而犯罪化是结果。[1]由此，刑事处罚早期化会导致刑法成为支持和贯彻刑事政策的工具，不但会激起司法主体过度适用刑法的内在冲动，还会刺激社会民众对刑法在治理社会中作用的依赖。近年来，基于犯罪治理的政策需求，扫黑除恶和打击互联网金融犯罪成为时代性和阶段性的具体刑事政策。扫黑除恶是针对基层社会当中存在的黑恶势力而进行的打早打小的刑事政策，打击互联网金融犯罪主要是针对互联网金融平台滋生的群众性金融犯罪，比如股权众筹、P2P等网络贷款平台。

基于打击黑恶势力[2]和网络金融犯罪的政策需要，尤其是受到刑事处罚早期化的立法与司法影响，在司法实践上，司法主体对相关犯罪的认定有偏离刑事法治的倾向。比如，社会上比较多发的"套路贷"案件，也是刑事政策重点关注的对象，一度成为扫黑除恶的重点。最高人民法院、最高人民检察院、公安部、司法部印发的《关于办理黑恶势力犯罪案件若干问题的指导意见》第20条指出，对于以非法占有为目的，假借民间借贷之名，通过"虚增债务""签订虚假借款协议""制造资金走账流水""肆意认定违约""转单平账""虚假诉讼"等手段非法占有他人财产，或者使用暴力、威胁手段强立债权、强行索债的，应当根据案件具体事实，以诈骗、强迫交易、敲诈勒索、抢劫、虚假诉讼等罪名侦查、起诉、审判。虽然上述意见没有明确提到"套路贷"犯罪，但已经表明相关部门将对"套路贷"犯罪的打击已经提升到了扫黑除恶的高度。不过，基于贯彻扫黑除恶刑事政策的实践需求，有些地方的司法主体对"套路贷"案件往往过于关注和敏感，甚至会将涉及一些违法

---

[1] 参见王姝、陈通："我国刑法对法益保护前置化问题研究"，载《刑法论丛》2017年第3期。

[2] 在扫黑除恶刑事政策开展过程中，将黑恶势力作为黑社会性质组织罪认定的重要条件，司法实践上也不断出现根据黑恶势力认定黑社会性质组织罪的案例。对此，应该引起警惕的是，将黑恶势力作黑社会性质组织罪的认定要素，一定程度上降低了黑社会性质组织罪的构成标准，有违反罪刑法定原则之嫌。

行为的民间放贷,比如,被告人成立小贷公司、典当行等机构对外高利发放借款,一旦未及时收回欠款,就安排有关人员甚至雇佣专业的讨债公司,对被害人进行跟踪、辱骂、滋扰等具有轻微暴力、威胁等作为扫黑除恶的范围进行处理,进而把一些实际上属于民间借贷的轻微违法行为作为犯罪处理。对此,需要保持警惕,并需要从违法行为与犯罪行为的界限上进行区分和厘清,确保扫黑除恶的对象具有合理性和真实性,防止将具有轻微违法的债务追逃行为作为黑恶犯罪进行处理,尤其是对"套路贷"可能涉及的犯罪行为应有理性认识。正如有学者指出的:并非所有的"套路贷"犯罪都是涉黑涉恶犯罪,很多的"套路贷"特别是网络平台上的"套路贷"犯罪,还停留在玩"套路"的阶段,其非法讨债所采用的手段主要是语言、图像或视频威胁,是"非接触式"的,暴力或者暴力威胁、为非作恶、欺压百姓的特征并不明显,因而将所有"套路贷"犯罪都认定为黑恶势力犯罪明显不妥。[1] 我们赞同论者的观点,这是对刑法干预限度的合理解读,对实践上理性处理"套路贷"行为有积极的借鉴价值。

从行为的本质来看,一般的违法行为与黑恶势力显著不同,社会危害性也有很大区别,扫黑除恶是为了惩治具有严重社会危害性的行为,具有严格的司法适用界限,司法主体应该认真研究危害行为的性质,避免将轻微违法行为作为犯罪行为进行处理。质言之,司法主体应该注意扫黑除恶的适用边界,不能过度解读和适用该司法政策,防止将一般违法行为或轻微犯罪行为纳入扫黑除恶的范畴。"扫黑除恶应当在法治轨道、法治框架内进行,吸取以前一些地方'打黑'变成'黑打'的教训,不能扩大化和运动化,这既是现代法治的基本要求,也是从我国国情和法治文明发展出发得出的必然结论。"[2] 其实,关于扫黑除恶的刑事政策,从法律规定到政策文件,都有明确的界定和边界。因此,从实践上看,符合黑恶势力认定标准的危害行为,才当对涉案人员按照黑社会性质组织、恶势力或者恶势力犯罪集团侦查、起诉、审判,否则,只能按照一般的违法行为或者普通的犯罪行为进行处理。

---

〔1〕参见卢建平:"扫黑除恶中如何正确认识'套路贷'犯罪",载《人民法院报》2019 年 4 月 11 日,第 2 版。

〔2〕翟瑞民:"失独家庭被'误伤':基层扫黑除恶的边界是法治",载 https://www.sohu.com/a/304213416_313745,最后访问日期:2019 年 3 月 27 日。

为了规范实践当中"套路贷"的司法认定标准，防止对套路行为的认定出现错误或者偏差，避免刑法过早干预民事和行政违法行为，2019年2月，最高人民法院、最高人民检察院、公安部、司法部印发的《关于办理"套路贷"刑事案件若干问题的意见》明确了"套路贷"的常见犯罪手法和步骤，确定了"套路贷"犯罪的定罪量刑标准。为防止刑事制裁尺度过宽，2019年7月23日，最高人民法院、最高人民检察院、公安部、司法部印发的《关于办理非法放贷刑事案件若干问题的意见》将"经常性地向社会不特定对象发放贷款"，限定为"2年内向不特定多人（包括单位和个人）以借款或者以其他名义出借资金10次以上"，该意见进一步指出：高利贷犯罪并不必然与组织、领导、参加黑社会性质组织罪联系在一起，但有的高利贷为了保障非法利益往往就具有了黑社会性质组织的特质，一旦形成较为严密的组织结构，通过暴力、胁迫、滋扰等手段，有组织的多次通过违法犯罪活动、为非作恶、欺压群众，进行逼债，获取非法经济利益，严重破坏经济、社会生活秩序，并具有一定经济实力，以支持该组织活动，贿赂收买国家工作人员为其提供非法保护，就可认定为黑社会性质组织。该意见对高利贷与黑社会性质组织的关系做了明确界定，并对黑社会性质组织罪的行为特征进行了细化，为扫黑除恶刑事政策的合法贯彻提供了规范性的标准，对于司法实践具有积极的指导意义。

对于实践中的网络贷款犯罪问题，因为涉及的犯罪对象范围较广，容易带来社会秩序的稳定问题，因此，司法主体常常会根据政策需求进行提前和深度介入。作为民间资本的创新性发展方式，网络贷款平台为积极发挥民间资本的流动性提供了合理渠道。但是，鉴于行政监管和行政执法的乏力，网络贷款出现了诸多违法犯罪问题，尤其是群体性借贷事件，往往造成较大的社会影响。基于此，司法主体会加大对类似行为的刑事处罚力度与干预限度，进而可能会将一些本属于合法借贷行为作为犯罪进行认定和处理。

（三）积极介入行政法律关系

当下风险高发型的社会形态，矛盾多元化、复杂化成为常态的社会现象，基于此，法律规范会因为社会转型过快而往往缺失和滞后，并导致社会治理上的制度空白。由于社会主体长期在各种风险中生存，并缺乏有效的制度引导,在有些社会领域,就会出现一些具有时代性色彩的社会危害行为。这些危害行为在行为方式上较为复杂,在违法性上具有多元性,可能属于交叉关系的法律行为,比如,行政违法与刑事犯罪交叉,或者民事责任与刑事责任交叉,对此,司法主体如果不能进行合理有效的分析,就会基于刑事处罚早期化理念,影响到司法裁量的科学性与合理性,从而在行为定性上出现问题和偏差。

《中华人民共和国刑法修正案(九)》规定,以捏造的事实提起民事诉讼,妨害司法秩序或者严重侵害他人合法权益的将构成犯罪。虚假诉讼入刑,有利于维护司法秩序,保障社会诚信,但也带来了刑事法律与民事法律交叉如何适用的问题等。[1] 根据前述论点,虚假诉讼罪为规范诉讼行为规范化具有积极意义,但同时也带来消极影响,即如何区分刑民关系成为疑难问题,如果处理不当,就会导致刑法早期干预的问题,并不当侵害民事法律关系。刑事处罚与行政处罚的二元处罚体制,在涉及刑法与行政法的衔接时,也还存在一些界限不明问题,致使司法主体处理具体案件时存在不便和困难。对此,如果不能合理辨析,就容易将行政违法问题作为刑法问题进行处理,从而有违反罪刑法定原则和刑法最后性的嫌疑。比如,对于污染环境犯罪,根据立法精神,只有造成重大事故的污染环境犯罪才能进入刑事司法程序,没有造成重大事故的污染环境行为,由行政机关给予行政处罚即可。但是,从实践上看,行政执法往往不力,会使污染环境违法行为未能受到应有的行政处罚。换言之,作为刑法的前置法,行政法并未能充分发挥积极有效的法律作用,致使污染环境问题并未得到有效解决和应对。在这种情况下,降低污染环境犯罪刑事处罚的门槛,成为刑事立法诉求,但是,实际上这是使本应当受到行政处罚的行为进入刑事处罚的范围,这是一种刑事处罚权与行政处罚权的此消彼长。[2] 也即,在这种情况下,刑法承担了本应该由行政法承担的规制责任,结果是刑法过早干预行政违法行为,这不仅会损害法律体系的科学性与合理性,还会导致法律体系之间的紧张。

近年来,司法实践中发生的一些刑事案件引人深思,影响相对深远的就有陆勇销售假药案、王力军销售玉米案、赵春华非法持有枪支案等。就前述

---

〔1〕 参见于同志:"刑法扩张下的审判立场",载《人民法院报》2016年4月20日,第6版。

〔2〕 参见陈兴良:"风险刑法理论的法教义学批判",载《中外法学》2014年第1期。

案件而言，都涉及刑法与行政法的关系认定，也即，行为人的行为到底是构成行政违法还是刑事犯罪。三个案子虽然都是涉及刑行交叉问题，但案件的处理过程和结果却相差甚远：陆勇销售假药案，检察院没有起诉；王力军销售玉米案，一审认定构成非法经营罪，再审则改判王力军无罪；赵春华因非法持有枪支一审被判有期徒刑三年六个月，二审改判有期徒刑三年，缓刑三年。总的来看，上述几个案件都存在行政违法与刑事违法竞合的问题，司法主体却给出了完全不同的判决结果。究其原因，在于司法主体在行政违法与刑事违法的关系处理上不够科学，对刑法的原则和精神的理解不够深刻，对刑行关系未做合理解读，导致在危害行为的属性认定上存在偏差，并最终影响到对危害行为的司法判断。刑事处罚与行政处罚在法律目的上存在不同，后者是从秩序管理的角度出发，前者则是对行为社会危害性的惩罚。显然，不论是陆勇销售假药案，还是王力军非法经营案行为人实施的行为都是对社会有利的，没有刑法意义上的社会危害性。因此，根据社会秩序管理需要，适用行政规范进行处理是恰当的，没有必要进行刑法规制。就赵春华非法持有枪支案件而言，根据公安部的规章标准，行为人持有的枪支符合法律上的形式标准，但还需要做实质判断，符合形式标准的枪支是否具有严重危害社会的性质。也即，持有枪支的危害是否达到刑法意义上的社会危害性。根据非法持有枪支罪的立法精神来看，出于保护公共安全的需要，枪支的杀伤力应该达到危害公共安全的刑法标准。显然，该案中被告人持有的枪支，并不具备危害公共安全的性能和标准。

对于实践当中发生的热点案件，尤其是在刑行关系上认定不当的案件，诸多是源于司法主体在对危害行为进行形式判断的时候，在实质层面未给予合理考察。对于法定犯不能仅根据"行政违法加立案标准"定罪。即使达到了立案标准的数量，也不能放弃罪责实质审查。因为总会有特殊的个案，即使违反前置法且符合立案标准，但却不具有社会危害性和应受惩罚性。近年来一些引起公众质疑判例，往往是简单化司法、忽视罪和责实质评价的结果。[1]

---

[1] 参见阮齐林："刑事司法应坚持罪责实质评价"，载《中国法学》2017年第4期。

第四节　刑事处罚早期化问题反思

刑事处罚早期化是适应社会需要发展出现的刑法现象，对发挥刑法的社会治理功能具有积极效用，符合压缩性社会形态的刑事立法规律，也是对社会风险高发态势的有效回应。不过，刑事处罚早期化是预防性刑法的外在特征，与自由刑法的内在精神、主要机能及时代内涵存在一定程度的偏离。实质上，预防性刑法的出现是为了解决和规制日益高发的社会风险问题，也是为了更好地强化对风险的管控与预防。然而，在这个过程中，预防性刑法也正在或者已经成为新的风险来源，且源源不断地制造出新的法律风险。也即，刑事处罚早期化既能控制风险，也会诱发风险，是一把双刃剑，本身蕴含着摧毁自由的巨大威胁和风险，将被允许的风险排除出刑法规制范围也是非常危险和极端的行为。[1] 也即，基于公共安全而选择的刑事处罚早期化理念，也会因为刑法早期介入而具有一定风险，由此，需对刑事处罚早期化现象进行反思和检讨，以最大程度消除因刑法干预提前而导致的消极现象。

一、积极缓和刑事处罚早期化的压力

根据前文所述，刑事处罚早期化首先是一种立法现象，在我国刑法修正案中，近年来的立法沿革和变化，已经充分体现了刑法积极干预社会关系的特征。刑事立法是对社会需求的回应，是对风险行为的积极立法应对，一定程度上，刑事积极主义立法是符合社会需求的，对缓解刑法规范应对社会风险不足的问题具有积极意义。

但是，刑法谦抑性、权利保障诉求及刑法最后性等内容决定积极的刑事立法主义有违背刑法基本原则的可能，并最终损害现代社会的法治社会精神。在刑事政策的构造之下，刑法的发展很容易日益偏离自由主义的刑法模式，由此而使人们至少面临两个重大的理论命题：一是与古典自由主义刑法理念的偏离，究竟在何种程度上是必要且合理的？二是在风险刑法隐秘地侵蚀乃

---

〔1〕　参见［日］浅田和茂：《刑法总论》，成文堂2005年版，第8页。

至摧毁传统法治国原则的背景之下，个体自由的保障如何成为可能？[1]我们认为，论者的观点是合理的，是基于对风险刑法的理性反思，也是我国当下刑事立法规律的基本判断和检讨。对此，刑法理论上需要给予充分、合理的关注。为了缓和因积极刑事立法政策导致的社会紧张，不但需要认真思考刑事立法的边界，还需要从刑法解释层面着手，弱化因刑事处罚早期化而带来的紧张和压力。易言之，当立法主体试图积极干预社会关系并付诸立法行动时，司法主体在适用刑法规范时，就更加需要保持谨慎和慎重，以消解因频繁的刑事立法带来的社会紧张，防止刑法规范因过早干预社会关系而导致的负面影响。正如有的学者指出的："刑事处罚的提前确实存在着来自人权保障方面的隐忧，如果运用不当，就可能会成为公民合法权利的威胁，这也是刑事处罚的提前只能作为刑法中例外规定的重要原因所在。为了解决这个问题，必须严格遵循罪刑法定主义的要求，准确把握犯罪的构成要件，从而防止刑事处罚提前可能带来的人权保障威胁"[2]。由此，从规范适用角度探讨和寻找缓解刑事立法早期干预的应对举措，是司法主体应该认真关注的问题。质言之，刑法规范合理解释是缓解刑事立法压力的路径选择，通过刑法解释可以有效缓解积极立法主义带来的张力，并能化解社会秩序保护和权利保障之间的紧张。毕竟刑法是社会治理的最后一道防线，即使需要积极治理社会风险，但在司法适用上依然应该保持理性和谨慎，认真考虑刑法规范适用的范围和边界，坚持刑法适用的谦抑性、最后性和节俭性。对此，有学者曾理性指出：也即，每当决策者考虑动用刑罚进行社会管控之时，便意味着被管制现象已经恶化到即将突破社会可以容忍的程度。然而，我们也应该看到，刑罚措施是一种代价极高、资源昂贵的社会治理手段，其规制范围必然要被限缩在一定的领域之内，其使用范围和对象应该具有合理性。这既符合人类理性的要求（刑事理性主要指探求法律规则正当性问题），同时也是务实的态度（实践中，如果罪名过多，会导致在有限资源配置下，司法机关选择性地适用

---

[1] 参见劳东燕："罪刑规范的刑事政策分析——一个规范刑法学意义上的解读"，载《中国法学》2011年第1期。

[2] 胡江："《刑法修正案（九）》恐怖主义犯罪规定的解读与思考"，载《理论月刊》2016年第7期。

部分罪名）。[1]

基于此，当司法主体适用刑法规范诠释危害行为的属性并进行定性时，就要从刑法解释立场、刑法解释理念、刑法解释方法等解释论的角度，对刑法规范进行理性分析和解读，并对规范文义得出合理的结论。首先，从解释立场看，应该坚守客观主义解释立场，适当兼顾主观主义，以积极探讨刑法规范的文义。不过，对于积极倡导根据社会需要诠释并完善刑法规范内涵的新客观主义解释论，则需保持警惕，以防止过度的刑法解释和不当的刑法介入。根据社会发展需要，不断释放刑法规范新的内涵，是刑法解释的应有之意，但是，要遵循刑法的基本原则和立法意图，不能突破规范边界进行文义改变和漏洞填补；其次，从解释理念看，对理论界积极倡导的实质解释，尤其是功能主义刑法解释论应该持谨慎的态度，应该坚持形式解释观。之所以如此，是因为实质解释过于追求价值判断、政策诉求、利益衡量等法外因素，从而容易导致从规范层面改变刑法条文的词语文义。并且，从实质解释观来看，也确实在不断突破对刑法规范的既定理解，改变着对刑法文本的传统看法，并借此不断扩大刑法规范的规制范围，成为刑法入罪的重要渠道；最后，从解释方法看，则需坚持文义解释的传统解释技术，并合理看待文义解释与目的解释的关系，并需对积极倡导目的解释作用的观点保持警惕。质言之，刑法解释应从文义开始一直到文义结束，这是对刑法规范解释的基本要求。对于目的解释，可以发挥其在文义发现中的作用，但在与文义解释的关系上，应坚持文义解释优先于目的解释的基本态度。

二、理性分析行政违法与刑事违法的关系

与自然犯相对，行政犯是因为社会秩序管理需要而制定的犯罪类型。行政犯的重要特征是，危害行为首先应该具有行政违法性，然后才能判断其是否符合犯罪构成。行政法规和刑法条款多存在竞合关系，也即，两者在行为方式上可能存在包容、交叉的关系，致使在危害行为法律属性判断上存在一定难度。尤其是部分行政犯条款没有明确的入罪标准，容易在刑事违法与行政违法上出现竞合和交叉，更是增加了司法主体进行司法判断的难度。比如，

---

[1] 参见邵博文："晚近我国刑事立法趋向评析——由《刑法修正案（九）》展开"，载《法制与社会发展》2016 年第 5 期。

刑法上的寻衅滋事罪、聚众斗殴罪、非法侵入他人住宅罪、伪造身份证件罪等，在客观要件上与行政法规的相关规定几乎没有区别。

虽然都是公法范畴，但是，行政法规与刑法规定在立法精神上存在不同，行政法规是从社会秩序管理角度进行立法条文制定的，刑事法规则是从保障公民权利的角度进行制定的。因此，行政执法主体主要是从秩序管理的角度理解和诠释行政立法规定的，行政执法过程更多的是彰显社会秩序保护的理念。与其不同，刑法则是保障公民权利的大宪章，其虽有社会秩序维护的功能，但权利保障机能具有更加重要的作用。基于此，在对危害行为进行属性分析时，应从法律的基本精神角度进行考虑，并判断法律规范适用的需要和类型。也即，鉴于刑法与行政法具有不同的功能分野，在实践中，不能误解或混淆两者在社会治理上的边界。尤其是在刑事处罚早期化的理念下，更要关注行政犯的适用范畴和司法边界，以确保刑法规范适用的科学性与合理性，尽可能避免对现代法治精神的危害和侵蚀。就如有的学者所言："基于刑法所追求的预防效果可能存疑，而预防刑法本身又内在地蕴含弱化法治国保障的危险，在全球化与风险社会的背景之下，对于刑法理论的发展而言，我们不仅面临刑法领土边界与国际性的刑法融合问题，也面临刑法的功能边界问题"[1]。因此，对发生的各种社会问题或者风险，法律共同体应该保持清醒，不能一味期待通过刑法消除危险发生的原因和土壤。如果总是依赖刑法解决社会发展中的新问题，甚至用刑法替代行政法、民法等部门法的功能和职责，则不仅会阻碍社会当中的创新性行为，还会容易损害公民的合法权利，继而窒息社会发展的内在活力，并最终导致在社会关系层面上的紧张。"如果将一般违法行为过度犯罪化，无疑又会导致社会防卫与人权保障之间的失衡，最终不利于公民权益的法律保障，因为在一个自由、民主的国度，法律——特别是刑法涉足社会生活越深、越广，就意味着公民所拥有的权利、自由愈小，其中也就愈潜藏着更大的侵犯人权的危险。"[2]由此，刑法的干预范围越是广泛，越是面临公民权利受侵害的危险，越是要关注刑法规范的适用范围。

行政违法与刑事违法的不同，还体现在社会危害性程度上的具体差别。

---

[1] 劳东燕："风险社会与功能主义的刑法立法观"，载《法学评论》2017年第6期。
[2] [美]布莱恩·Z.塔玛纳哈：《法律工具主义对法治的危害》，陈虎、杨浩译，北京大学出版社2016年版，第1页。

不论是行政违法还是刑事违法，社会危害性都是符合性判断的法定要素，但在危害性程度上，两者存在本质区别。因此，对符合行政法规的危害行为要给予科学、合理的分析，判断其社会危害性是否达到刑法意义上的严重程度。在司法实践上，判断社会危害性程度可从以下几个角度进行展开：第一，危害行为本身是否具有实质的法益侵害。也即，行政违法行为是否会具有实质意义上的社会危害性。如果行为只是违反了行政法规，却没有侵害法益，就不应该纳入刑法规制范畴；第二，危害行为是否具有刑事处罚的必要性。即使对行为做出行政违法的判断，但在是否构成犯罪的判断上，还要从刑事政策、公众认同、利益衡量等角度，进行综合性分析，以判断对危害行为是否需要给予刑事处罚；第三，刑事立法、司法解释是否具有滞后性。对具有明确标准的犯罪构成或者司法解释，如果存在合理性或科学性疑问，就需要进行谨慎考虑，防止因规范不足或认识不当，而导致对危害行为不当解释和定性。

三、慎重对待危害行为入罪的立法问题

危害行为入罪有刑事立法和刑事司法两个路径。从实践上看，前者是通过刑事立法，将具有一定危害性的行为规定为犯罪；后者是指，根据司法解释将某种危害行为纳入刑法条文的规制范围。实质上，不论是刑事立法层面的入罪，还是司法解释的入罪，都应该对危害行为入罪保持和慎重理性，以最大程度保证刑事入罪的科学性与合理性。

刑法具有最后性的特征，是治理社会关系的最后一道法律屏障，因此，从法律体系上讲，刑法往往是在其他法律规范不能发挥有效作用的前提下，才需要介入危害行为的治理和规范。易言之，如果其他法律规范能对危害行为进行有效治理，或者，其他法律规范的治理潜能尚未完全发挥，就不应该适用刑法规范。刑法规范的最后性是刑法谦抑性的体现，即使在风险社会的背景下，即使积极主义刑法观成为主流的刑法理论，也不能忽略或弱化刑法的谦抑性，更不能改变刑法谦抑性的固有精神和内涵，肆意迎合积极刑法主义的需要。但是，从实践上看，鉴于积极的一般预防刑法观的倡导，并基于治理社会风险的需要，刑事立法主体与司法解释主体并不是总能控制刑法规范的介入欲望，也即，在危害行为入罪问题上，立法主体和解释主体总是会

具有冲破刑法原则与法治精神束缚的内在冲动,并导致在刑事立法和司法解释上出现不当入罪的问题。

2018年7月23日,最高人民法院、最高人民检察院、公安部、司法部印发《关于办理非法放贷刑事案件若干问题的意见》对办理非法放贷刑事案件的若干问题提出了具体意见。该意见提出,违反国家规定,未经监管部门批准,或者超越经营范围,以营利为目的,经常性地向社会不特定对象发放贷款,扰乱金融市场秩序,情节严重的,依照《刑法》第二百二十五条第(四)项的规定,以非法经营罪定罪处罚。以超过36%的实际年利率实施符合本意见第一条规定的非法放贷行为,具有下列情形[1]之一的,属于《刑法》第二百二十五条规定的"情节严重"。根据该司法解释,一直被最高人民法院视为民间借贷的高利贷行为被正式纳入到非法经营罪当中。对此,需要质疑的是,对超过36%的实际年利率的高利贷行为,符合情节严重的,依照非法经营罪认定。根据2015年最高人民法院《关于审理民间借贷案件适用法律若干问题的规定》和其他法律规定,对于借贷双方约定的利率超过年利率36%,超过部分的利息约定无效。借款人请求出借人返还已支付的超过年利率36%部分的利息的,人民法院应予支持。易言之,对于超过年利率36%的民间借贷行为,属于法律不予支持的行为,行为人对此应当承担民事意义上的利息归还责任。但是,对此依然缺乏行政处罚方面的规定。根据刑法的最后性,在对民间高利贷行为还没有充分发挥行政监管和行政处罚的前期规制之前,就不应该从刑事法律层面对其进行明确和认定。

作为一种刑法现象,刑事处罚早期化不仅是一个刑事立法问题,也是一个刑事司法问题,并通过各种技术措施改变刑法构造和规范体系。刑事政策借助诸多制度性技术来改变既有规范的内涵与适用范围。这些制度性技术包括拟制、推定、行为范畴的拓展、犯罪标准的降低、责任范围与责任形式的扩张、犯罪构成要素的增减与法定量刑情节的设置等。凭借这些技术,刑法不断地铸造与重塑自身的规范,以求完美地表达与维护国家的政策意志。[2]因此,需要正面和直视刑法干预前提带来的刑法问题,并在刑法理论上进行探讨和研究,对刑事立法、刑法解释、行刑关系及人工智能等问题做出深刻、

---

[1] 详见《关于办理非法房贷刑事案件若干问题的意见》第2条。
[2] 参见劳东燕:"公共政策与风险社会的刑法",载《中国社会科学》2007年第3期。

理性的分析，对因刑法提前干预给上述内容带来的不利影响，给予有效的预估和研判，最大程度缓和刑事处罚早期化与社会治理之间的紧张和压力，以合理发挥刑法在规范社会行为当中的作用和价值。同时，还需要强调的是，刑事处罚早期化有将刑法工具化和政策化的价值取向，会出现为维持社会稳定而扭曲刑法根本属性的可能，并使其承担本不应该担负的法外任务，这对刑法基本原则的遵守和法治精神的坚持无疑具有潜在的挑战性。有的学者明确指出了现代刑法蕴涵的问题：风险社会的防范与治理更多的是一种社会问题，风险的防治更应当从政治的、经济的、社会的、文化的层面去实现，而不应该在政治、经济、行政等手段不济时频繁求助于刑法。过分夸大和强调刑法在防范风险方面的作用，是舍本逐末的做法，也是传统工具主义刑法观的体现。[1]

---

[1] 参见袁忆："犯罪化进程中刑事立法的审慎策略"，载《光明日报》2013年3月26日，第11版。

第二章
刑事处罚早期化的属性评析

贝克曾明确指出，自科技启蒙时代以来，科技被我们所依赖，但是，科技也要为他们自身的所创造的风险负责。并且，国家也不再能够作为安全的和没有风险的担保人而发挥作用。与早期的工业风险相比，无论是时间上还是空间上，都无法对核能、化学、生物和遗传工程风险进行限制。用现有的因果关系、过失和责任规则无法对此进行解释，而且无法得到补偿或保险。[1]

随着风险社会概念的盛行，风险社会理论也被作为法学分析模型而盛行起来。随之，国内外的法学理论也开始因之发生改变。显而易见，21世纪的法学必须面对风险性增大的现实、必须探讨和提供那些能够减少乃至化解风险的方法和途径。[2] 正是基于化解社会风险的现实背景，在欧陆法系国家，不断有学者提出改变传统刑法观的刑法理论，比如风险刑法、安全刑法及敌人刑法等，以迎合风险社会的内在本质和外在诉求。其实，不管是安全刑法或敌人刑法，它们都为应对现代频发的危险而生。[3] 近年来，在国内也有不少学者关注风险社会理论，继而提出风险刑法观或安全刑法观。但是，单纯的"拿来主义"不应该是理论研究的理性态度，而是需要对风险刑法观给予理性分析，并结合我国的现实状况做出较为客观且中肯的判断。判断刑法属性是否发生根本转变，除了关注刑法自身，还需要对社会属性进行综合考察。也即，作为社会治理的规范文本，唯有在社会形态发生根本转变的情况下，

---

[1] 参见[英]安德鲁·韦伯斯特：《技术转型、政策转型：风险社会中的前瞻》，载薛晓源、周战超主编：《全球化与风险社会》，社会科学文献出版社2005年版，第412页。

[2] 参见季卫东："风险社会与法学范式的转换"，载《交大法学》2011年第1期。

[3] 参见蔡桂生："敌人刑法的思与辨"，《中外法学》2010年第4期。

才需要对刑法理论的本体论内容做出相应转变。

从国内外风险刑法观来看,其作用主要是基于风险社会理论对刑法结构体系进行更新和改变,具体包括:增加抽象危险犯、加大对犯罪预备和未遂的处罚、帮助行为实行化、增加过失危险犯的规定、构建客观归责、改造责任形式,以及减少犯罪构成要素,等等。从风险刑法的内容构造可知,其与传统的自由刑法观有很大不同,主要体现为削弱法益的评价作用、强化秩序保护价值、倡导刑法积极介入等。也即,鉴于治理社会风险和保护社会秩序的需要,刑法扩张性特征日益明显,秩序保护机能日益得以彰显。由于认为只有国家才能迅速有效地应对风险,社会成员容忍了国家介入社会生活的倾向;国家于是以"维持安全的社会生活""维持国家、社会秩序""维持平稳的社会生活环境"等为根据,推行"有危险就有刑罚"的扩张性的入罪化原则。[1] 基于此,传统刑法的基本结构、刑法属性,以及刑法基本原则等内容,在风险刑法理论中发生了相应改变,刑法谦抑性、自由保障及法益批判性等传统刑法内容,开始被风险刑法理论有意无意地弱化了。由此产生的弊端是,社会保护机能成为我国罪刑法定原则的首要价值取向,人权保障机能退居其后,甚至成了社会保护机能的附随,进入司法程序的案件笼罩在有罪推定的思维下,有罪是前提,无罪判断只是最后得出的逻辑结论。[2] 对于风险刑法的不足,国内学者不断提出不同观点,并基于多个维度进行质疑和批判,不过,由于理论界在风险社会理论的认知上有一定偏差,对风险刑法的批判效果并不明显。同时,还需要指出的是,鉴于当下社会风险的高发性和危害性,风险刑法理论并非一无是处,其带给传统刑法的改变也存在合理之处,有些内容还是相对科学合理的,可以为我国刑法理论吸收和借鉴。

第一节 风险刑法的判断指标

近年来,风险社会逐渐成为社会学、哲学、管理学等人文社会科学中的重要概念,虽然风险社会的概念来自西方社会,但是,对我国社会科学的影

---

[1] 参见 [日] 关哲夫:"现代社会中法益论的课题",王充译,载《刑法论丛》2007年第2期。

[2] 参见刘艳红:"刑法的目的与犯罪论的实质化——'中国特色'罪刑法定原则的出罪机制",载《环球法律评论》2008年第1期。

响还是显而易见的,当然,这种影响也逐渐渗透到法学领域。鉴于风险社会是一种社会学理论,作为社会治理工具的法律规则显然不能对其置之不理,法律学者立足于风险社会理论探讨法律问题也无可指责。从理论发展趋势看,风险社会在法律领域的影响之广、浸入之深需要我们给予积极关注。易言之,如何看待风险社会与刑法理论之间的关系,需要给出客观、真实、科学的分析与诠释。质言之,如何有效规避风险社会产生的巨大风险,并消除风险带给人们的巨大恐惧成为讨论的焦点。作为社会的调控手段,刑法面对"风险社会"不能无动于衷、无所作为,否则,这样的刑法必定是不可取的。[1]基于社会现实的变动,论者对刑法内容的变化提出了理性的看法。也即,在新的社会背景下,对社会风险的发生态势,刑法不能无动于衷,需对社会问题和风险治理给予认真关注,并及时对社会风险问题进行回应和治理。

实质上,每个国家都会根据其具体的社会背景、政策需求及法治精神等内容,适时转变刑事法治理念,并构建适合实践需要的犯罪论体系,这在国内外刑法理论上的表现都是明显的。正如德国学者Rehsee认为的:当前社会急剧转型,这导致法律规则模式与功能发生大规模、规律性变迁,即由"宽容理念支配下的法治国观念"转向"严格保守理念下的保护国家理念"。相应地,刑法的立法观也由"古典的防御型市民刑法"过渡到"现代的预防型安全刑法"。前者的刑法立法规则模式秉持实害(结果)导向与消极(防卫)属性;而后者则主张危险(行为)导向与积极(干预)属性。[2]由此观之,德国刑法理念的转变是社会发展在刑法理论上的反应,是风险社会对刑法理论体系的重构和改造。当然,风险社会理论对我国刑法发展的影响也是明显的,自2007年《中国社会科学》杂志发表了劳东燕的《公共政策与风险社会的刑法》一文以来,理论界探讨风险社会与刑法之间关系的热度持续走高,每年都有大量的研究成果问世,有的是在宏观上构建风险社会对刑法理论基础的改造,有的是在微观上诠释风险社会对犯罪论、刑罚论、责任论等具体内容的影响,一定程度上,风险社会和风险刑法问题成了刑法理论层面上新的知识增长点。

---

[1] 参见陈兴良:"'风险刑法'与刑法风险:双重视角的考察",载《法商研究》2011年第4期。
[2] 参见古承宗:《风险社会与现代刑法的象征性》,载《科技法学评论》2013年第1期。

总的来看，我国刑法理论上关于风险刑法观有三种不同意见：

第一种观点认为，风险社会正在形塑和改造着我国传统的刑法理论，主张由自由刑法向风险刑法转变。持这种观点的学者[1]多以学界的中青年群体为主，因该群体具备更为广泛的国际化的视野，学术思想更为开放，对外来理论也更为宽容，接受其他学科或领域的理论意愿也比较强烈。因此，对利用风险社会改造我国传统刑法理论的观点往往持积极赞成的态度。总的来看，赞成风险刑法的学者群体在理论界有一定的学术影响力，在我国刑法理论上产生了较大的冲击和影响。

第二种观点认为，我国当下的社会形态与西方社会中的风险社会有质的区别，不能在未经理性分析的基础上全盘接受风险社会理论。基于此，该种理论坚决反对用风险社会理论改造刑法理论，坚持传统的自由刑法理论，对风险刑法理论持反对态度。持该种观点的学者以学界中的领军人物[2]为主，对传统刑法理论秉持相对保守的态度。质言之，该种观点更加关注公民的权利价值，对风险刑法中的秩序价值指向往往不能认同。还有学者在认真对比分析风险和危害、危险、危难等词义之间关系的基础上，明确反对风险刑法理论，认为风险社会理论语境中的风险是全世界政府联合也难以应对的，国内某些学者望文生义，将风险解释为危险、威胁、危害、危难，是对风险社会理论的误读。[3]

第三种观点属于折中说。该种观点主张，不应该忽视流行于社科领域的风险社会观，但对其与刑法理论之间的关系应持谨慎态度，主张风险社会可以有限度地影响刑法理论。也即，风险社会不是改变传统的自由刑法观，而是在自由刑法观的基础上对刑法结构和刑法理论进行适度调整，是对传统刑法理论的补充，而非替代。正如有的学者指出的：鉴于刑法理论中渗入风险

---

[1] 参见劳东燕："公共政策与风险社会的刑法"，载《中国社会科学》2007年第3期；劳东燕："风险社会与变动中的刑法理论"，载《中外法学》2014年第1期；程岩："风险规制的刑法理性重构——以风险社会理论基础"，载《中外法学》2011年第1期；陈晓明："风险社会之刑法应对"，载《法学研究》2009年第6期。

[2] 参见张明楷："'风险社会'若干刑法理论问题反思"，载《法商研究》2011年第5期；陈兴良："风险刑法理论的法教义学批判"，载《中外法学》2014年第1期。

[3] 参见刘艳红："'风险刑法'理论不能动摇刑法谦抑主义"，载《法商研究》2011年第4期。

因素，更应该推动权利价值的关注而不是相反。[1]与肯定说和否定说相比，折中说显得更为理性和谨慎，质疑风险刑法但不反对风险刑法，而是主张吸收风险刑法理论的长处，弥补传统刑法理论的不足。

分析上述不同的风险刑法价值观，基本是学者基于不同的理论基础、价值观念及刑法理念做出的论证，与学者的学科视野、理论偏好、利益取向及风险认同等方面密切有关，所以不同学者持不同的刑法立场是容易理解的。但是，刑法理论的发展会影响到刑法理念与刑法体系的变化，并对刑事立法、刑事司法甚至刑事执法产生直接或间接的影响，并最终会影响到刑法机能中的权利保障与秩序保护之间的关系。对此，我们不能故作不见，应该积极分析我国当下的社会形态，对风险社会与刑法之间的关系进行认真考察，继而得出切实、有效、可行的问题解决办法与合理结论。对上述持不同刑法立场的论证过程分析可知，论者得出我国刑法应该坚持自由刑法还是风险刑法的论据还相对简单，也即，根据我国社会当下是不是风险社会，并在此基础上做出我国刑法是适用风险刑法或者是自由刑法的判断。对此，论者的论证、论据及结论并不完整，也不够科学合理，更不够客观真实。因此，提出由风险刑法替代自由刑法的观点是有待商榷的，当然，执意坚持自由刑法而不愿做出改变的观点也是需要反思的。易言之，在社会情况相对复杂的情形下，应该坚持自由刑法观，同时，还需根据社会发展的需要，对自由刑法的理论进行改造和完善。

在坚持刑法精神中追求发展，在发展刑法理论中坚守传统，是刑法理论在社会转型中应该坚持的科学立场和态度。由于传统刑法所标榜的平等、自由、权利、尊严等价值观念仍是人类追求的基本价值形态，且传统刑法可以解决以实害犯为基础的绝大多数犯罪，因此，面对风险社会的降临，可以采用传统刑法和风险刑法并存的应对方式，二者各司其职，互相支持。[2]根据论者的观点，单一的刑法属性并不适合多元化的社会形态，应该采取较为温和与多元的姿态，去界定和诠释我国刑法应具有的特征和品性。也即，刑法理论在回应社会风险问题时，需关注国内当下的多元化、共时性的价值需求，

---

[1] 参见孙万怀：“风险刑法的现实风险与控制”，载《法律科学（西北政法大学学报）》2013年第6期；姜涛：“风险刑法的理论逻辑——兼及转型中国的路径选择”，载《当代法学》2014年第1期。

[2] 参见陈晓明：“风险社会之刑法应对”，载《法学研究》2009年第6期。

以缓解因不同社会风险导致的社会紧张和法律问题。"复杂中国面临着共时性的多重（传统的、现代的与后现代的）安全威胁，刑法必须回应彼此间具有内在张力的多元价值诉求（自由、民生与安全）。"[1]我们认为，论者的观点是合理的，准确地概括出了刑法属性与社会形态之间的关系。质言之，分析我国当下刑法的基本价值取向，在当前社会背景下，其不应该仅仅依托单一的价值标准，而应该坚持多元化的评价维度，具体包括社会属性判断、风险性质分析及刑法理论比较，等等。

一、风险属性比较分析

根据前文可知，我国正处于社会转型时期，社会结构还处于转型发展当中，社会问题类型都相对复杂。详言之，当下我国的社会形态并不是风险社会或者农业社会，而是兼具前现代社会、现代社会及后现代社会的混合型特征，所以在社会问题上呈现出相对复杂的特征。社会转型过程就是社会发展过程，也是不断产生与酝酿社会风险和问题的过程，基于此，社会民众对未来的不确定性预期与危机感都随之增长，生活压力与焦虑情绪自身也随着社会风险持续出现而加大。比如，自2018年1月1日至2020年10月31日，某直辖市某区人民检察院办理危害公共安全类案件达到533件。罪名主要涉及危险驾驶罪，交通肇事罪，非法买卖枪支罪，以危险方法危害公共安全罪，放火罪，非法持有弹药罪，非法买卖、储存弹药罪，重大责任事故罪；其中发生在道路交通安全领域的案件数量占比最高，枪支类案件数量占比次之。

在这个过程中，社会进步与发展代价共存，制度发展与社会失序共存，规范完善与制度缺位共存，社会属性具有鲜明的价值二元性。这种社会转型犹如贝克所形容的，是"压缩饼干"方式的转型，具有强烈的时空压缩性，并孕育和滋长了各种社会风险和社会问题。换言之，社会转型中各种传统、现代、后现代、本土和全球化的影响因素错综复杂地交织在一起，使得我国当前的社会孕育出更多、更难以预料和难以应对的风险。[2]在深圳首次公共

---

[1] 梁根林："刑法修正：维度、策略、评价与反思"，载《法学研究》2017年第1期。

[2] 参见方世南、齐立新："风险社会：政府公共管理面临的全新课题"，载《学习论坛》2009年第8期。

安全白皮书中也表示，在新的发展阶段，各种自然的和社会的、传统和非传统的风险矛盾交织并存，城市公共安全面临的问题依然突出，在洪涝灾害、地质灾害、火灾事故、交通事故、生产安全事故、重大传染病疫情、严重暴力犯罪案件、恐怖袭击事件和群体性事件等方面，仍面临较高风险。〔1〕由此，在我国压缩型的社会形态下，有前现代社会与现代社会的外部风险，也有后现代社会的人造风险，有工业社会的风险，也有农业社会的风险，各种风险形式共时性存在于当下的社会当中。由此，当前的社会风险是复杂和多元的，也是难于计算的，风险结果也是难以预测的，并且这种社会风险将长期存在，并在一段时间内持续困扰着决策者和执政者，并对社会发展和制度完善具有长期影响，还会进一步影响到社会民众的生活方式和价值观念，导致社会民众无时无刻不生活在各种社会风险当中。人造风险无法精确计算，也谈不上对风险结果的预测，这就使人们陷入前所未有的风险困境之中。〔2〕由此，现代社会中的风险更多的是人造风险而非传统风险，人造风险的特征就表现为不确定性、无法计算性及不可预期性等不同侧面，当然，也恰恰是人造风险对法律规范尤其刑法制度带来了极大冲击和挑战。

从社会风险的性质来看，我国存在与西方类似的人造风险，皆是因制度本身与技术发展衍生出来的风险。但是，两者在风险属性上存在显著区别，比如，在社会背景、风险比例与发生机理上都不相同，所以我国的社会风险与西方社会风险存在本质区别，不可以将二者简单等同。具体区分如下：第一，就社会背景而言，我国是压缩型社会，西方是后现代社会。在压缩型性社会形态下，社会风险更为多元化，风险结构也更加复杂化。反之，西方社会属于后现代社会，社会风险相对单一，风险结构也相对简单；第二，就社会风险比例来看，现代社会风险在我国社会风险中的比例有限，前现代社会下的传统风险类型占据主要位置，不像西方社会，现代社会的风险类型占据较大比例，主导着社会发展。对于我国社会中的风险样态，有的学者曾明确指出："中国社会是局部风险社会而非全面风险社会，是现代社会但又留有前

---

〔1〕参见"姚安县城市安全风险白皮书"，载http://www.yaoan.gov.cn/pages_22_69655.aspx，最后访问日期：2023年10月11日。

〔2〕参见［英］安东尼·吉登斯、克里斯多弗·皮尔森：《现代性——吉登斯访谈录》，尹宏毅译，新华出版社2000年版，第195页。

现代社会遗迹"〔1〕。对于该论断,我们认为是客观合理的,是对我国社会形态的准确概括;第三,从风险发生机理考察,我国发生的现代社会风险,主要是源于科学技术管理不足与制度规章不够完善。相反,西方社会发生的风险,则主要是过度信任技术理性和制度理性,而忽略了技术、制度自身存在的潜在危机。易言之,过于相信人在自然面前的主体性,而忽视了人自身的客体性特征。

综上可知,理论界不应将两种相差甚大的社会风险类型混为一谈,并作为构建和改造我国刑法理论的社会基础。质言之,学界不应该直接引入西方社会的风险社会理论作为分析我国社会问题的理论模型,而是应该在对国内外的风险的社会成因、发生机理与产生背景有清晰认识的基础上,再理性解析风险社会理论,阐释和应对我国已经存在和正在发生的各种社会问题,这将对法治理念更新和治理模式创新具有积极意义。质言之,从风险性、复杂性、多元性的角度来展望 21 世纪的中国法学发展的前景,不仅有利于对法治范式创新的探讨、促进改革举措的实效,而且有利于理解传统秩序的特色和深层原理。〔2〕由此,风险社会带来的不只是风险还有机遇,尤其是社会治理模式创新的发展,对刑法的时代定位和内容诠释也具有重要价值。因此,从理论层面看,对风险社会应该有客观理性的解读和判断,不应该对其全面排斥,也不应该全盘吸纳,而是应该在对其进行客观、理性的分析基础上,进行批判性的反思、借鉴和使用。

二、风险性质比较分析

在不同的社会形态下,源于各种风险因素的存在,会发生各种各样的社会风险,不同的风险类型决定了对刑法理论与刑法结构的改造,并对刑事立法与刑事司法造成不同影响。从具体类型看,社会风险可以分为以下几种:财产损害风险、人身伤害风险、公共安全风险、环境损害风险、社会秩序风险、职务廉洁风险、国家安全风险、市场秩序风险,等等。从西方社会对社会风险的研究和阐述看,其在探讨风险社会的概念时,主要是指技术风险与

---

〔1〕 焦旭鹏:《风险刑法的基本立场》,法律出版社 2014 年版。
〔2〕 参见季卫东:"风险社会与法学范式的转换",载《交大法学》2011 年第 1 期。

制度风险。"风险社会关心的是'技术-经济'发展本身产生的问题。"〔1〕制度风险主要包括经济制度、金融制度及网络管理等制度；技术风险主要是指核安全技术、生化技术、食品药品等技术。

从西方社会的风险观念看，与我国刑法相对应的主要有安全风险，比如，交通安全、食品安全、药品安全、金融安全以及环境安全等，在这些领域风险因素与公共安全风险、环境安全风险、社会秩序风险、市场秩序风险有关，与财产损害风险、人身伤害风险、职务廉洁风险则关系不大。基于此，在讨论社会风险对刑法理论、刑法结构及刑法价值的影响时，不应该将刑法分则的十种法益类型全部涵盖在内，而是应该做区别对待和分类处理。质言之，在研究和讨论社会风险与刑法内容的关系时，对与风险概念联系并不密切的国家法益、财产法益、人身法益、社会秩序法益、职务廉洁法益等排除在外，才更为合理科学。风险刑法理论在对风险社会的风险概念理解上的外延溢出，在一定程度上消解了风险概念的特定性，并使风险社会的理论失去其解释力。在此基础上建立起来的风险刑法理论，就可能丧失其现实基础。

目前我国关于风险刑法的论述中，风险的范围往往十分宽泛，几乎是在一般意义上使用风险一词，由此脱离了贝克所创立的风险社会理论的特定语境，以至于我国有学者指责此为对风险范畴的曲解。〔2〕易言之，有些法益类型与风险社会并没有必然的关系，应该在刑法结构转型的研究中予以剔除，以确保风险社会观与刑法理论研究具有内在的关联性。相应地，在刑事立法与司法实践范畴中，也应该尽量排除风险社会对前述非直接相关法益的影响，将刑事资源主要集中在风险社会相关性比较强的法益领域。正如有的学者所言：在传统刑法与个人利益相关的、不受风险社会影响的法益领域不存在提前保护的问题；即便在风险领域内对法益实行提前保护也是例外、有限的，而且必须是控制社会风险所必须的。〔3〕从另外一个角度看，社会风险的发生具有多样化特征，对于刑法治理具有一定挑战性，并且，鉴于刑法资源的有限性，不可能对所有的社会风险都适用刑法规范进行规制，对此，应该从刑法理论上进行深度探讨刑法需要应对社会风险的内容和范围。也即，对与风

---

〔1〕［德］乌尔里希·贝克：《风险社会》，何博闻译，译林出版社2004年版，第16页。
〔2〕参见陈兴良："风险刑法理论的法教义学批判"，载《中外法学》2014年第1期。
〔3〕参见王永茜："论现代刑法扩张的新手段——法益保护的提前化和刑事处罚的前置化"，载《法学杂志》2013年第6期。

险社会关系不密切的领域,应该谨慎讨论风险刑法问题,并应该对刑事处罚早期化命题保持警惕。

如果做进一步的细分,即使在公共安全、市场安全、社会秩序等领域,也有诸多个罪法益与风险社会关系不大,比如,恐怖犯罪是前现代社会都存在的安全问题,投放危险物质罪也是传统刑法中的罪名,食品犯罪、药品犯罪也不是后现代社会才出现的风险因素。质言之,在整个刑法分则涵盖的罪名当中,能适用西方社会风险进行解析的罪名其实非常有限,并不具有广泛性和普遍性。从这个角度来看,将我国刑法称之为风险刑法或安全刑法,并不符合我国社会的发展阶段和社会形态,与我国当下的刑法体系和犯罪构造存在诸多质的差异。因此,从这个角度看,当下将我国刑法纳入风险刑法范畴,显然缺乏客观支撑,是不合理的,也是不确切的。正如有的学者所言:风险刑法理论最根本的谬误在于,未全面了解贝克的反思性现代化理论,因而对风险社会理论的理解过于肤浅和狭隘,更多的是根据"风险社会"的字面含义,将其理解为"有风险的社会"或"风险增多的社会",这完全背离了风险社会理论的精髓。尤其是,它未能明确风险社会的风险与传统社会的风险之间的"世纪性差别",曲解了风险范畴的真实含义。[1]我们认为,论者的观点是合理的,是对我国当下社会属性的准确认识,也是对风险社会概念的合理认知,对我国科学解读和诠释当下社会属性具有积极的借鉴意义,也对我国刑法结构和刑法属性的合理认识和未来发展具有积极的作用。

三、从刑法理论比较分析

风险刑法是源自德日刑法理论上的概念,随着德日刑法理论的传入和发展,我国刑法理论也开始对风险刑法概念青睐有加,不断有学者加入风险社会理论的阵营,并从不同角度为风险刑法提供理论证成,构建其适用与运行机制。我们不能完全赞同风险刑法否定论者与怀疑论者,或者是对不同的刑法理论置之不理,其实,越是在理论争议激烈之时,越是应该关注理性和不同的声音。从我国刑法理论看,风险刑法论者无论是阐释我国社会与风险社会的关联、还是分析风险刑法与自由刑法的关系,以及在概念探讨、关系梳理和理论构建上,都不免有牵强之感,得出的结论尚不能为人信服。换言之,

---

[1] 参见南连伟:"风险刑法理论的批判与反思",载《法学研究》2012年第4期。

在风险刑法的理论证成和体系设计上，缺乏足够的精细性与逻辑性。但是，不能不承认的是，正处于全面转型时期的我国社会，一定程度上，其所面临的风险内容和风险类型并不亚于任何一个西方发达国家。质言之，我们所面临的"风险"既有农业社会的风险，也有工业社会的风险，还有后工业社会的风险，是三种风险的共存和叠加，情况更加复杂。所以，"风险刑法"理论仍有一定借鉴意义。[1]

在国内刑法理论上，较早展开对风险社会与风险刑法进行研究的是劳东燕，其在后续研究中宣称并没有对风险刑法做过价值判断，只是进行事实描述。易言之，论者只是对风险社会进行知识研究，并没有关于风险社会的立场选择。"具体来说，是试图客观地描述与勾勒风险社会的背景之下刑法理论所经历的变迁，以及支持或驱动这种变迁的社会原因。"[2] 也即，就论者而言，其并不主张风险刑法概念，只是根据社会背景和刑法立法趋向，对刑法理论、刑法结构以及刑法发展等基础性问题做了客观分析和描述，并认为，用安全刑法替代风险刑法更加符合我国社会现状和刑法诉求。尽管如此，劳东燕对风险刑法的研究还是引起了国内理论界的广泛关注。引人关注的是，国内的主流刑法学者对风险刑法理论持明确反对态度，这也让风头正劲的风险刑法理论显得人气不足，或者说，风险刑法理论并未获得主流刑法理论的认可。还有，针对社会风险高发与公共安全危机的态势，有些刑法学者并没有被风险刑法理论冲昏头脑，也没有用风险刑法理论改造犯罪构造与刑法体系，为刑事处罚前置化问题进行立法造势，反而更为客观、冷静地指出，在风险刑法势头正旺的当下，应该将关注目光投向公民权利。"刑法的风险改革是为了适应社会对于风险规制的需要，而风险规制的目的不是为了破坏人类已有生存秩序，而是为了更好地实现人权。"[3] 我们相信，一定程度上，在刑法理论呈现冲动与浮躁之时，这些理性的声音更加显得有必要性和重要性，也更加值得我们尊重和关注。

在德国刑法理论中关于风险刑法理论也不是呈现一边倒的趋势，刑法学者之间也有不同的声音。虽然德国刑法学家金德豪伊泽尔、雅科布斯、罗克

---

[1] 参见于同志："刑法扩张下的审判立场"，载《人民法院报》2016年4月20日，第6版。
[2] 劳东燕："风险社会与变动中的刑法理论"，载《中外法学》2014年第1期。
[3] 崔磊："风险社会视野下刑法扩张的宪法态度"，载《中国刑事法杂志》2016年第6期。

辛等教授对风险刑法理论青睐有加,不过,认真分析前述学者的观点可知,他们所关心的其实是在当前的社会情势下,如何进一步提升刑法创造社会安全的能力,而并非直接将控制风险作为未来刑法改革的方向和目标。同时,我们还可以看到,德国的其他刑法学家,诸如希尔根多夫、哈斯默尔等知名教授,曾公开质疑风险刑法理论的合理性与必要性。风险刑法的特征在于,对于法教义学的基本结构进行在自由法治国视角看来极其可疑的灵活和处理。[1]至此,可以清楚的是,在德日刑法理论上,风险刑法并没有在理论上获得压倒性优势,甚至是主流的地位,为部分刑法学者批判和怀疑。另外,即使赞同风险刑法的学者也相对理性,对风险刑法的架构体系和干预范围也做了有针对性的分析,也即,风险刑法并不是适用于社会全部领域,只是针对特殊的社会领域而言的,风险刑法主要适用于与社会公共安全的相关领域。对此,有学者曾作出明确诠释:"刑法应当仅限于核心刑法领域,仅针对个人进行刑法保护的核心刑法才是刑法规范的合理范围;反之,通常被视为风险刑法中的风险犯典型类型的经济犯、交通犯、环境犯等应以干预法的立法方式解决,而非使用刑罚"[2]。对于论者的观点,我们深表赞同。质言之,将刑法预防和早期介入的领域集中于公共安全范畴是理性选择,也是符合当下社会属性和现实需要的。至于远离公共安全的领域,刑法还是应该坚持谦抑性和最后性,刑事处罚的介入依然需要保持警惕和谨慎。

总的来看,不管是从我国的社会属性进行分析,还是考察社会风险在刑法理论中的影响或者是国内外理论界对风险刑法的态度,在风险社会与风险刑法理论上依然存在较大分歧,因此,将我国当下的刑法界定为风险刑法的观点还值得商榷。详言之,风险刑法观不但不符合我国复杂的社会背景,也未能真正反映其在刑法条文中的分布状况,更没有认真对待刑法学界对风险刑法持不同意见的观点和态度。但是,我们还应该看到,随着社会转型向纵深领域发展,社会矛盾和各种问题也将逐渐显现,刑法规范属性和内在价值也会随之发生改变,以应对新的社会风险和社会需求,一定程度上,刑法的预防性和功利性应该被认可和重视,立法与司法层面的积极主义姿态也应引

---

[1] 参见[德]埃里克·希尔根多夫:《德国刑法学:从传统到现代》,江溯等译,北京大学出版社2015年版,第255页。

[2] [德]埃里克·希尔根多夫:《德国刑法学:从传统到现代》,江溯等译,北京大学出版社2015年版,第241页。

起关注。正如有的学者指出的：从刑法理论发展与社会情势变化的关联来看，伴随着现代社会的风险提升，刑法通过提前介入以便有效防控风险的预防性特征逐渐呈现。预防思维最终迫使我们必须弃守传统的法治国刑法，让其从一个原本只是处罚有责的法益侵害行为的不完整性格（最后手段性）转变为富有弹性的危机抗制机制（手段优先性）。[1] 也即，在社会转型日益深入的社会背景下，通过对转型期突出的危害公共安全犯罪多发问题进行早期化处理，应该是一种有效的法律举措，符合我国现实社会特征和实际需求。由此，刑事处罚早期化理论具有合理性与现实性，对理性认识我国刑法理论的发展与完善具有积极意义。

第二节　刑法属性的理性反思

风险社会虽然在理论界依然存在很大争议，但风险社会带给我们的反思确实客观存在。并且，鉴于我国社会形态的复杂性和社会结构的多元性，社会风险的高发性和危害性也在时刻考验着应对社会风险的能力和智慧。及至刑法领域，作为重要的社会治理措施，刑法理论在接受社会风险概念而改变内部结构、外在表现的同时，也应该对刑法的内在精神和价值理性保持克制，努力防止在新的时代背景下刑法风险的发生和发展。也即，立足于中国的现实语境，刑法的预防机制所引发的悖论现象尤其需要引起重视，因为"复杂中国面临着共时性的多重（传统的、现代的与后现代的）安全威胁，刑法必须回应彼此间具有内在张力的多元价值诉求（自由、民生与安全）"[2]。

一、对刑法的保障机能应有理性认识

根据古典理性主义构建出来的资本主义制度以及推动生产力发展的科学技术，为资本主义的发展奠定了制度基础和科学前提，并为现代社会构建发挥了积极作用。不过，理性主义与科学技术在构建现代社会制度的同时，也将社会风险的发生推进到了新的阶段。

风险社会是基于理性主义与科学技术的缺陷而提出的社会学理论，是对

---

[1] 参见钊作俊、刘蓓蕾："犯罪化与非犯罪化论纲"，载《中国刑事法杂志》2005年第5期。
[2] 梁根林："刑法修正：维度、策略、评价与反思"，载《法学研究》2017年第1期。

现代社会进行的制度反思和发展，正是在这个意义上，风险社会是现代社会发展的新阶段，并不是现代社会的替代者。正如有的学者指出的："现代性已经由简单的或线性的现代化阶段进展到了自反性现代化的阶段，但是无论是风险社会，还是自反性现代性，都只是现代性的激进化，而不是什么与现代性根本不同的后现代性"[1]。鉴于风险社会是以社会风险为基础构建起来的理论形态，风险内容成为社会属性分析、研究、解构及建构的重要指标，随之，社会稳定和秩序安全成为衡量社会风险治理的关键指数。反映在刑法层面，即如何通过改造刑法结构、刑法理论及刑法条文等内容，以达到治理社会风险、保护社会秩序的目的，成为刑法理论上的重要研究内容，也成为刑事立法上明确的目标指向。基于此，风险刑法、安全刑法、敌人刑法等改变传统刑法属性的概念开始在欧陆刑法理论中出现，积极的一般预防、客观归责、规范违反、行为本位等政策性的教义学内容也成为犯罪论体系中的重要组成部分。风险社会促使现代刑法的使命发生变轨，应对不确定的风险和维护安全秩序已然成为刑法必须实现的主要目标。这既深刻触动了传统刑法体系的社会根基、价值取向与功能设定等教义学基础，也凸显了风险刑法本质上是一种预防刑法的新思维。[2]质言之，现代社会与全球化使社会生活的不确定性增加，随着风险社会成为问题分析工具，于是，风险问题代替了秩序问题而成为社会问题的核心和关键，社会风险遂成为分析社会问题的逻辑起点，而治理社会风险的刑法规范的预防性和政策性色彩也日益明显。

近年来，国内刑法理论积极对接西方社会学和刑法教义学，并尝试依托风险社会范式对我国传统刑法理论、刑法结构进行改造，甚至明确指出，安全刑法应该是刑法未来发展的方向。无论如何，源于19世纪的自由主义模式的刑法无力应对与解决当代社会所面临的新型风险，这是一个不争的事实。从此种意义上讲，风险刑法的出现有它的必要性，它是立法者试图通过刑法的手段对新兴的风险做出反应的产物。[3]根据论者的观点，风险刑法的出现有其客观性和必然性，是社会发展到特定阶段的制度性产物，具有鲜明的时

---

[1] [英]安东尼·吉登斯、克里斯多弗·皮尔森：《现代性——吉登斯访谈录》，尹宏毅译，新华出版社2000年版，第92~93页。

[2] 参见高铭暄、孙道萃："预防性刑法观及其教义学思考"，载《中国法学》2018年第1期。

[3] 参见劳东燕："罪刑规范的刑事政策分析——一个规范刑法学意义上的解读"，载《中国法学》2011年第1期。

代性和政治性。"从法治国到福利国再到安全国,欧美主要国家基本上是在自18世纪中后期至20世纪末、21世纪初的二百多年间完成的。而这三个时代的问题与任务却共时性地出现在当代中国社会治理与社会控制的过程中,成为当代中国刑法不得不统筹兼顾、审慎回应的重大挑战,并且迫使当代中国刑法在尚未完全成型的自由刑法的基本面向之外,内生出民生刑法与安全刑法的新面向。"[1]安全刑法观是刑法发展的新阶段,基于安全刑法观,积极主义刑法观、积极的刑法立法以及功利主义刑法等刑法理论不断出现,这些理论与安全刑法观都具有一定的内在关联。当然,考察国际范围内的刑法发展走向可知,刑法属性的转变不仅在我国刑法中存在,在德国、日本等大陆法系国家刑法中也能看到刑法属性转变的发生。刑法属性和价值取向的转变为理论界所关注,并对刑法属性转变中可能造成的自由损害进行了批判性分析。正如齐白教授指出的,与这种刑法性预防伴随而来的,不仅是所欲追求的安全保障,同样也还有对传统的刑法观念的根本性挑战:原本是处罚已经发生了的不法的刑法越发地致力于——这在传统上本来属于警察法的职责——防止将来的损害。因此,向预防的转化导致刑法远离其传统的目标和界限,致使刑法变成了普通安保法的一部分,并且可能使得刑法和警察法之间的界限在这一范围内变得模糊不清。[2]论者的观点相对客观,明确指出了预防性刑法存在的问题所在。从这一点来看,自由刑法观对安全刑法观的担忧还是有一定道理的,即应该努力防止刑法的秩序保护机能被过度开发和利用,并进而由此破坏形式法治的社会根基。

在新的社会背景下,社会风险成为制度发展、刑法修改、司法实践的衡量指标,安全保护与权利保障之间的关系也在发生改变,并成为刑法理论发展的重要指标和参数。不过,对于刑法的秩序保护机能,应该根据社会发展和风险治理的具体诉求,加重其在刑法理论研究中的比重,并在刑法属性和刑法结构完善中予以适当考虑,以有效发挥刑法治理社会、规制犯罪的积极功能。因此,在罪刑法定主义的总体框架下,刑法应该更为积极地发挥调整社会生活的作用,以此来尽可能地实现刑法在个案处理中的妥当性、合理性,

---

[1] 梁根林:"刑法修正:维度、策略、评价与反思",载《法学研究》2017年第1期。
[2] 参见[德]乌尔里希·齐白:《全球风险社会与信息社会中的刑法:二十一世纪刑法模式的转换》,周遵友等译,中国法制出版社2011年版,第201页。

逐渐培植刑法的权威。[1] 但是，需要明确的是，秩序保护在刑法机能中的权重提升应该适度且慎重考虑，以妥当处理秩序保护和权利保障之间的关系。自由刑法是依托权利保障的内容和基础构建起来的，与此相关，刑法基本原则、刑法精神、刑事责任、犯罪本质等内容都体现了权利保障的精神和宗旨。通过改变刑法机能中秩序和权利之间的关系，达致改造自由刑法的目的，显然缺乏足够的社会基础与理论支持。预防性国家行为陷入一种两难境地。在其防范自由所遭遇的个别危险的过程中，它也在整体上削弱了社会秩序的自由品质，同时，也在部分程度上侵蚀了民主与法治性的保障机制，而这些机制正是为了限制国家权力，保护个人自由而发展出来的。[2] 一定程度上，论者对预防刑法观的疑虑是有一定道理的，比较准确地指出了预防性刑法的可能影响与潜在危害。

　　根据前文，风险社会是一种拟制的社会形态，其制度自反性和方法指导性对社会发展的意义远甚于风险社会自身。因此，作为社会制度的组成要素，刑法制度更应该借鉴风险社会的自反性内容，并充分发挥风险社会的指导功能，对刑法制度和法律规范进行完善和发展。易言之，可以将刑法置于社会风险多发的背景下进行考虑，而非放在风险社会的背景下予以探讨。基于此，在对风险社会未做理性思考的前提下，就匆忙将刑法安全机能置于显要位置，并构建相应刑法理论的做法，显然是经不起理论推敲和拷问的。"风险刑法理论在对刑法例证的论证中，过于大而化之而没有细致推敲，结果导致大胆假设有余，小心求证不足。所有这些，都使得风险刑法理论只能获得一时之观点喧嚣，而难以取得长久之学术积淀。"[3] 论者对风险刑法的态度总体是科学的，但完全否定风险刑法的价值与功能，未免过于偏激。一定程度上，风险刑法理论与我国当前的社会发展阶段并不具有适应性，不是对我国社会发展阶段的理性体现，同时，也应该看到风险刑法理论的合理性，并需要对其合理性进行总结和反思，以有效推动我国刑法理论和司法实践的发展。刑法顺应时代的变迁，对风险社会提出的新需求以其价值重心的转变作为回应是应该的，但是我们必须谨慎前行，以避免带来一个新的制度风险——风险社

---

　　[1] 参见付立庆："论积极主义刑法观"，载《政法论坛》2019年第1期。
　　[2] 参见[德]迪特儿·格林："宪法视野下的预防问题"，载刘刚编译：《风险规制：德国的理论与实践》，法律出版社2012年版，第113~114页。
　　[3] 陈兴良："风险刑法理论的法教义学批判"，《中外法学》2014年第1期。

会的刑法危险。国情造就了我国自由保障的重要性,应该审慎对待刑法价值重心的转变,不能盲目追求风险的应对而撞毁自由。[1]再则,从近年来刑法立法文本的发展来看,通过对修改的条文进行对比分析,积极回应社会风险治理的刑法条文在数量上还是较为有限的,更多的条文是基于社会发展需要而进行修改的。从这个意义上讲,立法主体依然是将权利保障作为重要的目标进行立法设计的,并基于此而对刑法条文进行适度修改和完善。

二、对刑事处罚早期化应有理性认识

风险社会理论带给社会的重大变化就是,为了治理社会现实和潜在的风险,有权主体积极从政策层面介入社会治理,以推动社会风险的提前预防和积极治理。反映在刑事法律层面上,刑事政策也努力融入刑法教义学,并积极改变刑事立法与刑事司法的内容和方向。基于此,犯罪论体系的内容随之发生改变,刑法教义学政策化取向日趋明显,刑法干预提前的趋势日益凸显,适应预防性价值需要的刑法理论不断出现。这种改变在德日刑法理论上最早出现:"客观归责理论与功能罪责论的出现,都是预防目的渗透之后形成的产物。仔细分析这些理论的发展过程可发现,预防目的对犯罪论的影响,是通过重新调整风险分配方式而重塑归责原理来实现的。"[2]论者明确指出,预防性刑法与风险分配、归责原理重塑之间具有密切关系,对此 我们深表赞同。

近年来,我国刑法理论上的刑事处罚早期化观点也是对社会风险的回应,也即,刑事处罚早期化与风险刑法具有一定契合性,是刑法理论、刑事立法及刑事司法在风险社会理论影响下出现的刑法现象。随着积极一般预防理论的出现,刑事处罚早期化理念直接推动了刑法提前干预社会生活,以有效应对风险社会下的各种社会风险问题。刑法需要承担起积极规制与管控风险的任务,在危险现实化之前即应考虑介入,不能等到实际侵害结果出现之后再消极地予以惩罚。这不仅意味着刑法干预的早期化,而且意味着刑法干预扩

---

[1] 参见龙敏:"秩序与自由的碰撞——论风险社会刑法的价值冲突与协调",载《甘肃政法学院学报》2010年第5期。

[2] 劳东燕:"功能主义刑法解释论的方法与立场",载《政法论坛》2018年第2期。

张至新的生活领域。[1]鉴于刑事处罚早期化与风险刑法在社会背景、具体内容及价值取向上存在诸多相似之处，因此，学界往往会将刑事处罚早期化视为风险刑法理论的构成内容。但是，需要明确的是，刑事处罚早期化与风险刑法理论并无必然联系，并不是风险刑法在我国刑法理论上的反映。质言之，刑事处罚早期化是对我国刑事立法的特征梳理和规律提炼，也是我国社会风险治理的规范性体现。只是在一定程度上，风险刑法理论的引入与刑事立法发展取向具有偶合性，才给人造成刑事处罚早期化等同于风险刑法理论的印象，其实，两者之间不存在必然性的联系。也即，刑事处罚早期化是对我国刑事立法和司法实践的归纳，是我国刑法理论的自身发展，并不是风险刑法的固有内容。正如有的学者所言：立法者早在《中华人民共和国刑法修正案（五）》所增设的妨害信用卡管理罪中，就已经流露出对处罚早期化措施的青睐。《中华人民共和国刑法修正案（八）》增设危险驾驶罪，《中华人民共和国刑法修正案（九）》大量增设与信息网络相关的犯罪（尤其是将预备行为正犯化、处罚抽象危险犯）等，都说明立法者对处罚早期化手段的运用已经达到娴熟的程度。[2]由此，刑事处罚早期化是对我国刑事立法发展趋势的归结，是社会秩序保护的价值体现，具有典型的地域性与时代性特征。如果非要说刑事处罚早期化与风险刑法之间具有某种关联，也只能说，风险刑法理论的出现，对刑事处罚早期化的发展起到了推动和催化作用。

其实，刑事处罚早期化是与自由刑法相对而言的，是对自由刑法观的发展和完善，因此，对刑事处罚早期化及其功能应该有客观、理性的认识。质言之，刑事处罚早期化在加大刑法社会治理作用的同时，也隐藏着侵害公民权利的可能和风险。对此，需引起理论上的警惕，以合理发挥刑事处罚早期化在刑事立法、刑事司法上的正向引导功能。"刑事处罚早期化既能控制风险，也会诱发风险，是一把双刃剑，本身蕴含着摧毁自由的巨大威胁和风险，将被允许的风险排除出刑法规制范围也是非常危险和极端的行为。"[3]对于刑事处罚早期化蕴涵的潜在风险，德国的刑法学者也给出了肯定性表述：类似地，德国刑法在法益保护的早期化和精神化上相当谨慎，因为法益保护原

---

[1]参见劳东燕："风险社会与功能主义的刑法立法观"，载《法学评论》2017年第6期。
[2]参见周光权："积极刑法立法观在中国的确立"，载《法学研究》2016年第4期。
[3][日]浅田和茂：《刑法总论》，成文堂2005年版，第8页。

则的功能在危险犯的情况下有其极限，Worlers、Hefendehl 等学者就一直强调"犯罪结构"（预备犯和危险犯）对法益原则补充的必要性。[1] 根据自由刑法观，刑法的谦抑性是古典刑法的重要特征，由此，刑法规范在规制社会行为的时候应该保持谨慎。具体表现为，在立法与司法实践上，犯罪预备与犯罪未遂在诸多犯罪类型中一般不予认定和处理；对于中立的帮助行为，一般不作为共同犯罪行为予以认定；在危害行为构成犯罪之前，要做是否损害了其他社会规范的二次违法判断；立法上尽量减少抽象危险犯的存在，等等。但是，随着风险社会概念的引入和流行，风险刑法理论开始被提出，并对刑法结构、刑事立法、刑事司法产生一定影响，于是，受风险刑法概念的进一步推动，刑事处罚早期化日益成为一种刑法现象，并日趋受到理论界和实务界的关注。

刑事处罚早期化还意味着刑法从处罚既遂犯和实行犯，提前到处罚预备犯、未遂犯、中立的帮助犯，这些属于广义的危险犯的范畴。因为它们都符合危险犯危险基因的本质，而且都表现为危险状态。[2] 比如，预备行为实行化和帮助行为正犯化就是刑事处罚早期化的两个主要方面。预备行为实行化是犯罪成立标准提前的立法形式，通过对预备行为作为实行行为进行立法规定，从而达到刑论提前介入危害行为的目的，对此，在国内外立法上都不鲜见。正如有的学者所言：毋庸置疑，近几十年来科技的飞速进步推动了社会的急剧发展，相应地，大陆法系成文法国家出现了前所未有的刑事立法活跃化现象。例如，日本的立法早已打破了以往的"沉默"，刑事立法进入了活跃期，"刑罚积极主义""政治化"等是其醒目的标志。[3] 具体如，2001 年日本刑法增设的为不正当制作支付用磁卡电磁记录做准备罪，实际上就是对非法制作、提供电磁记录罪的预备罪的单独立法化。该罪名是日本刑法上预备行为实行化的典型体现，是日本刑法积极回应社会需求而做出的改变和调整。之所以做出立法改变，就是源于现代社会风险蕴含的可能危害，即危害行为一旦发生将给社会带来巨大损失，基于此，在刑法治理理念上会发生转变，一定程度上，刑法提前介入成为刑事立法的常规模式和姿态，以提升刑法规

---

[1] 参见［德］罗克辛："法益讨论的新发展"，许丝捷译，载《月旦法学杂志》2012 年第 211 期。
[2] 参见李兰英："论危险犯的危险状态"，载《中国刑事法杂志》2003 年第 2 期。
[3] 参见［日］龟井源太郎：《刑事立法と刑事法学》，弘文堂 2010 年版，第 7~8 页。

范在社会治理中的价值和效率。刑法保护的早期化，主要是因为在当今社会生活的复杂化与犯罪的高科技化，使得许多犯罪行为一旦得逞，便会造成不可估量的侵害结果；所以，不能等待造成侵害结果后再处罚，而必须对法益进行提前保护。提前保护似乎成为一种更有效率的保护。[1]根据论者的观点，较为准确地指出了刑事处罚早期化的社会背景和预防诉求，我们认为，该观点具有一定合理性和前瞻性，符合社会发展需要与刑法发展规律。

近年来，预备行为实行化在国内刑法规定上也有体现，尤其是在我国近年来的刑法修正案当中，立法者不断将预备行为上升为实行行为进行刑事立法，比如，关于网络犯罪、恐怖主义犯罪、侵犯个人信息犯罪等都有类似的立法规定。为推进治理恐怖主义犯罪的需要，强化恐怖主义犯罪的打击力度，立法主体在恐怖主义犯罪上开始体现出新的立法动向。正如有学者指出的：《中华人民共和国刑法修正案（九）》反恐立法通过增设帮助恐怖活动罪和准备实施恐怖活动罪，将暴恐活动的帮助行为及预备行为实行行为化，体现了法益保护前置化的理念。[2]就法益保护前置而言，实质上就是主张刑事处罚的前介入特殊的法益类型，达到提前对法益进行保护的目的，以防止犯罪行为可能产生更大的社会危害。因此，在刑事立法层面上，对恐怖活动的帮助行为与预备行为进行提前规制。

从大陆法系国家与我国司法实践看，由于犯罪预备行为距离法益侵害尚远，社会危害性不足，因此，对犯罪预备行为一般不进行刑事处罚。但是，在现代社会中，犯罪预备行为的危害性开始发生变化，尤其是随着网络技术与通信技术的发展，有些预备行为如果借助网络工具进行传播，其危害效应就会被无限放大，如果对类似的犯罪预备行为未给予积极防范与规制，就可能放纵危害行为的发生，并最终导致严重的危害社会行为发生。基于此，反思刑事立法观念成为当下和未来一段时间需要认真面对的问题，积极的刑事立法观开始改变传统刑事立法模式。随着预备行为实行化的立法模式出现，一定程度上表明，立法者在立法观念上的变化，表征出社会关系属性的变化在刑事立法上的反映。该种立法观基本反映出积极一般预防主义的刑法精神，

---

[1] 参见张明楷："日本刑法的发展及其启示"，载《当代法学》2006年第1期。

[2] 参见李琳、刘艳红："《刑法修正案（九）》反恐立法研究——以'风险刑法'为论证视角"，载《人民检察》2016年第3期。

符合现代社会下风险预防的立法观念。正如有学者指出的:"在预防刑法中,基于预防风险和社会管控的需要,刑法的附属性不再被严格遵守,刑法有时不会再耐心等到民事、行政法律、法规干预无效时才出手;国家可能会使用刑法手段来管控一般社会生活领域;立法上也可能将一些日常观念评价为'中性行为'犯罪化"[1]。根据论者的观点,传统的刑事立法模式与观念不能适应社会风险治理的需要,因此,刑法的最后性、二次性等内在属性逐渐发生变化,并为积极的刑事立法观所替代。在当下理论界,前述论者的观点还是具有一定代表性的,但也有一定片面性,也即,积极刑事立法主义虽然符合社会发展需要,但不能因此否定刑法的本质属性。比如,有的学者针对恐怖主义犯罪立法指出:这种不需要结果、不需要情节的立法规定模式与传统刑法"侵害法益"之规定模式显然是差距甚大,然而这些不需要结果、不需要情节的行为是否真的就需要刑法来规制,是值得商榷的。因而这些规定颇有忽视人权保障的嫌疑。[2] 对于论者的观点,我们认为具有合理性,即在通过刑事立法加大社会秩序保护的同时,也要充分考虑人权保障的需求。因此,如何平衡刑事立法兼顾人权保障与秩序保护之间的关系,是刑法理论上应该认真探讨的问题,也是未来刑法立法需要关注的问题。

预备行为实行化实质上一个法律拟制问题,行为本身与其他犯罪行为在行为性质、危害程度上具有显著区分。因此,如何认识预备行为实行化,有两个问题需要认真思考和面对,并要给出合理的回答:第一,对哪些犯罪预备行为可以进行预备行为实行化的立法;第二,犯罪预备行为实行化以后,对该实行行为的预备行为是否可以处罚。对上述问题,有学者认为:"对于教唆、帮助他人实施独立预备罪的,与教唆、帮助他人实施其他的实行行为犯罪具有同样的效果,因而仍然可以成立教唆犯、帮助犯"[3]。根据论者的观点,预备行为实行化的独立犯罪与其他犯罪没有区别,对其预备行为和帮助行为需要根据法律规定进行处理。对此,我们认为,论者的观点符合犯罪构成的形式要件和法律规定,具有一定的合理性,但也具有一定的不足。从立法精神看,预备行为实行化的立法应该在法益类型上有明确指向,即只能针

---

[1] 何荣功:"预防刑法的扩张及其限度",载《法学研究》2017年第4期。
[2] 参见黎宏:"《刑法修正案(九)》中有关恐怖主义、极端主义犯罪的刑事立法——从如何限缩抽象危险犯的成立范围的立场出发",载《苏州大学学报(哲学社会科学版)》2015年第6期。
[3] 王姝、陈通:"我国刑法对法益保护前置化问题研究",载《刑法论丛》2017年第3期。

对部分严重危害公共安全的法益类型进行立法,比如,生态犯罪、网络犯罪、恐怖主义犯罪等。对于犯罪预备行为实行化后产生的新的实行行为的预备行为或帮助行为,往往达不到刑法意义上的严重社会危害性,因此,不应该再给予刑事处罚,或者即使给予刑事处罚,也应该和其他犯罪行为的预备行为或帮助行为有一定区别。

就帮助行为正犯化而言,面对的也是同样的问题,既存在于刑事立法层面,也存在于刑事司法层面。质言之,哪些法益类型可以作为帮助行为正犯化进行考虑,对帮助行为正犯化的正犯行为,其帮助行为是否应该给予刑事处罚。对上述两个问题的回答与预备行为实行化类似,前者应突出危害公共安全的法益层面,对后面一个问题应该给予否定回答。

三、对罪过责任发展应该有理性认识

随着风险社会理论在国内的影响日益扩大,在刑法理论层面讨论风险刑法概念成为一股潮流。根据风险刑法理论,除了对客观主义、罪刑法定、危害原则等刑法理论有一定影响之外,对传统的罪过形式也积极进行改造,并相继提出风险刑法与安全刑法等概念。"风险的不确定性和后果的巨大性决定了风险治理的预防性,也决定了刑法对策在事实上的提前介入。风险规制将不再退缩在实害的范围内,而将以主动出击的方式,对风险制造要素进行事前的规制和调整,以达到风险预防的目的。"[1] 根据论者观点,基于治理社会风险的需要,刑法由传统的被动惩罚向主动预防转变,刑法的预防功能被充分彰显,提前介入社会治理成为未来一段时间的刑法发展方向。

传统刑法理论中的罪过责任是刑法体系与刑法结构的基础内容,是刑法责任主义的重要体现。在现代社会语境下,责任主义一直是犯罪构成的必备要素,是犯罪成立的主观标准。不过,风险社会理论改变了罪过责任在犯罪构成中的基础地位。从国外的刑法结构演变看,责任内容也在经历相应变化。责任主义要求将刑罚建立在罪过的基础上,无罪过则无刑罚。"西方发达国家在应对'风险社会'之风险的过程中,也确实对责任原则的内容作了某些修正。姑且不论英美法系国家对某些较轻微的经济犯罪采用严格责任,仅就大陆

---

[1] 程岩:"风险规制的刑法理性重构——以风险社会理论为基础",载《中外法学》2011年第1期。

法系国家而言，其故意与过失理论就作了一些重大的改变。"[1]由此可知，罪责重要的变化体现为从责任主观化向责任客观化转变，也即，罪责原则从评价行为人的自由意志转变为行为人的违法性认识和期待可能性等客观要素。

其一，罪过责任在犯罪论体系中的地位下降。有责任才予定罪、有责任才有刑罚、责任需要自负等内容，是责任主义原则的固有内容，也是古典刑法责任论的经典要义。但是，随着风险社会理论的影响，罪责原则在刑法结构中的地位和功能逐渐弱化，在某些犯罪中，罪过要素甚至开始成为选择要件而非必备要件，风险刑法甚至主张过失危险犯和严格责任，有放弃传统罪责原则的趋向。要完成从"责任主义"向"负责主义"的转换……即便其对危害结果之产生没有故意甚至没有过失，但只要其亲身参与了风险制造过程，就会被作为潜在的刑事责任主体而被刑法警惕的目光牢牢锁定。[2]其实，虽然国内理论界认为严格责任与风险刑法、风险社会没有必然联系，但不可否认的是，随着风险社会理论的影响，严格责任在刑法罪责中作用和地位无疑获得了更多的认可和支持。

在德国刑法理论上，德国犯罪论体系的演变也在责任主义层面发生很大转变。比如，罗克辛教授构建的机能主义犯罪论体系，就将答责构建为责任和处罚必要性的综合体，也即，责任和处罚必要作为有责任性的构成要素，共同决定行为人是否符合刑事责任的要求。"罗克辛教授对德国传统的三阶层的构成要件理论进行了重构，提出了不法与答责的两阶层构成要件理论。主张不法是构成要件符合性与违法性判断的整合，答责是责任（即谴责必要性）和预防上的可罚性的综合体。"[3]当然，就罗克辛教授的答责理论而言，对其提出的处罚必要性应该是从出罪的维度进行理解，才更符合犯罪构成作为犯罪成立的出罪机制精神和标准。也即，在行为人主观罪责符合的前提下，再考虑其处罚必要性问题。如果没有处罚必要性，即使符合罪责的要求也不应给予刑事处罚。及至雅科布斯的机能主义犯罪体系理论，其在责任层面的改造更为彻底，直接将责任主义驱逐出犯罪论体系，而是用积极的一般预防概

---

[1] 陈兴良："'风险刑法'与刑法风险：双重视角的考察"，载《法商研究》2011年第4期。
[2] 参见王立志："风险社会中刑法范式之转换——以隐私刑法保护切入"，载《政法论坛》2010年第2期。
[3] 张庆立："德日机能主义刑法学之体系争议与本土思考"，载《华东政法大学学报》2018年第3期。

念进行替代。"进入到责任之中的目的不可能被责任来限定,只有目的进入到其中的责任才能给刑罚奠定根据。"[1]根据雅科布斯的理论,其积极主张用积极的一般预防来确定罪责,从而将罪责的认定要素从主观层面转向社会预防的需要。对此,雅科布斯还曾经指出:"作为一般预防派生物的责任限定了为实现特殊预防所要求的刑罚,并且,再重复一下,责任只有作为与目的相联系的因素才提供一个尺度,才首先适合于发挥限定刑罚的作用"[2]。由此可知,在罪责与积极的一般预防的关系上,雅科布斯也认为,积极的一般预防具有限定罪责成立的功能,正是在这个意义上,其与罗克辛教授的处罚必要性理论其实是一致的。质言之,对于罪责在犯罪体系中的地位和作用不能放弃,即使引入预防必要性也是从出罪角度限制罪责的成立范围,唯此,才符合现代刑法的内在精神。

其二,罪过责任在犯罪论体系中的地位被替代。近年来,英美法系的刑法理论和刑法结构也随着社会发展而发生变化。根据英美法系的双层次犯罪体系,罪过责任也是其犯罪结构的关键要素。不过,随着治理犯罪的需要以及危害社会安全的恐怖主义犯罪、单位犯罪等危害行为的发展,为了及时有效的应对和治理犯罪行为,实践上对犯罪构成的责任诉求一直在降低。由此,在美国的刑法理论与司法实践上,罪过责任在某些罪名中的功能就基本消失了,严格责任和代理责任开始成为治理犯罪的责任形式。比如,对于严重危害公共安全的恐怖主义犯罪,司法主体不需要认定行为人的罪过责任,就可以对行为人施以刑事处罚;对于严重危害经济安全的单位犯罪,单位需对行为人的犯罪行为承担代理责任,以达到惩治单位监督过失的目的。正如有学者指出的:由于受到控制风险目的的功利思想影响,客观主义刑法有主观主义刑法化的倾向,主客观统一的责任主义原则面临严格责任、代理责任等的挑战。实行行为的扩张导致法益保护早期化与刑罚处置前置化,以报应刑为基础的正义制约功利的正统刑罚思想受到以目的刑为基础的功利制约正义的刑罚思想的挑战。[3]基于此,预防性刑法思想对刑法的结构和体系改造是明

---

[1] [德]京特·雅科布斯:《规范·人格体·社会——法哲学前思》,冯军译,法律出版社2001年版,第41页。

[2] [德]格吕恩特·雅科布斯:《行为 责任 刑法——机能性描述》,冯军译,中国政法大学出版社1997年版,第14页。

[3] 参见王耀忠:"现代风险社会中危害性原则的角色定位",载《现代法学》2012年第3期。

显的，也是对社会风险控制和治理的积极回应，传统的报应主义刑法思想逐渐为功利主义刑法观替代。

从我国近年来的刑法理论看，也有学者一直主张根据风险社会理论改造刑法结构，主张弱化罪过责任在犯罪论体系中的地位和价值，倡导引入德国刑法理论上的积极的一般预防理论，作为判断行为人是否应承担刑事责任的标准。有的学者则主张，借鉴英美法系中的严格责任或者代理责任改造刑法结构，达到积极干预社会生活的目的。刑法理论上的诉求在刑事司法上也有明显体现，比如，鉴于司法主体对案件的责任要素关注不足，虽然行为人对危害行为没有主观认识，或者对危害行为没有违法认识可能性，但司法主体依然认定危害行为构成犯罪。比如，天津赵春华非法持有枪支罪，行为人对持有枪支的法律属性及枪支的危害性都没有明确认识，因此，缺乏构成非法持有枪支罪的主观要素。再如，内蒙古王力军非法经营罪，行为人对非法收购玉米的违法性和危害性都没有认识，司法主体却认定其构成非法经营罪，对其主观责任是否存在关注不够。上述两个案件，某种程度上看，就是基于积极一般预防的政策需要对行为人进行定罪量刑，在责任形式上有实施严格责任的嫌疑。

对于积极的一般预防理论、严格责任及代理责任，从理论上探讨其对刑法发展的合理性与必要性，一定意义上符合社会发展的需要。但是，在司法实践上抛弃或漠视罪过责任要素进行定罪，且不做充分的法理阐释和逻辑论证，显然不符合犯罪构成与刑法基本原则，应引起理论上的警惕与重视。

第三节 刑事立法趋向分析

虽然我国社会形态与风险社会有本质区别，也并未真正进入到风险刑法模式，但这并不表明可以忽视当下风险多发与复杂的社会态势，也不能无视立法主体对社会风险因素的关注，并通过刑事立法推动刑法规范承担更大的社会治理责任和控制功能。

"从风险的时代特征看，中国既面临着传统风险的挑战，也不乏反思现代性风险，但从根本上而言更多面对的是前现代风险。换言之，中国社会既不乏传统社会中一直存在的诸如战争、天灾之类的传统风险；也不乏全球化时代背景下人类所共同面对的现代性风险抑或反思现代性风险。但中国其实更多面临的仍然是前现代的社会风险,即现代性不足的风险,而非现代性过度带来的反思现代性风险。"[1]对此,需对刑事立法进行认真且详尽的梳理,以对转型期面临的社会风险问题有充分的理性认知。并且,对历年刑法修正案中的立法条文进行分类整理,分析刑事立法的规律和特征,有利于从强化社会控制的维度考察刑法规范修正内容。"从对我国立法修正情况的经验考察来看,三种明显的态势,包括处罚范围的不断扩张、处罚上的日趋从严与立法条款的概括化发展,从刑事政策的价值取向来看,体现的都是从严控制的思维。"[2]根据论者的观点,刑法上从严控制的刑事政策思维是从多方面体现出来的,具体包括,增加新的罪名、具体危险犯向抽象危险犯转化、共犯行为正犯化、预备行为实行化、过失犯罪立法增加、犯罪构成要件改变等。

一、《中华人民共和国刑法修正案(十一)》法条分析

《中华人民共和国刑法修正案(十一)》新增或修改的条文包括:侵害英雄烈士名誉、荣誉罪,高空抛物罪,妨害安全驾驶罪,催收非法债务罪,妨害传染病防治罪,污染环境罪,妨害兴奋剂管理罪等32个罪名,再加一个降低刑事责任年龄条款,共计33个条文。分析前述罪名可知,有些罪名是刑法中的新增内容,是在积极扩大犯罪范围,以妥善处理与公共安全、金融秩序、环境保护等领域直接或间接关系的行为,比如,高空抛物罪、妨害安全驾驶罪等;有些罪名属于修改罪状内容,改变罪名的构成方式或者增加行为方式等,比如,妨害传染病防治罪等;有的则属于从原来罪名中独立出新的罪名,比如,袭警罪、组织参与国(境)外赌博罪等。根据风险刑法的内涵,在《中华人民共和国刑法修正案(十一)》中,高空抛物罪、妨害安全驾驶、污染环境罪、妨害传染病防治罪等与公共安全有密切关系,具有社会安全管理的性质。

二、《中华人民共和国刑法修正案(九)》法条分析

《中华人民共和国刑法修正案(九)》新增或修改的条文包括:准备实施恐怖活动罪,宣扬恐怖主义、极端主义、煽动实施恐怖活动罪,利用极端主义破坏法律实施罪,强制穿戴宣扬恐怖主义、极端主义服饰、标志罪,非

---

[1] 杨春福:"风险社会的法理解读",载《法制与社会发展》2011年第6期。
[2] 劳东燕:"风险社会与功能主义的刑法立法观",载《法学评论》2017年第6期。

法持有宣扬恐怖主义、极端主义物品罪，危险驾驶罪，拒不履行信息网络安全管理义务罪，帮助信息网络犯罪活动罪等约 23 个罪名。根据修改的条文内容，准备实施恐怖活动罪、使用虚假身份证件、盗用身份证件罪属于预备行为实行化；危险驾驶罪扩大了犯罪主体范围；帮助信息网络犯罪活动罪属于帮助行为正犯化；代替考试罪则是未经行政法调整的危害行为直接进入刑法规制领域。除此之外，其他罪名都是根据法益保障需要，立法主体将原本属于前置法调整的行为纳入到刑法当中，属于犯罪圈扩大的立法行为。总的看来，准备实施恐怖活动罪、危险驾驶罪、帮助信息网络犯罪活动罪与社会秩序、公共安全和网络安全有密切关联，符合风险多发型社会刑事处罚早期化的特征，其他罪名都是传统刑法应该涵盖的内容。

三、《中华人民共和国刑法修正案（八）》法条分析

《中华人民共和国刑法修正案（八）》新增和修改的具体罪名如下：叛逃罪，危险驾驶罪，生产、销售有毒、有害食品罪，生产、销售假药罪，生产、销售不符合食品安全标准的食品罪，传授犯罪方法罪，食品监管人员失职罪等约 26 个罪名。通过分析修改的条文的内容，叛逃罪是从结果犯转化为行为犯，危险驾驶罪属于抽象危险犯，生产、销售假药罪是具体危险犯转化为抽象危险犯；强迫劳动罪第 2 款将协助行为正犯化；食品监管人员失职罪属于过失犯罪立法。除此之外，其他立法刑事条文属于根据法益保护需要进行的立法活动。也即，在《中华人民共和国刑法修正案（八）》涉及修改的罪名中，危险驾驶罪，污染环境罪，食品监管人员失职罪，生产、销售假药罪属于公共安全、食品安全、环境安全的法益范畴，符合典型的风险刑法法益保护提前的特征。

四、《中华人民共和国刑法修正案（七）》到《中华人民共和国刑法修正案（五）》法条分析

《中华人民共和国刑法修正案（七）》修改或增加的罪名包括：利用未公开信息交易罪，出售、非法提供公民个人信息罪，非法获取公民个人信息罪，非法获取计算机信息系统数据、非法控制计算机信息系统罪，提供侵入、非法控制计算机信息系统程序、工具罪，利用影响力受贿罪等 10 个罪名；《中华人民共和国刑法修正案（六）》修改或增加的罪名包括：强令违章冒

险作业罪，违规披露、不披露重要信息罪，大型群众性活动重大安全事故罪，骗取贷款、票据承兑、金融票证罪等 17 个罪名。《中华人民共和国刑法修正案（五）》修改或增加的罪名包括：妨害信用卡管理罪，信用卡诈骗罪等 3 个罪名。总的来看，在上述修改的罪名中，符合刑事处罚早期化特征的条款有妨害信用卡管理罪，非法获取计算机信息系统数据、非法控制计算机信息系统罪，信用卡诈骗罪，骗取贷款、票据承兑、金融票证罪，提供侵入、非法控制计算机信息系统程序、工具罪等涉及网络安全、金融安全等领域，与风险高发性社会下刑法内在特征一致，其他罪名增加或修改都是传统刑法价值观下的刑事立法活动，与风险社会并无必然联系。对此，张明楷教授也曾撰文指出：在此想说明的是，许多国家扩大刑法的处罚范围与"风险社会"未必有必然的联系。[1] 论者的看法无疑是合理的，是对我国刑事立法背景与立法特点的准确评价。

五、《中华人民共和国刑法修正案（四）》到《中华人民共和国刑法修正案》法条分析

《中华人民共和国刑法修正案（四）》包括生产、销售不符合标准的医用器材罪，走私罪，雇用童工从事危害劳动罪等 7 个罪名；《中华人民共和国刑法修正案（三）》包括放火罪，决水罪，爆炸罪，投放危险物质罪，以危险方法危害公共安全罪，组织、领导、参加恐怖组织罪，资助恐怖活动罪，非法制造、买卖、运输、储存危险物质罪，洗钱罪，投放虚假危险物质罪，编造、故意传播虚假恐怖信息罪等 14 个罪名；《中华人民共和国刑法修正案（二）》仅修改非法占用农用地罪 1 个罪名；《中华人民共和国刑法修正案》具体有擅自设立金融机构罪，内幕交易、泄露内幕信息罪，编造并传播证券、期货交易虚假信息罪，操纵证券、期货交易价格罪等 10 个罪名。生产、销售不符合标准的医疗器材罪属于结果犯转化为危险犯，资助恐怖活动罪属于帮助行为正犯化，投放危险物质罪属于犯罪行为方式扩大，投放虚假危险物质罪属于犯罪圈扩大，编造、故意传播虚假恐怖信息罪属于预备行为实行化，盗窃、抢夺枪支、弹药、爆炸物罪属于犯罪对象扩大，这些罪名增加或修改

─────────
[1] 参见张明楷："'风险社会'若干刑法理论问题反思"，载《法商研究》2011 年第 5 期。

基本与风险刑法精神一致。其他条文则属于正常的刑事立法活动,与风险社会理论的关系不大。

分析近年来的刑法修正情况,刑法条款修改具有一个重要特征,就是刑事处罚早期化立法趋势明显,具体表现为共犯行为正犯化、预备行为实行化、过失危险犯立法、抽象危险犯增加、减少犯罪构成要素等内容。通过梳理和分析历年刑法修正案涉及的刑法条款,在 150 个左右的刑法条文中,与刑事处罚早期化特征直接相关的条款比较有限,也就 30 个左右,不到修改条款总数的五分之一,其他刑法条款占总数的五分之四以上,基本属于社会发展当中基于法益保护需要的正常刑事立法。所以,从刑事立法发展及立法特征分析,不能得出我国刑法步入风险刑法的结论。

"我国近年来刑法修改增加了抽象危险犯,但从八个刑法修正案内容来看,增加的实害犯明显多于危险犯,在刑法修订中,增加危险犯是补充和例外。"[1] 据此,根据刑法修正案中条文修改情况,得出我国已经迈入风险刑法时代的结论是欠妥的。正如有的学者指出的:所谓我国近来的刑法立法是在践行风险刑法观念可能只是一种假象。仅以增设危险驾驶罪、将部分食品犯罪由具体危险犯修改为抽象危险犯,就认为我国的刑法立法是在印证着风险刑法的理念,过于武断。[2] 也即,风险刑法理念对我国刑事立法的影响仍然限于局部领域,对我国刑法体系和刑法结构并未形成系统性影响,因此,目前来看,理论界提出的风险刑法或安全刑法也并非成熟和完善的刑法观念,也并非客观真实反映我国刑事立法的刑法概念。不过,同时也要看到,由于社会风险在各个领域的广泛影响,为及时有效的应对风险问题,近年来,立法主体积极推进刑事立法的修改和完善,将更多的非传统刑事领域的安全问题纳入到刑法规范当中,这本身就表明了一种积极的立法态势,也会间接影响司法主体在诠释规范条文时应遵循的立场和态度。正如有的学者在认真分析过我国刑法修正案后,明确指出:《中华人民共和国刑法修正案(七)》有所呈现预防性立法迹象,《中华人民共和国刑法修正案(八)》《中华人民共和国刑法修正案(九)》进一步强化,并聚成一股日益壮大的刑法立法发

---

[1] 郑高键:"风险社会语境下刑事政策的理性应对——基于刑事政策与刑法功能调整的思考",载《甘肃社会科学》2015 年第 5 期。

[2] 参见李勇:"'风险刑法'看上去并不那么美",载《法制日报》2012 年 3 月 28 日,第 10 版。

展力量。[1]由此，我们认为，论者的观点准确客观指出了我国刑事立法的发展趋向，符合近年来我国刑事立法的发展特点和立法规律。

对于刑法修正案中出现的抽象危险犯、预备犯实行化增多的情况，有学者指出，这并非风险社会的产物，其认为在风险社会理论引入之前，国内外的刑法发展就具有抽象危险犯增多的取向，并以此作为批驳风险刑法观的实证支撑。比如，有学者曾言：在晚近我国刑法立法中，刑法前置化的倾向愈发明显，这主要表现为预备行为实行化、既遂形态前置化、行政民事违法行为不断进入刑法制裁的视野。[2]并且，刑事处罚早期化现象在国外的刑事立法中也有明显体现。19世纪的《德国刑法典》《法国刑法典》都规定了抽象危险犯，1907年制定的《日本刑法典》也规定了不少抽象危险犯。此外，即使当今各国刑法不断扩大处罚范围，但其所增加的犯罪也不乏实害犯，比如，我国各个刑法修正案增加的犯罪大多是实害犯。因此，上述所谓立法模式"正在从实害犯到具体危险犯再向抽象危险犯的时代跃进"的说法并不符合事实。[3]对此，我们认为，论者的观点是客观的、理性的，也是符合立法实际的，可以作为风险刑法观的否定性论证的证据，但是，这并不能作为否定刑事处罚早期化理论的有效论证。

第四节 刑法解释姿态分析

随着社会转型加快，社会风险愈显高发，社会矛盾逐渐凸显，行为失范与社会失序情势加重，基于社会控制与秩序维护的需要，立法主体不断推动利用法律控制社会的治理模式。对此，司法主体应合理面对。也即，对于积极的刑事立法，刑法解释应该积极顺应立法态势，在解释层面上继续扩大刑法文本的规范范围？还是坚持谦抑态度，从解释层面上缓和因频繁立法带来的秩序维护与权利保障的紧张态势？有学者认为，司法层面应该坚持司法克制的态度，避免刑事规制范围进一步扩大。"司法克制主义应是我们基本的姿态。我们需要用更细致、更具体的法律规范来统一人们的思维，并通过简化

---

[1] 参见高铭暄、孙道萃："预防性刑法观及其教义学思考"，载《中国法学》2018年第1期。

[2] 参见孙万怀："违法相对性理论的崩溃——对刑法前置化立法倾向的一种批评"，载《政治与法律》2016年第3期。

[3] 参见张明楷："'风险社会'若干刑法理论问题反思"，载《法商研究》2011年第5期。

思维的指引来重新整理我们的学术。"[1] 质言之，根据现代法治内涵、刑法的内在精神以及刑事立法趋势，司法主体应该采取相对克制的法律解释态度。

一、刑法解释应该保持克制主义

随着风险社会理论的盛行，风险控制成为解释主体规范诠释时重要的参考标准和预期目标，由此，功能主义刑法解释、积极刑罚主义立场下的积极刑法解释观相继出现。基于治理社会风险的需要，有论者主张，最大程度发挥刑法规范的规制机能，利用刑法规范积极介入社会矛盾和冲突，缓解社会风险高发态势下的压力。诚然，论者在主张积极诠释刑法规范的同时，也在努力防范因文本含义解释不当而导致的类推解释，但从论者的立场看，对规范诠释可能突破文本界限的情况并未给予充分合理的评估，也并未采取有效可行的法律对策。

刑法的保障机能与保护机能是刑法的一体两面，当刑法的天平侧重于一方时，另一方就会被弱化。也即，如果过于侧重一方，就会打破两者之间的平衡，导致刑法机能之间的和谐被破坏，并最终对公民权利或者社会秩序造成损害。在不同的社会形态当中，应根据社会风险要素情形、社会矛盾紧张程度及公众价值诉求等具体内容，对刑法机能的关系进行调整，以确保刑法机能之间的平衡。基于此，在社会风险高发态势下，刑事立法主体首先应对社会紧张与社会失序做出反应，采取积极刑事立法主义[2]，于是，刑事处罚提前化与法益保护早期化成为典型的立法特征，具体表现为新罪名增加、犯罪门槛降低、犯罪标准前移、刑事处罚加重、犯罪构成变化等情形。结合当下的社会结构和风险态势，通过刑事立法加强刑法规范对社会干预的广度和深度，既符合刑法发展的客观规律，也能为社会主体所认可，不过，一定程度上，该种立法态势会削弱公民自由保障，强化社会秩序机能保护，以达到实现社会秩序安全的立法目标。有的学者对此曾作出明确判断："在风险不断扩散的后工业社会，责任主义刑法正被迫做出重大调整，为预防公众面临的风险，个人自由要受到一定的抑制"[3]。

---

[1] 陈金钊："过度解释与权利的绝对化"，载《法律科学（西北政法大学学报）》2010年第2期。
[2] 参见周光权："积极刑法立法观在中国的确立"，载《法学研究》2016年4期。
[3] 毛校霞："风险社会下的责任主义"，载《广西政法管理干部学院学报》2009年第6期。

根据刑法机能之间的辩证关系，当社会秩序机能强化时，权利保障机能就会弱化，对此，理论界与实务界都应该有清醒的认识，否则，就会加速两者之间的失衡，并最终对社会治理造成持久的伤害。基于此，在刑法适用与诠释当中，解释主体应该保持克制和理性，防止刑法规范在诠释中继续滑向秩序保护的一端，造成对公民权利空间的过度挤压。"无论刑法在风险社会中对于安全价值的强调有多迫切，其仍然被限制在了公正价值和自由价值的要求之下，否则刑法的存在就脱离了宪法的约束，变成了没有价值归宿的空泛理论。"[1] 所以，应该对理论界的功能主义解释论、积极主义解释论等各种刑法解释观深度反思，当刑事立法主体在持续强化社会秩序控制时，司法主体则需从反面缓解刑事立法带来的冲击和压力，在刑法的秩序维护机能与权利保障机能之间保持平衡，不至于过于倾斜一端，以致破坏原本保持平衡的社会关系，这才是司法主体应该追求的最终目的。"就许多风险或说危险而言，采取其他措施预防可能比单纯的法律禁止更为有效，因而提倡刑法提早介入社会秩序的维护过程，防卫界限前置的刑法保护早期化的观点，是不可取的。因为它轻视了刑法的自由保障机能，必然导致刑罚过重。"[2]

二、刑法解释应该重视规范精神

刑法解释边界是指，规范文本文义所能规范的领域范围，也指解释权的最大延伸幅度。界定刑法解释边界，不仅与规范词语文义有关，还需从立法目的、预防政策及利益衡量等维度进行综合考量。也即，刑法文义的边界是规范文义所指程度，但是，如何在文义射程内完成文义诠释，还需依托刑法规范之外的法外因素。

从刑法个罪看，部分罪名是行为犯和抽象危险犯，比如，生产、销售有毒、有害食品罪，危险驾驶罪，伪造、变造、买卖身份证件罪等。正如上述罪名，如果只考虑犯罪构成，危害行为符合构成要件就可以构成犯罪，是在规范词语文义之内做出的判断，不管是从犯罪构成角度，还是从规范文义角度都不存在问题。但是，这只是形式理性的考虑，而缺乏实质理性的判断。

---

[1] 崔磊："风险社会视野下刑法扩张的宪法态度"，载《中国刑事法杂志》2016 年第 6 期。

[2] 贾元："风险社会背景下刑事政策变化和刑法机能的发展研究"，载《宁夏社会科学》2016 年第 6 期。

质言之，即使危害行为符合犯罪构成，是否构成犯罪，还需认真考量其社会危害性。比如，根据刑法规定，危险驾驶罪属于抽象危险犯，车辆驾驶人员血液中的酒精含量大于或者等于80mg/100ml的属于醉酒驾驶，质言之，只要行为人血液中的酒精含量达到该法定标准就构成犯罪。并且，从实践上看，各地司法主体在处理醉驾案件时，基本都是按照上述标准进行定罪量刑的。从犯罪构成与入罪标准看，实践中对危险驾驶的处理是没有问题的，但是，从立法目的来看则存在疑问。危险驾驶罪之设立针对的是因醉酒驾驶带来的危害交通安全的危险，这种危险虽然是抽象的，但应该是实际存在的。也即，如果醉酒驾驶不会导致危害公共安全的危险发生，就不需要用刑法规范予以惩治醉驾行为，否则，就会背离刑法的法益保护精神，也是对刑法功能的过度赋予和信赖。"对于单纯的危险，如果总是期待以刑法的手段除去引发危险的原因的话，不仅会阻碍人类在科学技术领域里的创造性活动，而且也极有可能会造成新的风险——对风险规制越严格，对人的自由侵犯的风险就越大。比例原则要求应当尽可能地依据民事法、行政法对法律权益进行保护。"[1]根据论者观点，应该根据法益侵害程度选择适用的法律规范，不能过于强调刑法对社会关系的介入和干预。比如，行为人坐在驾驶位子上发动车子，但并没有开动汽车，或者行为人在小区门口将车子开进小区、行为人在废弃的公路上行驶、行为人凌晨在行人稀少的公路上行驶，等等，对上述情形，醉酒行为不会侵害到公共安全法益，因此，不能构成危害公共安全罪的行为，不应该适用危险驾驶罪进行规范。"酒驾者将车开到了高速公路上行驶，或者到闹市区行驶，即使未发生危害结果，但也有必要给予刑罚处罚；但如果在荒无人烟的沙漠里醉驾或飙车也构成犯罪，不免扩大了打击面。"[2]论者的观点反映出，行为定性需对法益侵害程度进行考量，也体现出论者对危险驾驶罪司法适用的谨慎。其实，在国外的立法与司法实践当中，也不会仅仅依照形式规定判断行为人是否构成醉酒驾驶，也是需要根据客观情况进行实质判断。比如，依据日本《道路交通法》第117条之二第一项规定，醉酒驾驶罪并不是以体内酒精含量为标准，而是需要在实质上判断驾驶者是否处于"酒精影响下可能无法正常驾驶的状态"。由此，在日本的法律规定上，酒精

---

[1] 姚贝、王拓："法益保护前置化问题研究"，载《中国刑事法杂志》2012年第1期。
[2] 杨国志："风险刑法的调控功能与司法限度" 载《人民司法》2015年第3期。

含量只是醉酒驾驶罪的形式标准，但起决定性作用的是实质判断，即驾驶人的驾驶能力与醉酒状态。我们认为，日本关于醉酒驾驶罪的规定无疑是合理的，也是值得国内司法适用参考和借鉴的。

因此，对上述不同醉驾情况需做具体分析，比如，醉驾行为是否会造成公共安全危险，小区道路是否属于公共交通，发动车子是否属于驾驶行为等，如果不做具体分析，一律将上述情况纳入到危险驾驶罪范畴，就会出现以下两种情况：或者没有实质意义上的公共危险，或者看似符合犯罪构成，但实质上没有刑法意义上的危害性。实质上，在刑法分则条文中，在诸多行为犯、危险犯的司法处理上都存在类似问题，具体表现就是，只考虑形式违法而不考量实质危害，但这与犯罪的本质属性和刑法基本原则明显背离，也缺乏对刑法规范的合理诠释与科学理解。也即，这种观点是强调该当构成要件的行为与法益的抽象危险之间的关联性，但实质上是忽视了法益关联性。正是在这个意义上，毋宁说抽象的危险犯并非真正的危险犯，而是被形式犯化了的存在，并被批判为是不妥当的。[1] 由此，根据犯罪的本质属性，其需要具有法益侵害性，亦需具有严重的社会危害性，如果危害行为不具备该属性，即使符合犯罪构成也不能认定为构成犯罪。质言之，在特定的个案当中，通过考察危害行为、客观状况、行为对象等具体情况，如果不存在侵害法益的可能，则应该否定犯罪的成立。

三、刑法解释应该重视沟通协商

从司法实践看，刑法解释与适用往往体现了司法主体的观点和态度，但也往往只是体现了司法意志，对当事人意见、辩护人态度及社会民众的看法则关注不够。在简单、典型的刑事案件中，鉴于案件简单、事实清楚，刑法规范与事实对接不存在困难，司法主体对案件一般都可以做到准确且合法的处理。在非典型的疑难案件中，对案件就会产生更多的意见和看法，对此，司法主体应该兼顾其他司法参与主体的态度，并需认真考察社会民众的看法，

---

[1] 这种观点在日本是通说，具体参见平野龙一：《刑法总论Ⅰ》，有斐阁1972年，第120页；平川宗信：《刑法各论》，有斐阁1995年，第107页；内田文昭：《刑法各论》（第三版），青林书院1996年，第442页；曾根威严：《刑法的重要问题（各论）》（补订版），成文堂1996年，第284页；山口厚：《问题探究刑法各论》，有斐阁1999年，第227页以下；中山研一：《口述刑法各论》（新版），成文堂2004年，第248页等。

才能做出合法、合情、合理的司法认定。"以交流互动为核心的交流行为理论取代了以认识和行为的主体—客体模式为核心的早期意识哲学，它并不是建立在主体性的、私人的意识之上，而是建立在主体间的交流之上。"〔1〕

从近年来的热点司法案例可以看出，司法主体在刑法规范诠释当中也会关注其他主体意见的重要性。比如，天津赵春华非法持枪案、山东于欢防卫过当案、广州许霆盗窃金融机构案、云南李昌奎杀人案等。在上述案件处理过程中，司法主体在一审或二审中由于缺乏对当事人意见、社会公众态度的关注，致使判决结果与公众预判差别过大，最终引起社会民众的广泛质疑与反对，并通过不同渠道对判决结果表示异议和指责。再审或二审主体在广泛吸收社会不同主体的意见后，通过对刑法规范更为审慎的分析和全释，继而对案件作出较为公正、客观的认定，并得到社会各个层面的认可与理解。总的来看，再审或二审结果之所以获致包括当事人在内社会主体的承认，关键就是司法主体在规范诠释过程中充分权衡了司法参与人、社会民众的意见，做到各方主体之间的有效沟通与协调，最终形成对规范适用与解释相对客观合理的效果。简言之，在疑难案件审理过程中，各方主体之间的沟通协调是重要的。由于现代风险的高度复杂性（超出了任何单一专家系统可以解释和控制的范围）和广泛影响性（波及每一个社会成员），因此风险治理的主体不能再像过去那样仅由政府来承担。在新的风险社会中，应该建立起双向沟通的"新合作风险治理"模式。〔2〕由此，在疑难案件认定过程中，解释主体需要结合不同主体对刑法规范的看法，并在比基础上达到对规范诠释、事实认定及规范适用的公正处理，达到规范适用过程中合法、合理、合情的统一，既能实现案件处理的社会效果，也能达致案件处理的法律效果。基于此，在面对社会风险带来的各种冲击和影响，应合理地运用司法民主化的理念，吸纳更多的司法主体参与其间，有助于从整体上为抵抗风险社会提供多元的渠道和途径。与此同时，风险社会呼唤着合作与团结，更呼唤着公民参与。〔3〕

风险社会理论对我国的影响是深远的，尤其在社会学、哲学、生态学等人文社会科学领域。在法学领域，风险社会理论的影响更为明显，但同时也

---

〔1〕 殷杰、郭贵春："论哈贝马斯'语用学转向'的实质"，载《自然辩证法研究》2002年第3期。
〔2〕 参见赵延东："风险社会与风险治理"，载《中国科技论坛》2004年第4期。
〔3〕 参见杨春福："风险社会的法理解读"，载《法制与社会发展》2011年第6期。

要认识到，风险社会对刑法的影响应该是局部的，并需要对风险社会理论进行检视，不能过分夸大其在刑法层面上的作用，并要继续坚持自由刑法的内在构造、基本原则和现代精神。也即，自由刑法观需继续保持，在此基础上，根据社会需要进行适当调整，以适应社会发展和秩序治理的需要，这应该是对当下我国刑法理念基本的价值判断。陈晓明教授主张，应在传统刑法体系之外创设在观念、基本原则、功能、价值等有别于传统刑法的风险刑法，并使之与传统刑法并而存之，以弥补传统刑法的缺陷。[1] 也即，为了与我国当前的法治水平相适应，还是应该继续将刑法的使命主要定位于法益保护和权利保障，而非过于注重风险刑法理论倡导的安全价值。而且，从上文对风险刑法理论具体内容介绍时的简要评述来看，多数想要通过该理论来解决的问题，依据古典刑法学同样能够得到较为圆满的回答。[2] 当然，鉴于刑事处罚早期化在刑事立法与刑事司法上的外在表现，在刑法理论上应该对其有清晰且合理的认识，对刑事立法上的早期化现象做理性分析，并从规范解释上尽量缓解因刑事立法带给社会关系的张力，最大程度平衡秩序保护与权利保障之间的关系。

总的来看，刑事处罚早期化适应了社会风险治理需求而产生的刑法概念，其在社会背景、发生机制和社会功能上，一定程度上与风险刑法具有一致性和趋同性，但实质上，两者之间存在本质区别。在这里，还需要厘清一个概念，刑事处罚早期化并不是来源于风险刑法理论，不是风险刑法理论的派出理论。还需要明确的是，虽然风险刑法也会导致刑法干预提前和法益保护弱化等早期化现象，但刑事处罚提前并不仅仅基于风险刑法而归纳出来的刑法现象，与我国具体的社会背景、刑事政策和司法实践等方面也有密切关联。质言之，刑事处罚早期化是对我国刑事立法和刑事司法的实践规律的总结，也是对我国刑法理论上的刑法积极主义的理论分析。因此，从这个意义上看，风险刑法可能是导致刑事处罚早期化的因素，但两者之间并没有必然的联系。我们认为，可以得出这样的结论，我国刑法上存在刑事处罚早期化现象，但我国社会并不是风险社会，我国刑法也不是风险刑法。

---

〔1〕 参见陈晓明："风险社会之刑法应对"，载《法学研究》2009年第6期。

〔2〕 参见黄明儒、王振华："风险刑法理论在中国的发展概览与评析"，载《佛山科技学院学报（社会科学版）》2019年第1期。

CHAPTER 3 第三章

刑事处罚早期化的价值体现

刑事处罚早期化是一种刑法现象,是社会发展到一定阶段的刑法选择,具有回应社会治理的内在诉求。考察我国的刑事立法与司法实践,刑事处罚早期化带来的社会效果和法律效果还是显著的,一定意义上,该理论获得了刑法理论上的支持和认可。当然,刑事处罚早期化不仅仅是刑法理论概念,还在刑事立法和司法实践中起着重要作用,对立法活动、司法实务及政策贯彻等具有不可或缺的功能。从刑法理论上看,需要对刑事处罚早期化的价值要素进行认真研究,并对其价值内涵、价值类型、价值体现等内容进行深度分析和法理探讨。

之所以出现刑事处罚早期化现象,与我国转型社会下刑事政策的选择和适用有关,也是刑事政策不断渗透刑法体系并持续改造犯罪论结构的结果,致使犯罪构成评价日益实质化,价值化色彩判断日趋明显。当然,刑事政策与刑法的关系是双向的,在刑事政策改造犯罪论的同时,刑法也在规范和制约着刑事政策作用发挥的限度和空间,并塑造着刑事政策刑法化的合理路径。对于二者之间的关系,我们应该乐观看待,尤其是在社会转型、风险高发的当代社会关系中,更应该充分发挥刑事政策在社会治理中的功能,并努力推动刑事政策的规范化和法治化。对此,罗克辛教授曾指出:"只有允许刑事政策的价值选择进入刑法体系中去,才是正确之道,因为只有这样,该价值选择的法律基础、明确性和可预见性、与体系之间的和谐、对细节的影响,才不会倒退至肇始于李斯特的形式——实证主义体系的结论那里。法律上的限制和合乎刑事政策的目的,这二者之间不应当互相冲突,而应该结合在一起"[1]。据此可

---

〔1〕 [德] 克劳斯·罗克辛:《刑事政策与刑法体系》,蔡桂生译,中国人民大学出版社2011年版,第15页。

知，罗克辛教授希望通过刑事政策改造刑法体系，以适应德国社会的现实需求，具体路径则是对犯罪论体系进行重构。近年来，对于刑事政策与刑法学之间的关系应如何定位，国内学者[1]也进行了较为深度的研究和论证，大都主张在刑事立法和刑事司法中，应将刑事政策融入刑法体系当中，并在刑法解释与规范适用中予以适当体现。

第一节　有效回应社会发展的需要

刑法发展与社会发展具有内在的关联，作为社会治理重要的法律规范，刑法总会受到社会发展和阶段更替的影响，并在内容和精神上随之发生改变。作为一种社会治理规范，刑法发展的背后总是能看到哲学的精神和政治的智慧。因此，探讨不同刑法观念背后的社会需求和理念指引，总是严肃且不容回避的任务和使命。及至刑事处罚早期化，也是适应社会风险治理的需要而产生的刑法理念，以最大程度发挥刑法规范的预防和威慑功能。"刑事处罚早期化是指为了应对某些特定风险，刑法介入时间大大提前的一种现象。刑事处罚早期化使得刑法不再单纯为了报复而惩罚，主要目标是为了预防而威慑。"[2]我们赞同论者的观点，适度改变刑法功能的传统认识，是刑事处罚早期化的重大特征。

分析刑法的发展路径，可以发现有两条明确的线路影响着刑法的长期发展，一个是刑法理论发展总是受到哲学观念的影响，一个则是刑法发展往往与社会发展阶段的特定需要相关。一定程度上，哲学理论的发展与社会发展阶段之间也是密切关联的，因此，刑法理论与哲学理论之间的关系也印证了社会发展的需要和发展阶段。就刑法学与哲学之间的关系看，刑法理论和刑法构造无疑深受哲学理念的影响，并深刻体现社会发展的阶段性需要。从古典自由刑法到近代刑事社会学派，再到当代的预防性刑法，无一例外均体现

---

[1] 参见黎宏："论'刑法的刑事政策化'思想及其实现"，载《清华大学学报（哲学社会科学版）》2004年第5期；劳东燕："罪刑规范的刑事政策分析——一个规范刑法学意义上的解读"，载《中国法学》2011年第1期；陈兴良："刑法教义学与刑事政策的关系：从李斯特鸿沟到罗克辛贯通——中国语境下的展开"，载《中外法学》2013年第5期。

[2] 唐旭东、陈小炜："刑法变革视野下的刑事处罚早期化——走向'实害危险二元立法例'"，载《河南警察学院学报》2018年第5期。

了自然法学、实证主义及风险社会等哲学理论的影响,并且这种影响不只是表面的,还会深入到刑法的犯罪论体系内部,对危害行为、罪过责任以及因果关系的发展和完善具有重要作用。由此,我们可以看到,古典自由刑法贯彻了自然法学的精神,自由、权利、公正等社会价值在刑法理论上体现充分,并基于此构建了刑法发展的理论基础,诸如刑法基本原则、基本精神都是这个在这社会阶段完成的。

及至刑事社会学派,资本主义社会发展到了新阶段,从自由资本主义开始转向垄断资本主义,犯罪发生的社会基础和形成机制也在发生变化,于是,分析和规制犯罪的观点也在发生变化,实证主义与科学主义成为分析犯罪原因并构建刑法理论的方法支持。在这个社会阶段,刑法理论发生了比较大的变化,犯罪本质、罪责构成、刑罚对象、预防理论等内容发生了深刻变革。理论上的改变影响到刑事立法与刑事司法等内容,于是,与刑事社会学派适应的刑罚制度相继出现,比如,缓刑、假释、减刑等刑罚制度相继产生。由此可知,刑事古典学派与刑事社会学派在诸多问题上之所以存在区分,就是源于社会发展的不同和指导思想的变化。"唯有孕育在具体生活中,才是包括刑法在内的法律知识焕发生命力的源泉和动力。"[1] 易言之,刑事社会学派的出现和发展,正是基于资本主义社会发展到垄断阶段之后社会的具体诉求在刑法理论上的反映。

随着资本社会进一步向纵深发展,现代社会制度的特征形成并逐渐发生转变,资本主义制度与科学技术的原发性优势,在与其产生的消极效应的关系对比中,所占比例越来越低,也即,在新的社会背景下,制度优势和技术优势的边际效应开始降低。易言之,资本主义制度和科学技术的比较优势开始慢慢丧失,自身滋生并发展的负面影响则慢慢增多,并对社会发展产生重要影响。基于此,在新的社会发展阶段,现代社会理论逐渐失去吸引力,有着各种利益诉求的后现代主义开始成为社会发展的理论指引,其在理论构成、制度建构以及价值观念上与现代社会理论相差甚远,并对社会发展产生着重要影响。当然,关于社会发展的理论变革并非局限于西方社会,而是分布于国际范围内,并在各个国家的社会中产生着实质性影响。急剧的社会变迁给

---

[1] 利子平:"刑法社会化:转型社会中刑法发展的新命题",载《华东政法大学学报》2013年第1期。

中国社会造成的一个直接后果，就是社会的利益主体多元化，利益关系更趋复杂；不同利益主体对发展与变迁的社会预期普遍提高，对自身利益的保护意识日益增强，对公共资源分享的诉求日益强烈；利益冲突有时会变得更加尖锐，利益表达有时会变得更加无序，利益的实现有时也变得更加极端，利益的综合也因此变得更加困难。[1] 论者的看法其实就是对我国当下社会发展变革的精确概括，并指出了社会发展与规范缺失之间的内在矛盾。

由于社会发展的新形势与新变化，加上社会学理论的转变，风险社会理论遂成为社会学发展的知识生长点，并成为主导社会各领域发展的理论指引。作为治理社会关系的法律规范，刑法也在社会发展至风险社会阶段开始出现新的变化，并在刑法理论上出现了新的内容和特点。德国刑法学者开始倡导用安全刑法替代自由刑法，主张积极的一般预防理论，并努力推动犯罪论体系内部结构的变化，以迎合风险社会的内在特征与外在需要。基于此，三阶层的犯罪论体系在各个阶段上都出现了新的构成要素，比如，客观归责、实质违法及答责性等。刑法理论与刑法体系上的变化，加之社会发展的需求，最终推动了刑事立法的变化。随之，德日刑法条款中出现了刑事处罚干预提前的刑事立法规定，具体如，犯罪预备被作为实行行为进行规定，行为犯和危险犯也开始增多，刑法的干预边界不断前移。实质上，刑事立法的变化是安全刑法观在刑法条款上的反映，也是基于社会发展需求而做出的变化和调整。

自1978年实行改革开放以来，我国在整个社会层面上发生了巨大而深刻的变化，具体包括社会体系、经济结构及法律制度等。有社会学家指出：当前中国的社会转型在速度、广度、深度、难度和向度等方面都是前所未有的。[2] 在这个过程中，刑法理论也随着社会的转型深入而不断发展，并且这种态势还会随着社会发展而持续。准确地说，我国刑法理论的发展是从1979年刑事立法取得进展之后才正式开始的。在此之前，鉴于刑法研究人员和研究环境的不足，刑法理论发展一直比较缓慢。20世纪80年代之后，随着社会主义国家之间法律交流的深入，我国主要是从东欧社会主义国家和苏联学习和引入刑法理论知识，因此，传统的犯罪构成理论基本是根据苏联刑法理论建构和

---

[1] 参见李汉林等："社会变迁过程中的结构紧张"，载《中国社会科学》2010年第2期。

[2] 参见郑杭生："中国社会大转型"，载《中国软科学》1994年第1期。

发展起来的。从历史唯物主义的角度考量,四要件的犯罪构成理论符合我国社会主义初期法治建设的需要,对当时刑法理论发展与刑事法治建设具有重要意义。直到 21 世纪初期,我国形成的严格刑事法治主义,与从苏联传入的法律理念和犯罪构成理论都有密切的联系。

当然,刑法理论发展具有强烈的时代性和社会性,会基于社会的具体需要而发生改变和完善。随着社会发展变化走向新的阶段,既有的刑法理论也会根据社会发展需求而发生改变,以满足解决日益多元化的社会矛盾和利益冲突的目的。基于此,当域外的风险社会理论传到国内,传统的社会学理论就开始逐渐消解和改变,并渗透至法律规范领域,以改变法律的精神与法律的结构,最终适应社会发展的需要。我国风险刑法理论正是在这样的社会背景下出现的,虽然从社会属性上看,我国与德国等西方国家的社会形态有本质区别,但刑法学界部分学者对风险刑法理论的热情丝毫不减,极力主张根据风险社会理论改造我国的刑法结构体系。"众多西方法学理论所关注的对象多是西方社会发展成熟的法律形态,所讨论也是在西方社会语境中有意义的问题。从中很难找到能够直接用于解释和分析社会转型中法律秩序问题的内容,更不用说将它们用于解决中国转型秩序的问题。"[1] 论者所言无疑是客观的,如何结合具体国情对刑法理论问题进行检视和反思,才是理论界应该认真关注的问题,而不是一味地主张引入西方理论解决我国自身的社会问题,这极有可能导致法律效果的南辕北辙。由此,不同社会形态下刑法理论的发展也应该有所不同,发展适合国情需要的刑法理论才是理性的举措。但是,在社会风险多发、科学怀疑主义与技术理性批判等方面,西方国家和我国都有某种程度上的相似性,因此,国内不断有学者倡导风险社会理论的合理性与科学性,并积极主张引入风险社会理论改造我国的刑法体系。鉴于刑法理论与社会发展的密切关系,当后者发生了转变,刑法理论也会随之发生转变,理论上的风险刑法、安全刑法、积极的一般预防都是因社会属性变化,基于风险社会理论进行的理论转变,以此应对新的社会形态下社会风险多发的形势和局面。

刑法理论上的改变,最终会体现在刑事立法与刑事司法层面上。当自由刑法渐渐式微,而安全刑法悄悄滋生时,刑法理论与刑法结构的改变就是常

---

[1] 刘金国、蒋立山主编:《中国社会转型与法律治理》,中国法制出版社 2006 年版,第 3 页。

态和趋势了，于是，诸多迎合社会发展需要的新的刑法理论随之产生，比如，引入严格责任和团体责任、增加行为犯和危险犯、倡导刑事政策刑法化等刑事处罚早期化表现形式，逐渐成为理论界经常关注的话题。刑法干预提前的刑法现象在刑事立法上有着明确体现，近年来出现的预备行为实行化、帮助行为正犯化、抽象危险犯等立法形式都是刑事处罚早期化的反映。由此，也再次印证了刑法发展与社会发展之间的关系，刑法理论和刑事立法是基于社会发展的需要而变化的，其根本宗旨是服务于社会发展需要，基于此，刑法社会化和刑法政策化随之成为刑法发展的方向。对于刑法理论与社会发展之间的关系，有学者曾做了客观描述："在人类社会从野蛮、愚昧逐步走向文明、科学，从人治逐步走向法治的漫长历史进程中，刑法于社会生活和法律体系中的地位亦发生了巨大的变化，但绝不意味着刑法调整社会关系的功能渐渐衰微，而不过是其角色因应社会变迁而转换，其功能迎合时代需要而更新"[1]。

总的来看，刑事处罚早期化与社会发展之间的关系是明确的，也是非常密切的，是社会发展的阶段体现与时代特征。既然是对社会生活的提前介入，一定程度上，是社会秩序稳定对刑法保护机能的需求，也是刑法工具价值在规范社会生活中的反映。易言之，刑事处罚早期化是对社会发展需求的有效回应。也即，"为扩大防控风险的能力，刑法更倾向于使用抽象的行为概念，而这些抽象行为本身的不法内涵不固定，不需要行为与结果之间牢固的因果链条，司法上的犯罪化扩张不可避免"[2]。据此，导致刑法扩张的根本原因是，试图按照风险刑法规制风险和维持秩序的努力，注定会把刑法变成国家管理的有力措施，基于此，刑法由此成了人权保障和国家管理的工具。

第二节 有效体现刑事政策的精神

刑事政策是治理违法犯罪的指导方针，是社会政策在刑法治理措施上的反映，对刑事立法和刑事司法具有积极的指导意义。反之，刑事立法与刑事司法也会贯彻刑事政策的宗旨和精神，并在立法实践与司法实践当中体现出

---

[1] 肖中华："社会发展变迁中的刑法"，载《政治与法律》2000年第6期。
[2] 姜涛："社会风险的刑法调控及其模式改造"，载《中国社会科学》2019年第7期。

来，并推动刑事政策的进一步发展和完善。

刑事处罚早期化是作为一种刑法概念而提出的，是对刑法发展的时代性和阶段性的理论归纳，同时，刑事处罚早期化也是对刑事政策的反映，通过刑事处罚早期化能透析刑事政策的价值取向和时代特征。就刑法理论与刑事政策之间的关系，早在资本主义初期的刑法理论上就有所体现。从古典刑法学分析，贝卡利亚的刑法基本原则、双面预防的刑法目的、刑罚及时性及限制死刑的思想等，是现代刑法的理论基础，也深刻反映出公平、正义、人道主义、谦抑等刑事政策的价值和精神。刑事政策的精神还体现在其他古典刑法学家的刑法思想当中，比如，费尔巴哈提出的心理强制说、刑罚威慑效应、自由意志论等观点，为刑法理论发展奠定了重要的基础，尤其是心理强制说为一般预防理论提供了内在的精神支持。当然，从费尔巴哈的预防理论当中能看到带有强烈刑事政策意味的思想，并为刑事政策与刑法理论的融合提供了合理通道。"费尔巴哈的刑事政策以心理强制说为标志，主张以法律威吓为内容的一般预防，对于此后的刑事政策理论的发展起到了开启先河的作用。"[1]在刑事社会学派构建的刑法理论中，也能看到蕴涵其中的刑事政策精神，比如，报应理论、刑罚理论、刑罚制度等。罗克辛在评价费尔巴哈关于刑法与刑事政策的观念时指出：自费尔巴哈时代以来，通过罪刑法定原则来实现的威吓性预防就是刑事政策的基础原则。[2]

在资本主义社会的不同阶段，刑法理论体现出不同特征，并在刑法结构和刑法体系上发生重大变化，根本原因是社会发展的内在变化。因此，当资本主义社会从自由资本主义发展到垄断资本主义，随着社会结构和社会矛盾发生转变，社会关系更趋于复杂，根据刑事古典学派制定的刑法条文，已经不能有效发挥抑制犯罪发生的功能。基于此，在整个社会层面上开始对古典刑法理论进行检讨和反思，于是，治理犯罪的刑法思想和刑事策略也开始发生转变，刑事社会学派随之产生，并对刑法理论作出不同于以往的诠释和描述，具体的转变主要体现为：刑法评价对象从行为转向行为人、一元的刑罚体系转向二元的刑罚与保安处罚、双面预防论转向特殊预防论等。刑法理论

---

[1] 陈兴良："刑法教义学与刑事政策的关系：从李斯特鸿沟到罗克辛贯通——中国语境的展开"，载《中外法学》2013年第5期。

[2] 转引自[日]大谷实：《刑事政策学》，黎宏译，中国人民大学出版社2009年版，第8页。

改变与刑法结构转型投射出刑事政策的转变,主要体现为刑罚的个人性、教育性以及人身危险性等层面。在这个阶段,刑事政策发展已经相对成熟,不仅仅蕴含在刑法理论当中,而且作为一门学科开始建立并获得快速发展,代表性人物主要有李斯特等人。李斯特对刑事政策的阐述具有划时代意义,并对刑事政策的社会学面向做出精确描述,比如,最好的社会政策就是最好的刑事政策。李斯特还对刑事政策内涵做出精确概括:刑事政策是国家与社会据以组织反犯罪斗争的原则的总和。最为重要的是,在刑法与刑事政策的关系上,李斯特留给了现代社会一个深刻话题——刑法是刑事政策不可逾越的屏障,这个命题经德国学者完善和发展,成为影响大陆法系刑法教义学非常深远的李斯特鸿沟现象。在李斯特看来,刑事政策贯彻实施应当受到罪刑法定原则的限制,并由此揭示出刑法与刑事政策之间的紧张关系。由此可见,李斯特是从外部视角去观察和诠释刑法与刑事政策之间的关系,揭示了两者之间的对立性,但对两者之间的内在关联并未给予充分关注。李斯特关于刑法与刑事政策关系的观点为刑法教义学与刑事政策的关系提供了现实法律基础。[1] 直到今天,李斯特鸿沟现象还一直为刑法理论界关注、探讨和研究,并成为探讨刑事政策学与刑法教义学问题的经典理论并加以阐述。

及至20世纪中后期,随着社会的转型发展,对公民权利、社会秩序及刑法功能上的看法也逐渐发生改变,尤其是在刑事政策的内容和价值层面也随之发生变化。之所以如此,在于刑事社会学意义上的刑事政策内涵给欧洲社会带来的最大影响:对社会秩序的稳定给予较多关注,公民权利在刑事立法层面则日益受到冷落,并最终导致自然法思想的价值观念被渐渐冷落和抛弃。于是,可以明显地看到,刑事社会学派倡导的刑事政策的历史使命已经完成,需要新的用新的刑事政策内容和思想予以替代。在此背景之下,欧洲大陆兴起了一个以强调保护社会免受犯罪侵害、对犯罪人进行再社会化和实行人道的刑事司法为宗旨的理论流派,被称为社会防卫学派。[2] 社会防卫学派不仅从事理论研究,而且强调对刑事立法、刑事司法和社会环境进行改革,以有效推动犯罪人的再社会化和保护社会安全,故也被称为"社会防卫运动"。根

---

[1] 参见劳东燕:"刑事政策与刑法解释中的价值判断——兼论解释论上的'以刑制罪'现象",载《政法论坛》2012年第4期。

[2] 参见马克昌主编:《近代西方刑法学史略》,中国检察出版社2004年版,第172页。

据社会防卫思想，并基于公民权利保障，社会防卫的刑事政策开始产生，并逐渐盛行于欧洲诸国，最终成为刑事政策主流思想。社会防卫论是包容性、开放性更强的政策体系，既体现了刑事古典学派的权利保障思想，又反映了刑事社会学派的秩序保护精神，是具有人道主义精神的社会防卫政策。社会防卫论具有科学性与时代性，对现代刑事政策的演变和发展起着积极的推动作用。但是，从所处的社会阶段分析，20世纪晚期之前，资本主义社会还处于现代社会阶段，社会风险的表现形式并不明显，没有成为社会广泛关注的问题，因此，社会防卫论在这个阶段基本还是应对现代社会下的违法犯罪问题，具有鲜明的现代性特征。

在20世纪晚期，随着社会发展的复杂化和多元化特性显现，社会风险成为社会日益关注的问题，并日益影响着社会主体的价值观念和行为方式。基于此，社会学意义上的风险社会概念因时而生，并开始影响甚至主导整个西方社会的发展理念与属性认知。在对李斯特鸿沟研究的基础上，罗克辛进而主张以刑事政策为基础构建刑法教义学体系，以弥合李斯特鸿沟。在这一方法论指导下，罗克辛完成了目的理性犯罪论体系的构建，并在一定程度上实现了刑法教义学与刑事政策学的时代融合。目的理性犯罪论体系不但对德国刑法理论影响深远，也对转型期中国刑法的发展起到重要的作用。近年来，欧洲大陆的刑法理论开始根据风险社会理论进行改造，并从理论体系和内容结构上发生改变，以适应新的社会发展形势。"实现刑事政策和刑法之间的体系性统一，在我看来，是犯罪论的任务，它同样是我们今天的法律体系的任务。"[1]与此适应，刑事政策也随着社会发展而衍生出新的精神和内涵，并根据刑法理论的发展需求适时调整发展方向，从而结束了长期以来的与刑法教义学分离的情形，开始在刑法教义学与刑事政策学之间实现全面融合，并实现了新的发展。罪刑法定原则的前提、利益对立场合时社会进行调节的利益衡量和对于刑法之目的的探求，就是我们所常见的各个犯罪类型的刑事政策之基础。[2]基于此，我们能看到，积极的一般预防理论开始在理论上产生，并努力改变着刑法的犯罪论结构。与积极的一般预防相适应，刑事立法

---

[1] [德]克劳斯·罗克辛：《刑事政策与刑法体系》，蔡桂生译，中国人民大学出版社2011年版，第16页。

[2] 参见[德]克劳斯·罗克辛：《刑事政策与刑法体系》，蔡桂生译，中国人民大学出版社2011年版，第22页。

上的变化也具有了明显的早期干预特性,对犯罪预备、犯罪未遂进行处罚也成为常见的司法情形,持有行为和危险行为开始增多等。对此,有学者明确指出:对法益以及经常是对公众的少数的特定利益的单纯的抽象危险,已经被视为是可罚的。这不仅存在于书面上,而且还延伸到实践中非常重要的领域。[1]

根据理论界的研究,我国的社会属性在复杂性上比西方社会更甚,在面临的社会问题上则具有趋同性,即社会风险的集中和高发,社会民众对秩序安全的需求开始提高,充分发挥刑法的秩序保护机能的呼声日益高涨。基于此,刑事处罚早期化开始成为理论上的知识增长点,并由此影响决策者在犯罪治理上的判断。"当前的刑法体系则表现出将刑法保护不断前置的趋势,各国的立法者日益常见地利用危险犯(尤其是抽象危险犯)的构成要件,将对相关利益或权利的保护扩张至欠缺现实侵犯后果的阶段。"[2]当主张充分发挥刑法治理机能的呼声日益高涨时,立法主体在立法过程中的内心冲动就会难以抑制,并会对刑法干预的深度和广度都有新的判断。于是,在我国近年来的刑事立法上,能清晰地看到刑事处罚早期化的立法现象,除了扩大既定个罪的规制范围,还不断出台新的刑法条文以规范新的领域;除了加大既定个罪的刑罚幅度,还不断提前刑法的干预范围;除了不断在立法上体现刑法干预节点的前移,还在司法层面上持续推进刑法干预的深度。正是通过不断扩大刑法的规制范围,充分体现出当下刑事政策的宗旨和精神,以最终适应推动社会的发展需要。

第三节 有效推动预防性立法的发展

刑法规范的稳定性和变动性具有统一性,在社会发展相对平稳的时期,刑法规范的稳定性就会显得比较重要,以充分保障社会主体对行为的合法性判断和期待可能性,避免因为刑法规范的变动不居导致刑法的认可度和信任度下降。不过,在社会发展变化较快时,对刑法规范的变动性诉求就会增高,

---

[1] 参见[德]Lotheor Kuhlen:"刑事政策的原则",陈毅坚译,载谢望原等主编:《中国刑事政策报告》(第3辑),中国法制出版社2008年版,第711页。

[2] 劳东燕:"风险社会与变动中的刑法理论",载《中外法学》2014年第1期。

就需要根据社会发展需要进行及时发展刑法规范。也即，如果教条式地将刑法自身的安定性奉为圭臬，为此不惜经常性地牺牲具体案件处理的妥当性、合理性的话，不但不会有助于法律至上主义观念的形成，反而是对刑法权威的削弱。[1]据此，刑法的权威是在发展中获得的，须根据社会发展的需要，通过刑事立法或者司法解释对刑法规范进行完善，尤其是在社会风险高发的社会背景下，对刑法规范进行发展和完善是应有之义。

刑事处罚早期化是对刑法理论发展的时代总结，是对刑事立法与刑事司法的经验归纳，也是社会发展需求在刑法理论上的反映。严格意义上来讲，刑事处罚早期化是近年来我国刑法理论的发展归结，但是，刑法介入提前也与国外风险社会理论的引入有一定关联，并受到大陆法系中风险刑法理论的影响。当前，我国社会转型在各个领域向纵深推进，在此过程中，不断出现新的社会问题需要从法律规范上进行应对。由此，刑法理论与社会发展之间具有内在的对应关系，并对刑事立法具有积极的推动作用。通过分析刑事立法的发展规律可知，主要从以下几个方面体现出刑事处罚早期化对刑事立法的影响，具体包括：刑法修改的频率、刑法干预的范围、刑罚调整的幅度，以及刑法修改的方向等，下文分别对这些方面进行分析。

一、刑法修改的频率在加快

从 1997 年以来，刑法的修改工作基本没有停止，从《中华人民共和国刑法修正案》到《中华人民共和国刑法修正案（十一）》，刑事立法主体用 20 余年的时间，对刑法典做了 11 次修改。尤其是近年来，刑法修改基本是两年一次，如此高的刑法修改频率，是在社会发展变化推动下完成的，也是受刑事早期化理论的深刻影响所致。刑事处罚早期化理论强调，对危害行为要提前介入，对社会风险要尽早进行规制，这不但体现在犯罪成立的标准上，还体现在刑事立法的必要性上。近年来，各种社会风险问题都开始爆发，社会转型也持续向纵深推进，于是，规范不足与滞后造成的制度真空，容易在社会诸多领域导致行为失范效应，这不利于社会风险问题的解决和应对。另外，行政法等前置规范在社会治理中的作用持续下降，也进一步暴露出刑法在规制犯罪问题上的不足以及加快刑事立法的必要性。正如有的学者指出的：行

---

[1] 参见付立庆："刑罚积极主义立场下的刑法适用解释"，载《中国法学》2013 年第 4 期。

政处罚边际效益递减的问题已相当严峻。〔1〕基于此，强化前置法的社会治理功能与加快刑事立法的速度并不矛盾。一定意义上，通过加快刑事立法的速度以应对社会风险问题，符合刑事处罚早期化的内在精神，也符合社会综合治理的发展规律。但是，理论上对通过加快刑事立法应对社会风险的做法也存在不同意见，尤其是增设新的罪名是否符合立法科学性与合理性，都是值得探讨的问题。对我国刑法规范频繁修改的立法现状，有学者表达了担忧，并敏锐地指出："未来对刑法的修改应该放慢步伐。特别重要的一点是，目前这种增设新罪的趋势不应该加快，在增设新罪的时候应该认真斟酌现有的刑法是否可以惩罚新的犯罪行为，只有在出现特殊权益需要刑法保护的情况下，才新设罪名"〔2〕。论者的观点是理性的，是对近年来规模化刑事立法的反思和检讨，应该引起法学理论上的重视。

二、刑法规制的范围在扩大

随着社会的快速发展，不断出现新的社会问题需要解决和应对，这对于刑法是严峻的挑战和考验，也即，刑法规范能否适应现代社会的发展和诉求，值得我们给予重点关注。比如，近年来出现的新型网络犯罪、恐怖主义犯罪、金融犯罪、环境污染犯罪等，在危害范围和危害程度上都远远超过了传统的犯罪行为，对其需要采取新的政策策略和治理措施，才能达到预期规制目的。反映在立法实践中就是，为了有效应对社会风险治理的需求，立法主体不得不持续修改刑法文本，通过增设刑法罪名的方式、减少构成要件、改变行为模式等方式，达到刑法提前介入之目的。"为了应对全面转型关键时期与全球风险社会不断出现的新型安全威胁，立法者仍将主要通过增设新罪名、降低入罪门槛、前置干预起点等立法策略与技术，继续严密刑事法网、严格刑事责任、扩大犯罪圈。"〔3〕因此，为了避免风险社会下犯罪行为可能带来的严重社会危害，需要刑法的提前介入，并扩大刑法的干预范围，以避免更大危害结果的发生。"刑事处罚早期化有助于法益保护早期化，法益保护早期化有

---

〔1〕 参见钱小平："环境刑法立法的西方经验与中国借鉴"，载《政治与法律》2014年第3期。

〔2〕 "刑法修改的回顾与展望"，载 http://www.lawyers.org.cn/info10e8365908358004a8cb59e4a05a/571/，最后访问日期：2020年4月5日。

〔3〕 梁根林："刑法修正：维度、策略、评价与反思"，载《法学研究》2017年第1期。

助于预防风险和法益保护,但是必须慎重和谨慎行事,不能贸然行动,只有具有相当危险性的行为才有当罚性和要罚性,才具有入罪化的必要。"[1] 对此,就需要立法主体及时对刑法规范进行调整和完善,在刑法规制范围和刑罚幅度上进行相应修正,提前或者尽早介入社会矛盾和行为冲突,尽力避免可能发生的严重危害社会的行为。对当前社会中新的犯罪类型,刑事处罚早期化的理论主旨也是明确的,积极推动刑事立法的调整,扩大对相应危害行为的处罚范围,提前刑法规范的介入时间,努力将危害行为控制在预备或者未遂阶段,尽力避免危害行为的实际后果的发生,防止给社会带来的严重的危害性。

三、刑法的刑罚幅度在提升

从广义的角度考虑,刑事处罚提前不仅仅是指刑法干预时间的提前,也不仅仅是在刑法干预范围上的扩大,还包括在刑事处罚力度上的加大。从刑法理论上看,对刑事处罚早期化的理解也不应该是狭义的,而是应该从刑法干预的广度上和深度上进行综合考虑。易言之,刑事处罚早期化还包括加大对危害行为的处罚力度。对此,在刑事立法修改当中,有些罪名还需在刑事处罚力度上进行强化,以体现立法主体的立法态度。比如,在《中华人民共和国刑法修正案(八)》和《中华人民共和国刑法修正案(九)》中,恐怖主义犯罪财产刑的增加、行贿犯罪罚金刑的增加、黑社会性质组织犯罪财产刑的增加等,都体现出刑事立法对上述犯罪类型干预力度的加大。刑法个罪刑罚幅度的提升,一定意义上表明,在当今社会背景下,刑事立法观念在某些犯罪类型或者具体罪名上发生了相应转变。比如,在金融犯罪领域,有学者就曾指出,需要进一步提升金融犯罪罪名的刑罚幅度,加大刑法的刑事处罚力度,以缓解当下金融犯罪对金融秩序和正券市场的压力。"要进一步完善证券期货犯罪的刑事立法,从增强刑事法律规范适应性入手,丰富证券期货犯罪种类,明确犯罪行为构成要件,提高刑罚特别是自由刑的幅度,增强执法威慑。"[2] 当然,之所以对金融犯罪加大刑事处罚力度,与金融产品和金

---

[1] [日]山中敬一:《刑法总论》,成文堂2008年版,第52页。
[2] 黄炜:"资本市场法制完善要看重回答七大问题",载http://www.gov.cn/Xinwen/2017-12/16/Content-524744.htm,最后访问日期:2021年4月10日。

融秩序的公共属性息息相关,也与金融犯罪的社会危害性密切关联。

四、刑法修改方向更加明确

刑事处罚早期化是基于风险社会理论引申出来的刑法理论,并与预防性刑法观相联系,用以应对可能危害公共安全的社会风险问题,具体对象主要是危害公共安全和社会秩序的犯罪类型。换言之,传统刑法中与个人利益相关的、不受风险社会影响的法益领域不存在提前保护的问题,即使需要提前保护也是例外的、有限的,而且必须是控制社会风险所必需的;而现代社会的刑法立法所要解决的是新情况、新问题,因此,要对法益进行提前保护的领域应仅限于新兴的风险领域。[1] 其实,分析近年来的刑法修正案可知,刑事立法的修改方向也主要指向与公共安全相对密切的犯罪类型,比如,刑法修正案对恐怖主义、环境污染、交通安全、网络安全等犯罪类型的关注和修正。之所以集中在上述犯罪类型,就是源于前述罪名与公共安全具有密切关联。由此,根据刑事处罚早期化理论,需对相应的犯罪罪名进行立法完善,并予以提前介入,以有效防止可能危害公共安全的犯罪行为发生。当然,在传统的自然犯领域,不宜提倡刑事处罚早期化理念,如果强行贯彻"风险刑法"理论,那么无异于复辟恐怖的意思刑法(行为人刑法)。以强奸罪为例,基于"风险刑法"理论来管控强奸,即在质疑强奸行为实施完毕或危害结果出现后给予严厉惩处的益处下,主张在行为实施之前采取提前的实际警戒和保障可以阻止危害结果的发生[2]。也即,在自然犯领域贯彻刑事早期化理念,可能会不断扩大实行行为的范围,甚至出现定罪与实行行为无关的情形,而这显然不符合现代刑事法治的精神。

上述几个方面是从宏观方面,对刑事处罚早期化对刑事立法的影响进行了相应梳理。当然,刑事处罚早期化在微观方面对刑事立法的影响更为明显,主要表现在犯罪客观行为的改变、危害行为的增加、罪过责任的完善等方面。因此,刑事处罚早期化对刑事立法的影响是全面的,不但体现在宏观层面,

---

[1] 参见王永茜:"论现代刑法扩张的新手段——法益保护的提前化和刑事处罚的前置化",载《法学杂志》2013年第6期。

[2] 参见薛晓源、刘国良:"法治时代的危险、风险与和谐——德国著名法学家、波恩大学法学院院长乌·金德霍伊泽尔教授访谈录",载《马克思主义与现实》2005年第3期。

还具体涵盖刑事立法条款修改的具体内容。不过，需要警惕的是，刑法提前介入除了具有积极功能之外，还存在需要反思的地方，比如，刑法修改频率是否太高、罪名修改是否太多、刑法介入是否过早、内部体系是否顺畅等。对此，有学者曾指出：如果持续不断地进行修正，修正频率过高，或者对包括总则、分则在内的众多条文进行大幅修三，就如同对一件衣裳进行不间断或大面积的裁剪缝补，则必然有碍观瞻，使得修改后的刑法满身补丁、肥大臃肿，内部体系逻辑混乱不堪。〔1〕一定程度上，论者的观点具有前瞻性和反思性，对当下我国的刑事立法具有积极的反思意义和批判功能。

第四节　有效改善司法主体的理念

刑事处罚早期化是刑法理论，具有丰富的政策意义，对刑事司法具有积极的指导意义。同时，刑事处罚早期化还是一种方法论，是对传统司法实践的反思，为司法主体适用刑法规范提供方法支持，也即，在司法实践上，可以为规范解读和司法适用发挥有效的指引功能。因此，刑事处罚早期化应该作为一种司法理念，贯彻在司法实践当中，并对危害行为的司法认定和处理提供充分的理论支持。

一、有效推动司法能动性实践展开

一定意义上，刑事处罚早期化是对司法能动性的理论诠释。根据司法能动性的内在精神，司法主体应充分发挥主动性，积极运用司法权力诠释法律规范，强化对外界的司法回应。司法能动性主张，司法主体要基于规范使用的需求，从规范文义之外补充法律规范的内涵，以弥补法律规范的不足和缺位。

与司法克制理念不同，司法能动主义更加强调法官的能动性。司法能动主义是来自于西方的法律概念，并在英美法系的国家得以发展和成熟，是基于现实主义哲学观发展起来的司法理念。为了迎合现实需要，以及发挥司法主体的创新性，司法能动主义被提倡，并成为西方现代司法的重要理念。质言之，司法能动主义者在处理具体争议时，除了考虑法律规则以外，还要考

---

〔1〕 参见梁根林："刑法修正：维度、策略、评价与反思"，载《法学研究》2017年第1期。

虑具体案件的事实、法律原则、案件的社会影响、道德、伦理、政策等因素，在综合平衡的基础上作出最后的决定。[1] 从西方法治发展过程观察，司法能动主义在司法实践中的作用毋庸置疑，对缓解规范不足和立法滞后起到了重要作用。对此，我们应该用客观理性的态度进行看待，并对司法能动主义理论中的特点予以合理分析和借鉴。近年来，社会发展中不断呈现出新的问题，传统的司法理念不能有效应对社会变动的需求，一定程度上，司法克制主义影响了法治社会的发展和完善。由此，在实务上，司法政策和司法理念开始出现调整和改变，提倡主体能动性的司法政策开始改变传统的司法理念，基于此，司法主体需要在司法实践上更多考虑社会要素。司法能动性是司法机制和法律体制发展到一定程度出现的，是为了缓解因严格解释导致的司法僵化或立法滞后问题。鼓励司法主体解释规范和司法行为时，应更多地关注社会现实层面，而非局限于法律规范。正如有的学者指出的：司法机构在审理案件的具体过程中，不因循先例和遵从成文法的字面含义进行司法解释。当司法机构发挥其司法能动性时，它对法律进行解释的结果更倾向于回应当下的社会现实和社会演变的新趋势，而不是拘泥于旧有成文立法或先例以防止产生不合理的社会后果。因此，司法能动主义意味着法院通过法律解释对法律的创造和补充。[2] 由此可知，司法能动性是回应社会发展的现实需求，是对司法理念的相应改变，对实现法律效果与社会效果的统一具有积极而且重要的意义。就刑事处罚早期化理论而言，其不但影响着刑事立法的发展，对司法实践也具有重要的指导作用，对从司法层面应对社会风险和犯罪问题具有积极效果。

从刑事处罚早期化的主旨看，其在本质诉求上与司法能动性具有一定契合性。刑事处罚早期化在司法实践上的反映，就是积极推动刑法规范对犯罪行为的提前规制，倡导司法主体发挥主观能动性，根据法律规范对危害行为进行提前介入，做到对犯罪行为的威慑和治理。由此，在刑事处罚早期化和司法能动性的关系上，两者在实质层面上是相通的，都主张发挥司法主体的积极性，以达到及时有效解决犯罪问题的目的，并最终实现法律效果与社会效果的统一。

---

[1] 参见周汉华："论建立独立、开放与能动的司法制度"，载《法学研究》1999年第5期。
[2] 参见王彬："司法能动主义的中国化"，载《法学论坛》2011年第6期。

二、有效推动实质解释的司法适用

刑事处罚早期化主张司法主体对危害行为之处罚要提前介入，包括对犯罪预备和犯罪未遂的处罚、强调规范违反的犯罪本质，以及对罪过要求的弱化等。易言之，刑事处罚早期化的内容决定司法主体在刑法规范适用中应该持更加积极的态度，对危害行为认定从形式主义向实质主义转变。由此，将刑事处罚早期化的理念贯彻到司法实践中，就会与刑法规范解读上的实质解释产生内在联系。

根据实质解释，司法主体在理解和诠释刑法规范时，应该基于刑法条文但不限于刑法条文、坚持形式逻辑但要考虑实质逻辑，并主张在规范条文之外，寻求刑法调整成长和发展的推动因素。于是，根据实质解释理念，刑事政策、价值判断、利益衡量，以及民众诉求等因素，都会成为影响刑法规范理解和解读的重要因素。"功能主义的刑法解释论则具有反法条主义的性质，强调司法的能动性，强调价值判断与利益衡量在司法过程中的不可或缺。"[1]基于此，刑事规范解读就会与刑事处罚必要性和可能性联系起来。也即，刑法的规范文义诠释往往与刑事处罚必要性有密切关系，刑事处罚的必要性越大，规范文义的解释范围也就越大，距离规范词语的核心文义就越远。"解释的实质的容许范围，与实质的正当性（处罚的必要性）成正比，与法文通常语义的距离成反比。"[2]当刑法规范解读与处罚必要性联系起来时，规范文义的射程就会发生改变，直至突破规范文义的可能范围。虽然实质解释论对此持反对态度，并认为实质解释论更有利于完成出罪的认定，但从理论和实践上看，与形式解释相比，实质解释更容易突破刑法规范的文义边界。正如邓子滨先生对实质解释论做出的中肯评价："其一，它的事关实质法治的宏大叙事……使他们不再关心罪刑法定'限制权力'这一朴实宗旨的中国实践；其二，学者们在推崇'实质侧面'的阐述中必然说到'形式侧面'的不足……整体上削弱了罪刑法定主义的说服力；其三，由'实质侧面'所衍生的关于法律明确性的讨论……也为扩大解释一路亮起了绿灯。"[3]由此，实质解释带来了解

---

[1] 劳东燕："能动司法与功能主义的刑法解释论"，载《法学家》2016年第6期。
[2] [日]前田雅英：《刑法总论讲义》，东京大学出版会2011年版，第78-79页。
[3] 邓子滨：《中国实质刑法观批判》，法律出版社2009年版，第12页。

释风险，包括对权力限制不够关心、削弱罪刑法定的效力，以及加大了扩大解释的可能性等。我们认为，论者的观点无疑是合理的，也是对实质解释可能隐含的负面效果的准确理解和评价。

通过分析刑事处罚早期化和实质解释的关系可知，二者在价值理念、运行机制及政策导向上有一定关联，也即，刑事处罚早期化和实质解释在运行机理和发生机制上具有趋同性。基于此，如果在理论上倡导刑事处罚早期化，因为要积极发挥司法主体对刑法规范的诠释作用，往往会在解释理念上选择实质解释。由此，坚持风险刑法和安全刑法的学者，对刑法实质解释往往持赞同观点，甚至提倡功能主义解释观，主张借助实质解释推行风险刑法理论的司法适用。当然，对两者关系的界定，需要准确、合理且科学。从刑法理论上看，坚持刑事处罚早期化的学者一般会赞同实质解释，但是，坚持实质解释的学者并非都主张刑事处罚早期化。尽管如此，我们依然可以清楚地看到，由于实质解释对刑法规范外因素更为关注，比如，政策问题、价值衡量、利益判断等，因此，更容易在规范文义揭示中植入新的内涵，以适应社会发展的需要。所以通过对刑法规范进行实质解释，往往可以更早介入犯罪行为的规制和治理。易言之，虽然实质解释论者并非赞同刑法提前介入的理论，但在实际发生的作用上，与刑事处罚早期化具有内在的相似性。由此，刑事处罚早期化理论对司法主体的影响是明显的，会推动实质解释在规范诠释中的作用发挥。在这个意义上，刑事处罚早期化理论的司法功能无疑是明显的，对司法主体积极发挥法律解释功能具有促进作用，有利于刑法规范的补足和完善，也有利于司法实践对社会实践的回应和关注。

三、有效推动秩序保护的司法实践

近年来，我国社会发展取得的进步显而易见，同时，传统社会关系的内容和形态也发生了改变，并在新的社会阶段中不断衍生出现新的问题需要面对。虽然在社会现代性的整体层面上还不如西方社会，但是，相比以前的社会形态，还是产生了诸多新的特点和问题。

在新的社会形态下，社会关系更为复杂，社会风险也具有了新的特点。在这种社会关系下，社会主体在心理上开始显得焦虑，针对可能发生的各种社会风险应如何应对，社会主体往往显得力不从心，且没有解决风险问题的耐心和信心。"在传统金融业所原有的信用风险、流动性风险以及市场风险之外，又增加了由互联网技术所带来的技术风险、业务风险以及法律风险。"[1]当然，金融风险只是社会风险的一部分，并不能全部反映我国当下社会风险的特点和属性。不过，金融风险具有一定代表性，一定程度上表明，我国社会面临的风险形式和样态。基于新的社会背景，就需要司法主体转换传统的司法理念，积极参与司法实践，以及时有效解决、缓解各种社会风险问题，积极推动社会秩序的发展和稳定。但是，对刑法社会保护功能的重视，不意味着对刑法权利保障机能的疏忽，而是需要在公民保障的基础上强化社会秩序的保护。"由之，考量风险社会背景下的刑法改革，必得以刑法价值存在的稳定性为基础，在刑法尚以社会保护和人权保障为其职能中心的前提下，基于防卫社会风险需要的刑法价值调整仍然只是序位上的前后变动，而非上下颠覆。"[2]基于此，就刑法的保障机能和保护机能而言，两者之间的关系并不是恒久不变的，而是需要根据社会情况的变化而进行适度调整。

总的来看，在社会发展平稳时期，司法层面会侧重公民的权利保障，但在风险多发的背景下，司法主体就会从传统的权利保障的优位选择中转换思路，对秩序保护机能给予更多的关注。根据风险社会理论，刑事处罚早期化被理论界归纳出来，并被作为指导刑事司法的刑法理论，在指导司法主体应对诸多社会风险问题的同时，也将社会秩序机能保护提高到更高层面，同时，公民的自由保障则会受到影响。也即，重视风险的刑法控制，从本质上是国家管理在刑法领域的延伸，如果缺乏一种法治筛选机制，也会导致犯罪圈的过度膨胀，自由的保障就面临危险的境地。[3]刑法预防性功能的强调，会推动社会秩序保护机能的侧重，但是，对社会保护机能的强调不能成为侵害公民权利的借口。尤其是在刑事处罚前提化的背景下，更应该将公民权利保障置于重要地位，以妥善处理权利保护和权利保障之间的关系平衡。正如有学者指出的，"刑法保护早期化是刑法过度介入社会生活的表现，不利于保障公民的人权。换言之，刑法保护早期化轻视了刑法的自由保障机能，其出发点

---

[1] 王勇："互联网时代的金融犯罪变迁与刑法规制转向"，载《当代法学》2018年第3期。
[2] 崔磊："风险社会视野下刑法扩张的宪法态度"，载《中国刑事法杂志》2016年第6期。
[3] 参见姜涛："社会风险的刑法调控及其模式改造"，载《中国社会科学》2019年第7期。

是将公民视为危险源乃至敌人，通过剥夺公民的自由实现社会的无害化。"[1]实质上，论者的疑虑不无道理。当刑法侧重社会秩序机能时，刑法的人权保障机能就可能会被忽略。质言之，刑事处罚早期化理论与秩序保障机能之间的关系是内在的，是社会风险问题应对在刑法理论与刑事司法上的表现，应该妥善处理两者之间的关系。

四、有效发挥规范解释的指导功能

刑事处罚早期化不仅仅是一种刑事法律现象，也不仅仅是一种刑法理论，还是一种重要的司法理念，指导着司法主体规范有效的解读法律文本。对刑事处罚早期化，除了需要从本体论角度进行研究，还需要探讨其如何适用于司法实践，如何发挥其对立法主体与司法主体的指导功能。

刑事处罚早期化是对近年来我国刑事立法与刑事司法的理念总结，体现了立法主体与司法主体在实践中贯彻的法律精神。随着刑法理论上对刑事处罚早期化研究的深入，对其存在的社会背景、法律价值及存在的问题进行全方位探讨，对该问题认识更为科学与合理，基于此，刑事处罚早期化的理论框架基本被构建起来。当然，理论界对刑事处罚早期化的归纳分析，不应止于该理论的本体探讨，还应该将理论适用于立法和司法当中，并对刑事立法和刑事司法进行规范和指导，以充分发挥刑事处罚早期化的方法论功能。总的来看，可以从两个方面探讨刑事处罚早期化的方法论意义。其一，从立法层面看，刑事处罚早期化可以适用哪些领域。也即，立法主体在对刑法规范文本完善修改过程中，对哪些罪名可以进行早期化立法。具体而言，抽象危险犯、预备行为实行化、帮助行为正犯化等内容可以体现在哪些领域，对此，前文已经做过探讨，是否在立法上引入早期化理念，主要是要看是不是涉及公共安全法益。易言之，如果涉及的是个人法益或者与个人法益联系宽松的领域，立法主体则慎用刑事处罚早期化理念进行立法。其二，就司法主体而言，对刑事处罚早期化要慎重对待。一定程度上，立法层面已经体现了法益保护前置的内容，司法主体对相关的刑法条文进行合理解读和适用即可，无需再对规范文义做能动性或开创性解读，否则，就可能会出现过度解释刑法

---

[1] [日]金尚均：《危险社会上的刑法》，成文堂2001年版，第33页。

规范的现象，进而对刑法基本原则和公民基本权利造成损害。当然，对于立法上没有早期化理念介入的规范条文，如果当条文解释和适用有涉及公共安全法益时，司法主体则可以通过创新性和能动性的司法理念，从司法层面上推动刑事处罚早期化的展开。

刑事处罚早期化与功能主义刑法解释

　　刑事处罚早期化不仅仅是立法指引，也是价值观和方法论。具体到刑法解释层面，就是在规范解释上不同于传统路径，提倡更加灵活开放的解释方式。基于此，为了适应风险社会和风险刑法理论，出现了从风险刑法或安全刑法的理念探讨刑法解释问题的视角，甚至有学者从功能主义角度为刑法解释研究开辟了新路径。"刑法通过控制风险和不确定性更可以实现社会有机体的团结与政治认同，赋予刑法更强烈和鲜明的时代功能角色，促使刑法朝着更理性、更积极的功能化方向蜕变。"[1] 由此，刑法的功能主义取向随着社会发展而发展，并对刑法解释和刑事立法产生一定影响。功能主义解释论是功能主义理念在刑法解释上的反映，也是刑法解释从内部考察走向外部分析的表征，是刑事处罚早期化在刑法规范解释论上的时代面向和政策回应。

　　一定程度上，功能主义刑法解释是风险社会语境下刑法解释的阶段性演变，是对刑法规范进行的灵活和创新性诠释，是对社会诉求和政策需要的积极回应，是刑事处罚早期化在解释论上的体现。不过，功能主义刑法解释论在提供一种新的解释理念的同时，也存在值得反思的问题，尤其是在如何回应形式法治诉求与过度解释等理论质疑时，该解释理论很难做到自圆其说。有学者曾指出，在一个目的理性的刑法体系之内，刑事政策通过影响其间的价值判断或利益衡量而对刑法规范的适用与解释产生影响。这样的刑法解释论由于是以实用性与功能性作为自身的价值追求，不妨称为功能主义的刑法解释论。[2] 质言之，功能主义刑法解释是对积极一般预防主义的回应，也是

---

〔1〕 高铭暄、孙道萃："预防性刑法观及其教义学思考"，载《中国法学》2018年第1期。
〔2〕 参见劳东燕："能动司法与功能主义的刑法解释论"，载《法学家》2016年第6期。

安全刑法观在解释论上的反映，是刑事处罚早期化在解释论上的体现。因此，功能主义刑法解释有利于刑事政策学与刑法教义学的衔接，为规范适用的政策判断与价值考量提供了有效渠道。"只有允许刑事政策的价值选择进入刑法体系中去，才是正确之道，因为只有这样，该价值选择的法律基础、明确性和可预见性、与体系之间的和谐、对细节的影响，才不会倒退至肇始于李斯特的形式——实证主义体系的结论那里。"[1]法律上的限制与合乎刑事政策的目的，两者之间不应当互相冲突，而应该相互结合。不过，功能主义刑法解释还呈现出另一面，即因其过于侧重刑法解释的功能主义面向，会过于加大刑法的社会干预力度，但是，这会对罪刑法定原则和刑法精神形成威胁，并蕴含破坏形式法治的风险，对此，应该引起理论界的关注与警惕。换言之，功能主义刑法解释观具有损害罪刑法定原则和规范文义稳定性的属性，需要对其理论价值和司法适用持谨慎态度。基于此，对于功能主义刑法解释，虽然其是刑事处罚早期化在规范阐释上的积极体现，但是，该刑法解释观隐含或暴露的问题更值得理论反思和关注。

考察功能主义解释属性可知，功能主义解释是对实质解释的发展和提升，其四个面向可分别归结为实质解释的具体化：实质是实质解释的本质、目的是实质解释的方法、回应是实质解释的属性、后果是实质解释的诉求。总的来看，功能主义刑法解释需要面对三个问题：如何检视我国社会发展阶段、如何对待积极的刑事立法观以及如何认识刑法过度解释。

第一节 功能主义解释内涵解析

功能主义刑法解释的出现不是偶然的，是社会风险治理的外在诉求，是风险刑法理论在解释论上的体现，符合安全刑法观的价值导向，与大陆法系机能主义刑法观密切相关。质言之，功能主义刑法解释观期望从解释论层面缓解刑法确定性与社会变动性之间的张力，主张刑法提前介入社会生活，是安全刑法观在解释论上的反映，也是社会风险高发背景下刑法知识转型的外在表征。因此，一定程度上，功能主义解释观契合了我国转型社会的外在诉

---

[1] [德]克劳斯·罗克辛：《刑事政策与刑法体系》，蔡桂生译，中国人民大学出版社2011年版，第65页。

求和刑事处罚早期化的内在精神。

自 19 世纪末以来,社会学理论逐渐在法学领域内部产生影响,为长期执着于在法律结构内部探讨问题而无视这一视角之危害的传统法学研究,提供了新的理解法律的视角,功能主义作为社会学中重要的理论流派便是其中一例,特别是布朗和马林诺夫斯基的著作,也可视为功能主义起源的一部分。[1] 根据功能主义理论,社会学理论在制度、规则、系统、组织的发生和发展中具有重要意义,由此,当对制度、规则、法律等社会规范进行诠释时,需密切关注来自社会层面的影响。质言之,功能主义主动借鉴社会学的方法,努力寻找功能观察点,不断完善功能比较方法的步骤。在这个过程中,功能主义进路不再从泛泛的角度,而是从特定的视域来界定"功能"这一问题。[2] 基于此,功能主义价值观在规则解释上开辟了新的路径,在功能主义与刑法解释之间进行勾连,也即,从规则诠释内部分析转向规则探讨的社会面向,规则解读从封闭走向开放、从逻辑走向经验、从事实走向价值、从形式走向实质。尤其是结构功能主义观,主张从社会系统论出发,根据系统论阐述刑法规范内涵与社会治理之间的关系。结构功能主义十分注重研究社会运行与社会发展的平衡、协调的机制,是一种维护型的社会学理论,它强调的往往是秩序稳定。社会系统反映着一个互动制度化逐渐稳定的过程,其中渗透了人格,并为文化所限制。制度化的规范要求、角色行动者的决策、文化价值取向的轮廓都可以被那些反映每一行动组成部分变量特色的概念即模式变量类型化。[3] 比如,莱因斯坦就曾认为,从法律科学的角度来看,"法律是社会控制和组织的工具"这一命题,要求人们探究具体法律规则和法律制度的社会功能。[4]

从心理学层面看,功能主义是从结构功能角度探讨社会主体态度形成和发展的过程,该过程的发生与个人的心理态度形成密切相关。默顿就认为,在功

---

[1] 参见 [英] 艾伦·斯温杰伍德:《社会学思想简史》,陈玮、冯克利译,社会科学文献出版社 1988 年版,第 231 页。

[2] See Anne Peters, Heiner Schwenke, *Comparative Law Beyond Post-Modernism*, International and Comparative Law Quarterly, 2000, p. 808.

[3] 参见 [美] 乔纳森·特纳:《社会学理论的结构》(上),邱泽奇等译,华夏出版社 2001 年版,第 36 页。

[4] See Max Rheinstein, "Teaching Comparative Law", *University of Chicago Law Review*, 1938, p. 618.

能分析上,应该注意社会文化事项对个人、社会群体造成的客观后果。[1] 按照默顿的方法进行分析,态度变化的方向或强度都会对个体认知与行为产生不同影响。换言之,学者之所以倡导功能主义刑法观,源于学者对刑法规范的内在态度,及其对刑法规范在社会治理中的心理诉求。根据美国学者丹尼尔·卡兹的态度功能主义理论,态度功能可以细化为四种属性:工具性、防御性、价值表现性和认知性,据此,可以明确四种态度功能与态度形成和发展之间的相互关系。质言之,从功能主义解释论来看,论者坚持从社会角度诠释规范,从社会当中寻找规范发展的动力,这与态度功能主义的工具性、防御性等属性要素密切相关。由此,论者之所以倡导功能主义解释论,与社会治理和规范功能的诉求态度联系密切,是内在心理需求在刑法解释观上的切实反映。

根据功能主义解释论,功能主义刑法解释积极迎合社会需求,主张改变传统解释理念与思维模式,坚持在刑法解释当中引入社会要素,倡导规范解释的工具性与价值性,主张推动解释主体的能动性与创造性,对刑法尽早介入社会关系持积极和开放的态度。至此,可以得出结论,功能主义解释是功能主义刑法观在刑法解释论上的表征,是功能主义理论在刑法解释论上的反映。至此,功能主义法学观是一种"外部"的视角,它使法学家们的视线从法律内部转移出来,将研究重心投入法律与外部世界的关系、法律在社会中所发挥的功能等一系列问题上。[2] 由此,刑法解释的工具性、目的性及防御性等价值要素被置于重要位置,相反,刑法的独立性、民主性等内涵则被相继弱化,随之,刑法解释由原来的规范内涵揭示方法转向社会治理工具,并且,在特殊的社会背景下,刑法解释的工具属性还会被持续放大。于是,本来是基于预防风险目的而构建的预防性刑法,可能会导致刑法上的结构性风险。质言之,在刑法解释理论的构建中,过多地考虑了对需求和利益的数量最大化的追求,没有给公正、权利以性质上的概念界定;强调法律的实用和技术方面,而忽略了其规范性的特征。[3] 总的来看,功能主义理论从两个层面为功能主义刑法解释提供了理论铺垫:其一,在社会学的角度,功能主义

---

[1] 参见[美]罗伯特·K. 默顿:《社会理论和社会结构》,唐少杰等译,译林出版社2008年版,第79页。

[2] 参见马姝:"论功能主义思想之于西方法社会学发展的影响",载《北方法学》2008年第2期。

[3] 参见[美]罗伯特·S. 萨默斯:《美国实用工具主义法学》,柯华庆译,中国法制出版社2010年版,第294页。

弱化了规范诠释的封闭性、逻辑性、实证性,将开放性、功利性、实用性价值纳入规范解读当中,刑法规范诠释更多的体现了社会属性和价值判断;其二,在心理学的角度,功能主义解释观的形成是基于功能主义认知论,并基于功能主义态度衍生出规范诠释的工具性、预防性、价值性及认知性等内容,刑法内涵的揭示反映出政策属性和预防功能。由此,社会学从宏观层面为功能主义刑法解释观的出现奠定了外部基础,心理学则从微观角度为功能主义刑法解释观的产生提供了内部支撑,两者之间是互为补充和相互借重的关系,从宏观和微观两个层面为刑法解释论构建提供理论基础。

功能主义刑法解释观主要呈现四个面向,分别为实质性、目的性、回应性与后果性,论者还对四个方面做了深度介绍和论证。[1] 经过对比分析可知,功能主义刑法解释的四个面向应该是实质解释内容的具体化,换言之,功能主义刑法解释是对实质解释理论的进一步发展。由此,从功能主义理论的四个维度来看,其与刑法实质解释具有密切关联,下文将从四个方面进行展开论述:

一、实质性是实质解释的属性

实质解释往往追求实质正义,强调规范解释的实用性和社会面向,主张通过事情表面透析事物本质,在逻辑思维上采取结果导向主义。功能主义刑法解释也强调实质正义,主张立足于个别正义理解与诠释构成要件,这与实质解释中的实质在本质属性上并无本质区别。质言之,这里的实质性更多意义上是指一种法理精神,或者是一种立法宗旨,其不会在刑法规范条文当中被明确表述,却在指引着对规范文本的诠释和解读,在引领着刑法规范文本的成长和发展。因此,很多时候,在规范解读或适用过程中,都应该从实质层面对刑法文本进行认识和解读,并努力促进规范文本的适用性和合理性。也即,实质解释是一种法律解释理念,指引着解释方向,对解释主体具有积极的引领价值。比如,在实践中,将他人养得较为名贵的鸟放飞,理论与实务上会认为构成毁损公私财物犯罪[2]。但是,这里对毁损的认定显然是基于

---

〔1〕 参见劳东燕:"能动司法与功能主义的刑法解释论",载《法学家》2016年第6期。

〔2〕 从刑法理论上看,基于不同的学说,对类似行为会有不同看法。比如,日本学者木村龟二就认为:将他人的鸟笼打开放飞其中的鸟、将养鱼池的闸门打开使鱼游走、将他人的财物隐匿等行为,并没有对财物施加有形力,即便侵害了其效用和价值,也很难认定为损坏财物罪。

实质层面的考量，也即，从被害人财产损失的角度来谈的。毕竟，从客观情形上看，鸟还存在，也获得了自由，并且活得更好。在司法解释上，对贪污受贿罪中为他人谋取利益的解释[1]也是实质解释，即国家公务人员没有为行贿人谋取任何利益，甚至没有答应为行贿人谋取利益，但是，只要收受他人财物，即可构成犯罪。由此，实质解释阐释的是刑法精神和宗旨，是暗含于规则文本之中的内容，需要解释主体根据社会发展的需求，并根据解释方法，对规范文义进行客观描述和文义揭示。

正如卢梭对法律精神的诠释：这种法律既不是铭刻在大理石上，也不是铭刻在铜表上，而是铭刻在公民们的内心里，它形成了国家的真正宪法；它每天都在获得新的力量；当其他的法律衰老或消亡的时候，它可以复活那些法律或代替那些法律，它可以保持一个民族的创制精神，而且可以不知不觉地以习惯的力量取代权威的力量。卢梭对法律精神的表述，某种程度上，也是对实质解释的内涵解读，表征出了实质解释的内在精神和宗旨。质言之，法律规范应该根据立法精神随着社会发展而发展，根据社会需求适度赋予刑法规范新的内涵，以适应不同社会阶段下的实践诉求。

二、目的性是实质解释的方法

从理论上看，实质解释习惯于突破形式束缚，基于规范目的指引，将利益衡平、政策判断、价值诉求及大众认同等法外要素融入规范解释，使规范解读结果符合文义，以符合社会发展的目的需要。在此，规范目的与实质解释的关系密切，也是诠释规范内容的方向，决定着刑法规范阐释的结果，影响着刑法解释结果的合理性和科学性。正如罗克辛教授所言：正确的解释，必须永远同时符合法律的文言与法律的目的，仅仅满足其中一个标准是不够的。[2]由此，规范文义与规范目的两者之间不是冲突的关系，而是互为补充的关系，规范解释应该在规范文义与规范目的之间保持平衡。当然，如何理解规范目的一直是理论上的争议话题，也即，理论上对刑法规范目的的理解存

---

[1] 最高人民法院与最高人民检察院于2016年公布的《办理贪污贿赂刑事案件适用法律若干问题的解释》第13条规定，明知他人有具体请托事项，立让认定为"为他人谋取利益"，构成犯罪的，应当依照刑法关于受贿犯罪的规定定罪处罚。

[2] Vgl. Claus Roxin, Strafrecht Allgemeiner Teil, Band I, 4. Aufl., C. H. Beck 2006, S. 151.

在不同观点，这对规范文义认识和解读具有一定影响。换言之，目的解释对于刑法规范适用具有积极的指引功能，应该引起理论上的重视。我们认为，前文中的目的是指法治目的，也即，法治社会形态下的规范法益及立法精神，具体表现为刑法目的、法律目的，以及法治目的等几个维度。在理论和实践上，规范解读主体正是借助目的解释，将法外因素带入规范内部，使解释结果体现实质化色彩，符合社会现实的需要，并实现社会治理的功能，充分体现了规范适用的实用主义色彩。正如有的学者指出的："法律中所存在着的价值，并不仅限于秩序、公平和个人自由这三种，许多法律规范首先是以实用性、以获得最大效益为基础的"[1]。与形式解释不同，实质解释更具有开放性和多元性，通过将更多的规范外因素导入规范解读当中，并继而改变规范解读的文义，借此完成规范文义解释的改变。但是，如何通过解释将规范外因素导入词语文义范畴，则需要借助刑法目的进行文义的分析和诠释。对此，无论是德国刑法学者库珀教授，还是国内一些青年学者[2]都曾提出，从刑法目的入手，将刑事政策、利益衡量、价值判断、民意诉求等法外因素引入规范文义，籍此达致文义解释的合理性。

三、回应性是实质解释的特征

实质解释将回应社会诉求与规范诠释联系起来，从而推动刑法规范的生长和完善，以达到追求社会秩序稳定之目的。在这个意义上，实质解释与秩序保护之间具有密切关联。不过，追求秩序的努力是这样一场战斗："一场明确性反对含混性的斗争，语义精确性反对矛盾性的斗争，透明性反对晦暗性的斗争，明晰性反对模糊性的斗争。……'秩序的他者'这个比喻就是：不可界定性、不一致性、混淆、无法决定性和矛盾态度"[3]。据此，刑法规范适用过程就是刑法解释的过程，也是回应社会诉求和实践需要的过程，即如何通过刑法规范的解释和适用，合理有效的解决社会问题。

---

[1] [英] 彼得·斯坦、约翰·香德：《西方社会的法律价值》，王献平译，中国法制出版社2004年版，第2页。

[2] 参见杜宇："刑事政策与刑法的目的论解释"，载《法学论坛》2013年第6期；劳东燕："刑事政策与刑法解释中的价值判断——兼论解释论上的'以刑制罪'现象"，载《政法论坛》2012年第4期。

[3] Zygmunt Bauman, *Modernity and Ambivalence*, Polity, 1993, pp. 6-7。

实证法学与分析法学主张，法律规范解读应从规范开始到规范结束，法律的有效性与道德、正义、伦理等法外内容无关，因此，实证主义法学注重法律规范的形式和结构，对规范外因素则基本不予关注或者不会做过多关注。也即，规范文本是实证主义和分析法学关注的重点，对规范外的要素则不主张过多的关注。换言之，法律实证主义在考察法律制度时，一般不考虑法律规范是否正义。英国法学家奥斯丁也认为，研究法律就应当研究国家制定的实在法，把非国家制定的法律排除出去，不管这种法是好是坏。实证主义渗透到法学之后的法律实证主义将价值考虑排除在法理学科学研究的范围之外，并把法理学的任务限定在缝隙和剖析实在法律制度范围之内。[1]因此，法律实证主义总是力图尽可能彻底地把法哲学同其他学科区别开来，如心理学、社会学、伦理学等学科。显然，实证主义和分析法学与社会需要、实践需求相距甚远，因此，往往不能有效回应社会需要。基于此，后续的法学流派主张改变实证主义法学传统，开始重视规范解读的社会属性，并对规范内容的价值色彩给予充分重视，比如，利益法学、目的法学、现实主义法学等法学流派均主张，在规范文本的理解和解读中，规范文义应该向社会开放，并与价值判断相结合，开放性和社会性是规范文义阐释和规范适用的发展方向。"一方面法律理念须对于生活事实开放，它须被实体化、具体化以及实证化，以便于形成概念；而另一方面所预见的生活事实须以法律理念为导向来进行典型建构及形成。"[2]直到今天，新自然法学的理念依然在指引着规范解读的方向，也即，在规范文义揭示中，规范内涵和价值判断在同时发挥作用。易言之，坚持规范解读和适用的回应性，是当下刑法规范解释的重要特征。

四、结果性是实质解释的诉求

从实质解释的思维逻辑看，其强调结果考量对具体罪名构成要件的制约。由此，基本可以得出如下结论，形式解释注重形式逻辑，实质解释青睐适用结果。正是基于这个判断，实质解释总是倾向于从结果导向出发，考量刑罚适用的必要性和合理性，再基于拟选择的刑罚种类和刑罚幅度，选择合适的

---

[1] 参见"西方实证主义法学派简介"，载http://www.bj148.org/wh/bl/sy/20210423_1617412.html，最后访问日期：2022年3月5日。

[2] [德]阿图尔·考夫曼：《法律哲学》，刘幸义译，法律出版社2011年版，第23页。

个罪罪名。"法官首先凭直觉找到结果,然后形成这一结果的逻辑理由。这本身就是一种心理现象,并不奇怪。法律秩序意在促进和法官经由其职业活动十分熟悉的所有目标,可能已成为其本身天性的一部分。他成功地找到了一个理性结果,而没有事先向自己表明所有的论点,这些论点可以通过演绎推理,就结果给出理由或使结果合法化。"[1]据此,在功能主义价值视野下,结果导向性是规范解读重要的思维逻辑模式,对司法主体界定行为属性以及对司法结论进行说理和论证具有积极的作用。考察实质解释主张的倒三段论,其实,与形式解释的演绎逻辑截然相反,形成了实质解释的特有解释逻辑,即辩证逻辑。对此,实质解释论曾指出:单纯强调罪刑法定主义的形式侧面是不充分的,对构成要件符合性进行形式的判断是不够的,必须从实质上判断是否存在值得科处刑罚的违法性与有责性,或者说必须从处罚的合理性与必要性的观点来解释构成要件。[2]根据论者的观点,规范诠释的内容指向,应该与价值判断、利益衡量、政策判断结合起来,并在规范诠释中发挥重要作用。易言之,规范诠释需紧密结合规范外因素进行考量,根据刑事处罚必要性与合理性进行判断,达到对规范内涵与构成要素进行合理解读和认知的目的。

  总的来看,实质性、目的性、回应性及结果性是实质解释的几个要素,也是功能主义刑法解释的四个面向。从规范术语的属性看,功能主义解释与刑法实质解释在特征上并无本质区别,都是刑事处罚早期化在规范解释上的反映,不过,两者在刑法解释导向上存在不同。通过分析可知,实质解释是为了克服形式解释导致的僵化和滞后,但不否认形式逻辑的重要性,并强调形式解释在规范诠释中的主导作用。不过,就功能主义解释而言,一定程度上,其已经超出刑法实质解释的理论诉求,将价值判断置于更重要的位置,并主张全面对接社会需求,充分体现规范解读的功利性与实用性。易言之,实质解释是在努力推动刑法规范符合社会需要,功能主义解释则是在尝试构建符合社会规范需要的创新解释机制,努力使规范解释结论符合价值判断与政策需求。诚如有学者所言:"功能主义的刑法解释论不是要弃形式逻辑于不顾,而

---

[1] [挪威]斯坦因·U. 拉尔森主编:《社会科学理论与方法》,任晓等译,上海人民出版社2002年版,第304页。

[2] 参见[日]前田雅英:《刑法の基础·总论》,有斐阁1993年版,第37页。

是强调形式逻辑应受价值判断的支配,服务于合理解释结论的得出"[1]。虽然学者对功能主义解释做出如此诠释,但在实践上,功能主义解释论往往会将形式逻辑的重要性和必要性做选择性忘记,从而导致形式正义在解释结论中缺失,基于此,功能主义解释的结论合法性与合理性就会成为需要检讨和反思的问题。

第二节 功能主义解释的社会基础

功能主义刑法解释是为应对转型社会下风险高发、矛盾凸显而提出来的社会治理策略,对于控制社会风险、维护社会安全具有一定作用。同时,功能主义刑法解释对于推动司法主体的能动性具有重要意义,并有利于刑法规范漏洞的填补和补充。不过,功能主义刑法解释也需认真面对社会主义法治发展的初级阶段问题。易言之,在我国法治社会发展的初级阶段,司法主体更加需要坚持形式逻辑和规范文义,对司法能动性理念应该保持谨慎,并对司法能动性的实践适用进行规范和限制。质言之,在刑法实质化思潮的影响下,目的解释让司法解释主体的目光从封闭转向开放,解释方法从僵化转向灵活。刑法规范的文义是既定的,需要通过目的解释确定刑法语词的文义边界。但是,目的解释的基本功能在被凸显和侧重的同时,其弊端和不足也不容忽视。比如,鉴于目的本身的争议和抽象性,目的解释的结果往往逾越刑法规范的应有边界。再则,目的解释突破规范边界的倾向会淡化罪刑法定原则的批判机制,以至于会突破刑法教义学的方法约束。

在19世纪末期,法律规范诠释的思维模式是形式逻辑,也即,是从大前提到小前提,再到裁判结果的思维路径。质言之,古典形式法治强调文本是解释的基础,主张从规范自身阐释文义内涵,解读主体只是规范文义的传声筒,对法官解释则持怀疑与排斥的态度。质言之,在这个社会阶段,法律解释是不受重视的,不符合法律适用的内在精神。正如贝卡利亚所言,法律的精神需要探询,再没有比这更危险的公理了。采纳这一公理,等于放弃了堤

---

[1] 劳东燕:"能动司法与功能主义的刑法解释论",载《法学家》2016年第6期。

坝，让位给汹涌的歧视。[1]古典法治形态与其社会发展阶段适应，具有相应的法理基础与社会背景，并对保障公民权利与制约国家权力具有重要价值。易言之，根据历史唯物主义观，在古典法治的时期，形式主义无疑是合理的。经过百余年的发展，形式法治渐渐成为司法主体坚守的解释标准，并成为保障公民权利的坚实屏障，对限制公权力扩张具有积极意义，所以形式正义一直是前现代社会追求的司法价值。不过，及至20世纪之后，随着工业社会的发展，社会结构开始发生深刻变革，社会生活开始急剧变化，社会风险开始呈日益增长的趋势，于是，从安全与权利的关系看，社会安全开始成为法律关注的重点，并日益受到社会主体的重视。基于此，决策者开始关注秩序安全，公民自由在法律价值中的比重开始下降，社会安全遂成为规范适用中的重要考量要素。正如有的学者指出的：法律解释上的争议，在深层次上往往反映了理性思考的人们在价值侧重或权衡问题上的争议。[2]

自20世纪60年代，贝克提出风险社会理论以来，理论层面对社会形态的认识发生了重要转变，于是保护社会秩序运行的规范在内涵和功能上也在悄然发生转变。随着科学技术的高速发展和全球化的发展，人类社会已经开始进入一个"风险社会"时代。现代风险在本质、表现形式和影响范围上与传统风险相比已经有了很大不同，它已经从制度上和文化上改变了传统现代社会的运行逻辑。[3]随之，在刑法规范的具体适用和解读上，也具有了不同于以往的外在特征，通过对之进行分析和梳理，刑法解释的时代属性和历史变化主要体现为以下几个方面：

第一，从刑法解释的理念看，表现为从形式解释向实质解释转变。从形式解释转向实质解释是刑法规范在司法适用上的重要变化，对司法实践具有重要影响。近年来，实质刑法观在我国刑法理论上的影响逐步扩大，并成为司法发展的重要推动力量，进而影响到我国刑事立法与刑法解释的司法实践。经过一段时期以来的理论争议和论辩，实质解释基本获得理论界的主流认可，尤其是中青年刑法学者对实质解释青睐有加。同时，实质解释因顺应了社会转型的内在需要，一定程度上也获得了实践层面的默许和支持。另一方面，

---

[1] 参见［意］贝卡利亚：《论犯罪与刑罚》，黄风译，中国大百科全书出版社1993年版，第68页。

[2] 参见张志铭：《法律解释操作分析》，中国政法大学出版社1998年版，第193页。

[3] 参见赵延东："风险社会与风险治理"，载《学习时报》2004年3月29日。

从形式解释转向实质解释也是规范解读从封闭性走向开放性的过程,为刑法解释的价值涉入奠定了坚实基础。随着规范解读由封闭性向开放性转变,规范外要素开始成为影响刑法解释的重要内容,刑法规范的文义范围开始发生变化,刑法词语内涵也随着社会发展而发展。"刑法的解释一直是在安定性与正义性之间寻求价值平衡的产物,法条的解释绝非冰冷的逻辑思辨过程,而是血肉饱满的平衡演绎过程。"[1] 基于此,刑法规范的内涵应该是不断发展的,也即,鉴于刑法规范的开放性和社会性,刑法条文会随着社会变革而不断发展,以适应社会发展和实践诉求的现实需要。

第二,从刑法解释的内容看,表现为从文义解释向目的解释转变。从坚持文义解释到青睐目的解释,并主张根据目的解释推动刑法规范解读的开放性,是现代社会刑法解释观的重要发展。从文义解释到目的解释的发展,是刑法解释的时代性演进,也是刑法规范文义解读多元化的主要体现。从刑法解释的发展沿革看,文义解释是形式法治的内在要求,也是古典刑事法学以来的法律解释方向。不过,随着社会的发展,刑法规范在解决社会问题上的功能和角色也开始发生转变,加之社会学、诠释学以及法哲学等法律理念对刑法解释的影响,文义解释的地位和价值也相对弱化,目的解释开始作为文义解释的补充甚至替代出现在人们的视野当中。对刑法的解释,总是从刑法用语的含义出发,得出符合刑法目的的结论。如果进行语义解释丕不能得出符合刑法目的的结论,就要采取其他解释方法,直到得出符合刑法目的的解释结论为止。[2] 其实,作为政策学与教义学的勾连路径,在国内外的刑法学理论上,都曾对目的解释给予较多的关注,并对目的解释的重要性进行了专门的描述和强调,作为社会发展和刑法规范之间的媒介,目的解释的作用就是积极推进刑法规范与社会发展之间的适应性和互动性,促进司法主体解读刑法文本的灵活性和创新性,并积极挖掘和探索刑法规范的文义内涵,以确保刑法规范随着社会发展而不断成长和完善。

第三,从刑法解释的趋势看,表现为刑法刑事政策化的倾向。刑法规范与刑事政策在内容上有明确区分,功能上也有不同,因此,刑法教义学与刑事政策学长期以来是分离的。但是,两者之间的联系也是明显的,刑法规范

---

[1] 何萍、李腾:"形式解释与实质解释之争及其出路",载《法学》2017年第1期。
[2] 参见张明楷:《罪刑法定与刑法解释》,北京大学出版社2009年版,第154页。

的解释和适用离不开刑事政策的引导,尤其是进入近现代社会以来,刑事政策之于刑法规范的作用和价值愈发重要。质言之,刑法规范是立法主体厘定的法律文本,不过,如何将规范文本适用于社会实践并能适应社会的发展,则需从解释维度进行展开。质言之,解释主体需从规范文义的束缚中解放出来,将视角转向社会政策与实践需要,以补充因刑法规范稳定性和滞后性带来的不足。刑事政策与刑法之间的关系,也是刑事政策和刑法解释的关系,之所以如此,是因为刑事政策对刑法的影响更多是通过刑法规范文义诠释而进行的。易言之,通过在规范诠释中植入刑事政策的价值和内涵,使得刑事政策在司法实践上得以顺利实施,即在规范的司法适用上体现刑事政策的精神。

第四,从刑法解释的逻辑看,表现为从由罪生刑向以刑制罪的转变。传统形式法治要求,刑法规范解释遵循从重大前提、小前提到解释结论的逻辑进程,是严格形式逻辑指导下的解释路径。但是,在现代社会模式下,根据传统的形式逻辑解读法律规范显然不能适应社会需要。也即,形式逻辑下的由罪生刑模式已经不能适应当下社会发展的需要,随着社会风险的多元化和复杂化,越来越多的社会疑难问题需要刑法规范去应对和解决。并且,随着社会改革的推进,社会关系变得愈发多元化,刑法需要面对的问题也渐趋复杂,如果在司法模式上坚持传统的形式逻辑,则很难对司法疑难问题进行准确的定性和处理。近年来,理论界比较关注的以刑制罪理论,正是基于形式逻辑不足而构建的罪刑关系理论,也是刑法解释变化在罪刑关系上的反映和体现。尤其是在2015年以来,理论界针对以刑制罪[1]进行了广泛且深入的探讨,对传统的罪刑关系做了深刻且理性的反思,对于适应社会风险高发下的刑法解释和司法适用问题具有积极的启发意义。

在现代社会语境下,作为社会治理工具的刑法规范,其秩序维护机能的重要性日益彰显,基于此,刑法规范的司法适用在理念、价值、目的等维度上开始发生变化,刑法积极干预社会生活的一面开始被关注。其实,我们可以清楚地看到,随着社会风险成为影响社会发展的突出问题,如何应对社会

---

[1] 近年来,理论界对以刑制罪的研究,在广度上和深度上都发生了很大变化,从早期论证以刑制罪的合理性和必要性,到当下将该理论适用于个罪罪名分析,以刑制罪经历了宏观论证到微观分析的过程,这个过程表明,以刑制罪理论正逐步获得理论界认可和接受。

风险成为重要的法律话题,也成为刑法理论变化与更新的社会背景,基于此,理论上不断有学者探讨风险社会下法律理念更新和法律制度变化的问题。"风险社会理论呼唤着法律制度的适时更新以及法律价值理念的合理变迁,这一转变无疑是建立在对风险社会理论的法理内涵加以认真分析和研读的基础之上的。"〔1〕当然,截止到当下,风险社会理论并未获得刑法理论上的主流认可和接受,但其带给刑法理论的变化却是毋庸置疑的。基于此,法律稳定性与社会流变性之间开始呈现紧张趋势,一定程度上,形式法治逐渐成为社会多元化诉求及社会创新发展的阻力,努力通过赋予司法主体能动性和创新性,成为缓和形式法治与社会发展之间张力的重要举措。

"理解包含着应用。解释者总是站在自己的处境,把文本内容具体化,应用到他所处时代的具体事态。这样一来,历史文本的内容就在理解的应用之维,得到了现实的再创造。"〔2〕根据论者的观点,规范理解与法律适用密切关联,也即,理解是解释的基础和适用的前提。当需要将法律规范理解与社会需求和具体语境联系起来时,利益法学、目的法学、法社会学、现实主义法学及后现代法学等各种流派,基于改变法治观的历史使命就依次出现了,在一定时期内,深刻影响着西方社会的法治进程,并在一定程度上缓解了因形式法治僵化与滞后带来的压力。基于此,能动主义理念、结果导向主义及实质正义等司法理念开始左右法律解释走向,并对法治观念的转变产生重要影响,传统的形式主义法治观开始更多地关注个案正义和实质层面。与此相适应,实质主义刑法观、功能主义解释等逐渐形成,司法能动主义理念得以发展和传播。"功能主义的刑法解释论可谓能动司法概念的下位范畴,是能动司法在刑法领域的具体化的产物。"〔3〕不过,需要明确的是,对西方社会的司法理念发展历程分析可知,西方形式主义法治的发展已经经历了从初期到成熟的阶段,同时,形式法治的固有缺陷逐渐开始显现,并随着社会发展的多元化和复杂化,形式法治的缺陷问题也被逐渐放大。正是在这个基础上,西方社会盛行的能动主义,一定程度上其实是为了消解形式法治长期形成的思维僵化、弱化形式法治滋生的负向价值,而产生出来的司法理念,并且也

---

〔1〕 杨春福:"风险社会的法理解读",载《法制与社会发展》2011年第6期。
〔2〕 高鸿钧:"伽达默尔的解释学与中国法律解释",载《政法论坛》2015年第2期。
〔3〕 劳东燕:"能动司法与功能主义的刑法解释论",载《法学家》2016年第6期。

是新的社会形态下法治创新的表现形式。但是，必须明确的是，即使是英美法系下的现实主义法学也不反对形式逻辑，只是主张对形式法治适当调和，以对冲和缓解因形式法治带来的张力。换言之，在西方社会的法学流派中，即使是现实主义、实用主义等现代法学理论，也都主张尊重传统的形式法治主义，对形式逻辑的作用依然重视和坚持。简单地说，霍姆斯的反逻辑其实是反对当时的形式主义的倾向。他反对的只是认为逻辑是法律发展的唯一动力的观点，而不是反对逻辑的作用。[1]概言之，在西方社会背景下，反对形式主义是基于形式法治自身存在的问题和消极层面，是对法律规范滞后性的积极反思，以有效应对社会发展中出现的新问题和新情况。需要指出的是，尽管在西方法学理论中开始追逐实质正义，但是，形式正义在司法实践中的作用和价值并未随之下降，形式正义依然是法治社会的价值目标和重要内容。

我国当下的法治建设还处在初级阶段，在社会层面上还未形成普遍意义上的形式法治观，更有甚者，部分社会主体对法治建设的形式侧面甚至还持有怀疑态度。在这种情况下，整个社会层面应该继续保护和确认形式法治成果，持续巩固公民权利保障的内容，限制公权力发挥作用的领域，而不应该脱离社会发展实际而积极倡导实质法治观。正如有学者指出的："我国现在正处在法治建设的初级阶段，还缺乏严格法治思维的陶冶，还没有严格法制方法的文化根基"[2]。根据论者的观点，在对待法律解释的态度上，还是主张用理性替代感性，需根据社会发展阶段继续坚持严格法治理念。显然，论者的观点是客观的，也是理性的，符合我国当下的法治社会现状，应该引起理论界与实务界的共鸣和关注。由此，司法克制、形式解释以及文本主义依然是当下规范解释的指导理念，而不是一味地借助后现代主义法律理念，通过功能主义解释观消解形式法治成果，并放逐形式法治逻辑在刑法规范解释中的价值。质言之，对西方现代法治理念应该保持克制和理性，尤其是对后现代主义法律理念需要保持警惕，也即，严格法治主义并不是阻碍社会发展与司法实践的滞后理念，理论上不能肆意批评，更不能任意抛弃。其实，对实质法治与功能主义理念需有理性的认识，一定程度上，从理论上构建功能主义解释观念，不利于我国长期以来法治建设成果的维护，也不利于构建新时

---

[1] 参见马聪：《霍姆斯的现实主义法学思想研究》，人民出版社2009年版，第69页。
[2] 陈金钊："法治为什么反对解释"，载《河南省政法管理干部学院学报》2007年第1期。

期下的社会主义形式法治观。我国的法治建设需要经过一个强化建立在逻辑基础上的法律方法论时代。我们现在批判法律逻辑超越了一个时代——重视逻辑与方法的严格法治时代。〔1〕由此,西方社会下的现代法治理念是对形式逻辑的反思,而不是对逻辑规则的抛弃,对此,国内的学术界应该保持理性认识。正如有学者对现实主义法律的判断:法律现实主义极力挑战法律规则的确定性,其理论目的并不在于解构法治而走向法律虚无主义,而是唤起人们对真实世界的关注。事实上,在法律现实主义的世界中,"法律的确定性"被赋予了新的含义。〔2〕根据论者的观点,法律现实主义不是为了解构法治,而是将目光从法律规则转向社会现实,主张对法律规则的观察植入现实世界的因素,以推进法律规则的确定性,并使之获得新的内涵和生命。具体到国内的法治建设实践,需要基于我国的社会现实,对传统的法治观念给予足够的关注和尊重,即使面临社会矛盾多元化、社会关系复杂化及社会风险多样化等问题,也需要对形式逻辑与严格法治有足够的重视,而不宜过于强调功能主义在解释论中的作用和价值,这不但不利于现代法治目标的追求和形式正义的守护,更不利于形式法治成果的巩固,对法律共同体长期形成的法治思维模式也是一种颠覆和破坏。法律形式主义通过对形式公正的维护,固守了社会中本就存在的既定秩序和法治传统。在这个意义上,法律形式主义体现了法律人守成的思维方式,通过遵守规则固守传统,从而实现法治秩序的安定性。〔3〕由此,解释理论创新不能盲从于国外法律理论走向,应探索符合我国社会背景与现实需要的问题意识与解释理念,不应匆忙构建超出当下社会发展阶段承受能力的刑法解释理论。实质上,任何超出我国社会发展阶段构建的法律理论,纵然在短期内可能符合社会发展需求,但从长期来看,都具有消极意义,会对我国法治建设的长期发展带来不利影响。

在我国传统社会法治观念中,形式正义与形式逻辑从来都不是司法主体的终极目标,往往把实质正义作为司法追求的社会效果,形成了中国传统的

---

〔1〕 参见陈金钊:"法治为什么反对解释?",载《河南省政法管理干部学院学报》2007年第1期。

〔2〕 参见王彬:"法律现实主义视野下的司法决策——以美国法学为中心的考察",载《法学论坛》2018年第5期。

〔3〕 参见王彬:"法律现实主义视野下的司法决策——以美国法学为中心的考察",载《法学论坛》2018年第5期。

司法能动主义风格和司法理念。因此，与形式正义相关的刑法基本原则都是来自西方的现代法治理念。与此相适应，在司法过程中，自然法精神常常主导司法主体的思维进路，道德伦理、政治信条，甚至情感因素常常被用来作为衡量个案正义的具体要素，并基于此而形成司法判决，于是，在司法实践上，经常可以看到司法主体通过个案正义推动法治进程的例子。质言之，常常是实质的正义而非规则的完善成为法治发展的决定性因素。"中国传统司法特制是德治文化和实用理性交融的结果，这与西欧的司法职业化有着很大区别，但却是中华传统司法精神的体现，是经过历史演进自然而然形成的。中国传统司法的优点在于，良好的司法在保证个案正义的基础上，不仅能够连接法条与社会生活，而且能够有效地缓解法律与现实生活的脱节乃至矛盾，使司法判决具有社会的可接受性，有利于法律秩序、社会秩序的和谐。"[1]直到今天，这种现象还时有发生，一定程度上还成为推动我国法治建设的重要力量，这固然是传统法治的力量和影响，也是我国法治文化的传承和发展，对我国法治建设具有一定的积极意义。但是，从历史发展经验看，将希望寄托于司法主体的伦理观念与价值判断并不可靠，价值观和伦理观往往具有太多的偶然性，且经常会因人、因时、因事而异，因此，不符合现代法治的精神和内涵。正如有学者指出的："历史经验证明，这种理想往往沦为幻想，即使获得短暂的成功，也严重依赖于偶然性因素"[2]。

　　从功能主义刑法解释论看，该观点是基于强化司法主体能动性而展开论证的，表明论者对社会实质正义的充分关注，继承了传统的实质法治观念，也即，功能主义解释理论强调了传统法治建设的实质正义理念，也是西方功利主义法学观在规范解释学上的反映，具有较强的实用主义色彩。新的欧洲法律文化，尤其是属于大陆法系国家的法律文化，已经逐渐突破了原有的传统模式，开始了法律现实主义的隐形抬头。在刑法学研究中，也越来越多地关注实质化问题。[3]在这个过程中，可以明显观察到，德国刑法受新康德主义的影响，刑法理论发展日益体现出实质化取向，比如，实质责任论、客观

---

[1] 许娟："中国司法与民意的沟通——基于主体间交往理性的认知"，载《北方法学》2014年第3期。

[2] 孙笑侠、胡瓷红："法治发展的差异与中国式进路"，载《浙江社会科学》2003年第4期。

[3] 参见马寅翔："从建构理性到实用理性——德国刑法中实质责任论的实用性倾向"，载《刑事法评论》2012年第1期。

归责论、过失犯罪客观要素、积极的一般预防等。近年来,在我国刑法理论发展中也能发现实用主义的身影,其中,刑事处罚早期化就是典型体现,而功能主义解释则是实用主义在解释论上的内化和反映。根据社会发展需要,利用实用主义价值观改造刑法理论具有合理性,但与此同时,不能忽视对规范文义确定性与稳定性的关注,对规范文义体现的形式正义也应相对重视。也即,对刑法的积极干预应该有合理认知,既要充分强调积极干预的重要性,又不能忽略因积极干预带来的消极因素。

在我国社会主义法治建设当中,行政干预司法现象依然存在,追求社会效果、道德认同的呼声一直高涨,对此,在强化司法能动性的同时,还需要强调规范适用的形式逻辑,以确保规范解释和适用在法治轨道之内运行。易言之,在法治建设中,不应该过度强化司法能动性、实用主义价值观及社会回应性等要素,否则,法治建设就可能会偏离正确的方向。正如有学者所指出的:"中国人没有把法和伦理区分开来,两者处于直接结合的状态"[1]。一定程度上,法律与伦理道德的关系是密切的,在有些领域甚至是融合的,但是,也要对法律与伦理的关系有合理认识,并努力构建符合两者需要的认识论上的边界机制。否则,如果法律与伦理不当结合,决定规范适用结果的往往是价值判断而非规范文义,但不得不说,价值判断和伦理需要往往是抽象且难以把握的内容。由此,在当下及未来一段时期内,在我国的刑事司法实践上,刑法规范诠释应尽可能坚持规范性、形式性与独立性,防止道德衡量、政治诉求、社会政策等法外因素,过多干扰规范内容的诠释,而不是过于强化功利性、实用性及价值性等法外要素在规范解释中的价值比重。

总的来说,西方社会的变革趋势可能并不遵循现代的法治理论和司法理念,我们不能按照当代(或称后现代)的西方路径进行法治建构,这就要求我们在具体国情、发展阶段与法治语境下分析刑法解释问题。换言之,不能依托西方的理论体系或者社会背景论述我国的刑法解释理论,而是需要回到我国的具体语境下探讨刑法解释的理论进路。但是,值得反思的是,国内学者探讨法律问题时言必称西方的态度令人忧虑。"像其他领域的社会科学研究一样,中国法律实证研究的选题有'西化'倾向,尤其是'美化'倾向,甚

---

[1] [日]川岛武宜:《现代化与法》,王志安等译,中国政法大学出版社1994年版,第21页。

至是'唯美主义'。"[1] 当然，法律理论上的借鉴和交流是符合社会发展需要的，但是，即使从理论上借鉴西方的法律概念，也需要进行批判性分析和针对性选择，以避免对我国法治建设造成不当影响。易言之，在理论借鉴上不应该一路向西或采取唯美主义，对西方法学理念的借鉴应该坚持批判性，而非全面移植，否则，只会对我国法治建设带来长远的消极影响。

第三节 功能主义解释的立法背景

随着我国社会转型的持续深入，社会矛盾呈多元化发展，社会风险在各个领域积极显现，刑法理论上关于风险刑法、安全刑法、敌人刑法的论断层出不穷，与此适应，理论上也开始积极倡导刑法介入的早期化，希望通过刑事立法介入的提前，严密刑事法网，以达到治理社会风险之目的。近年来，刑法立法条文修改的频繁性与规模性，充分折射出积极主义立法姿态，与理论上的风险社会、风险刑法概念相互印证，以应对矛盾多元与风险高发的社会态势。分析以往刑法修正案中的立法条款，积极主义立法观还是相对明显的，具体来看，主要表现为以下几个维度：

一、抽象危险犯的增加

生产、销售假药罪是指，生产者、销售者违反国家药品管理法规，生产、销售假药，足以危害人体健康的行为。《中华人民共和国刑法修正案（八）》删除该罪状中的"足以危害人体健康"内容，将该罪从具体危险犯转变为抽象危险犯；将醉酒驾车和飙车行为纳入危险驾驶罪，并在《中华人民共和国刑法修正案（九）》中扩大危险驾驶罪的行为方式，将校车和客车的超载、超速行为，以及危险化学品运输等行为纳入到危险驾驶罪的规制范畴。《中华人民共和国刑法修正案（四）》放宽了刑法原第145条规定的"生产、销售不符合标准的医用器材罪"的定罪标准，将原条文规定"对人体健康造成严重危害的"结果犯修改为"足以严重危害人体健康的"的危险犯。增加危

---

[1] 罗培新："译者序：走出公司治理的'唯"美"主义'迷思"，载[美]柯提斯·J.米尔霍普、[德]卡塔琳娜·皮斯托：《法律与资本主义：全球公司危机揭示的法律制度与经济发展的关系》，罗培新译，北京大学出版社2010年版，第1~11页。

犯不仅在我国立法上表现明显，在其他国家的立法当中也有明显体现。比如在日本，法益保护早期化的表现之一就是刑法原本以造成法益侵害的侵害犯为基础，危险犯只是例外的犯罪类型，而近年来的刑事立法增加了危险犯的处罚规定，过去的例外现在却逐渐成为常态。[1]

由此可知，立法者通过在刑法典中增加抽象危险犯条款，以强化刑法的积极预防功能，最终达到实现治理社会风险并维护社会秩序的目的。易言之，为了规范社会风险的多样化和严重性，加强抽象危险犯立法成为一种现象。正如德国著名学者雅科布斯指出的："一种特别令人感叹的发展是，把保护相当严密地划定范围的法益特别是私人法益的刑法通过这种法益范围的延伸引向抽象的危险犯"[2]。理论上对此种立法往往称之为预防性刑法或安全刑法。对此，德国学者哈斯默尔曾指出：预防过去在古典刑法中充其量只作为刑罚正义的一个附加目的，如今成为支配性的刑罚典范。[3]也即，抽象危险犯立法表明，在新的社会背景下，预防性内容成为刑事立法的价值取向，以积极迎合社会风险治理的实际需要。但是，同时还能看到，随着抽象危险犯条款的增加，表明法益在规范适用中的具体性和规范性逐渐下降，法益的规范评价性和罪责制约功能相对萎缩，于是，在具体的实践层面上，法益在抽象危险犯上的定性作用和批判功能日益缩减。从实际效果来看，法益保护原则是为了说明抽象危险犯类型的正当性已经使其内涵逐渐抽象化、模糊化，很难把握其内涵的实质，这也是法益保护原则目前备受质疑以及功能主义刑法学企图颠覆传统法益保护刑法的突破口。[4]反映在实践和理论上，就有对抽象危险犯立法的各种质疑和批判。比如，关于醉驾的危险驾驶罪立法出台前后，刑法理论界就多有质疑之声，在实务界的分歧也广泛存在，认为类似行为危害性较小，适用刑法进行规制并不妥当。直到今天，虽然危险驾驶罪在治理醉酒驾车的作用上表现明显，但是，关于危险驾驶罪的合理性争议在社会各界依然存在。这也表明，从立法到实践，危险驾驶罪都存在合理性论证的问题。

---

[1] 参见张明楷："日本刑法的发展及其启示"，《当代法学》2006年第1期。
[2] [德] 格吕恩特·雅科布斯：《行为责任刑法——机能性描述》，冯军译，中国政法大学出版社1997年版，第118页。
[3] 参见 [德] 哈斯默尔："现代刑法的特征与危机"，陈俊伟译，载《月旦法学杂志》2012年第8期。
[4] 参见 [德] 克劳斯·罗克信："刑法的任务不是法益保护吗？"，樊文译，载《刑事法评论》2006年第2期。

二、悖德行为上升为犯罪行为

在我国传统的立法模式中，一般采取的是二元立法模式，也即，刑法是最后法和保障法，唯有其他部门法不能保障法益安全的时候，才需要适用刑法规范。易言之，如果是符合刑法当中犯罪构成的行为，也应该同时违反了前置法律规范。不过，在近年来的刑事立法当中，传统的二元制立法模式正在被打破，刑法的保护性和最后性特征正逐渐弱化。比如，《中华人民共和国刑法修正案（九）》增加代替考试罪，在《刑法》第274条后新增加一条，规定代替他人或让他人代替自己参加法律规定的国家考试的行为，构成代替考试罪。其实，从法律规定看，替考行为不符合行政违法构成。易言之，替考行为只是一个背离社会道德的行为，行政法并没有将替代考试规定为违法行为。但是，《中华人民共和国刑法修正案（九）》却直接代替考试行为纳入刑法规范，显然不符合刑法谦抑性和最后性。"刑法的最后手段性与辅助性日益变得名不符实，传统上被视为最后防卫手段的刑法成为立法者优先选择的风险规制工具。"[1] 由此，关于替代考试罪的刑事立法，将传统刑法理论上的刑法最后性与二元性特征给打破了，直接将前置法律规范未予关注的行为纳入到刑法规制范畴，显然是违背了刑法的谦抑性原则。

三、预备行为实行化和帮助行为正犯化

《中华人民共和国刑法修正案（九）》通过增设宣扬恐怖主义、极端主义、煽动实施恐怖活动罪，强制穿戴宣扬恐怖主义、极端主义服饰、标志罪，非法持有宣扬恐怖主义、极端主义物品罪等三种新罪名，打击恐怖分子运用各种手段传播恐怖主义、极端主义思想的行为，阻断恐怖主义、极端主义思想对我国公众的影响和控制，从源头上消除实施暴力恐怖活动的诱因。从新增的三个恐怖主义罪名看，都是将原本属于恐怖主义犯罪的预备行为直接规定为实行行为，鉴于预备行为通常属于犯罪预备范畴，但是，立法者直接将预备行为规定为实行行为，致使犯罪成立的标准大大提前。

随着网络技术的飞速发展，也带来了诸多的网络安全问题。因此，在互

---

[1] 劳东燕："风险社会与功能主义的刑法立法观"，载《法学评论》2017年第6期。

联网信息技术蓬勃发展的同时，网络犯罪的帮助行为、预备行为的危害性都对网络安全提出了巨大挑战，也对社会安全产生重要影响。也即，借助网络平台的通信便利，传统犯罪行为的危害性被急剧放大，并对网络安全造成重要影响。基于此，《中华人民共和国刑法修正案（九）》规定拒不履行信息网络安全管理义务罪、非法利用信息网络罪、帮助信息网络犯罪活动罪，为网络环境治理与治理新型犯罪提供了强有力的刑法保障，并完成了网络帮助行为正犯化的立法目标。根据犯罪构成与共犯理论，帮助行为本来属于信息网络犯罪的帮助犯，立法者却直接将帮助行为规定为实行行为，大大降低了犯罪成立的门槛。对此，梁根林教授指出：网络犯罪帮助行为的正犯化是中国刑法在风险刑法、安全刑法、预防刑法等积极刑法立法观的主导下，严密刑事法网、严格刑事责任、扩张刑罚处罚范围、减轻控方证明责任，以有效控制网络空间风险，加强网络秩序监管、保障网络安全的典型立法例。[1] 网络帮助行为上升为犯罪行为，推动了刑法干预的范围，在积极推进保障网络秩序的同时，带来的消极意义也是明显的。正如有的学者所疑虑的：类似的立法会不会给网络服务商赋予过重的、实际上也难以承担的审核和甄别的责任？会不会在网络服务商与用户之间滋生出一种相互监督甚至敌视的关系？要求企业履行网络警察的义务，这样一个社会分工的错位，最终会不会阻碍甚至窒息整个互联网行业的发展？[2]

四、行政违法行为犯罪化

《中华人民共和国刑法修正案（八）》增加骗取贷款罪、虚假诉讼罪等罪名。骗取金融机构贷款的行为，原本是指以欺骗手段取得银行或者其他金融机构贷款、票据承兑、信用证、保函等，给银行或者其他金融机构造成重大损失或者有其他严重情节的行为。在被刑法规定为罪名之前，该骗取行为属于民事上的侵权行为或者违约行为，或者是行政违法行为。基于保护金融秩序安全的需求，立法主体将骗取贷款行为纳入到刑事犯罪范畴。但不可否

---

[1] 参见梁根林："传统犯罪网络化：归责障碍、刑法应对与教义限缩"，载《法学》2017年第2期。

[2] 参见车浩："刑事立法的法教义学反思——基于《刑法修正案（九）》的分析"，载《法学》2015年第10期。

认的是，骗取贷款行为的危害性是否具有刑法意义上的严重性，立法主体并没有给予足够的诠释和说明。

对刑事立法表征出来的积极主义姿态，周光权教授将其概括为积极主义立法观。这样的立法观明显受社会政策的影响，是功能主义、积极主义在刑事立法上的折射和反映，且与转型中国的社会现实相适应。对这种刑法立法活跃的现象，论者进一步指出，欧陆国家称之为立法的"灵活化"，日本则称其为立法的"活性化"；其实二者说的都是相同的意思——刑法立法必须符合时代精神。我国刑法立法在当下从消极立法观向积极立法观的渐进式转向，恰好与此一致。[1] 至此，论者将当下刑事立法的积极姿态概括为积极立法主义观，国内虽有学者持有不同意见，认为当下的刑事立法取向并不符合积极刑事立法观的内涵，但不可否认，刑事立法呈现出的积极性姿态是客观存在的，也在一定范围内获得理论上的认可。积极刑事立法主义体现出立法主体在立法上的态度，期待通过严密的刑事立法达到治理社会风险的目的，结果就是，在与社会关系密切的公共领域，不断出现新的刑事条款，或者不断地对原有条款进修改，最终导致刑法个罪的数量越来越多，犯罪构成的门槛越来越低，刑法干预的时间越来越早。

刑事处罚早期化更多是从刑法立法的角度而言的，也即，刑事立法积极主义是导致刑事处罚早期化的重要原因。积极的刑事立法观期望通过严密刑事法网达到规制社会风险、维持秩序稳定的目的，这与风险刑法观有密切关系，也是风险刑法观在刑事立法中的切实反映。[2] 不过，随着积极刑事立法主义的展开，越来越多的社会领域会被纳入刑法规制范畴，与此同时，公民权利空间却不断受到挤压，刑法干预的门槛越来越低，在现代法治社会中，这应该引起理论界与实务界的密切关注，尤其是在积极的刑事立法背景下，刑法解释主体应该持什么立场就显得颇为重要。总的来说，为了更好的保持秩序维护与权利保障之间的平衡，在立法层面与解释层面应该保持这样一种态度，也即，当立法主体的立法态度比较积极的时候，解释主体应该坚持谨慎的姿态，采取相对谦抑的态度解释刑法条款。相反，当立法主体较为消极的时候，解释主体可根据需要采取积极的姿态解读规范内涵。质言之，立法

---

[1] 参见周光权："积极刑法立法观在中国的确立"，载《法学研究》2016年第4期。
[2] 参见劳东燕："风险社会与变动中的刑法理论"，载《中外法学》2014年第1期。

主体与解释主体不应该都采取积极进取的姿态，而是应该有张有弛，方能有效保障公民权利不受公权力的过度干预，唯此，公权力通过立法扩张的势头才能得以适当遏制，而不会一直保持积极进取的态势，也可以抵消因不当立法带来的消极因素与负面影响。通过刑法解释抵消刑事积极立法带来的消极影响，也是从技术层面能够采用和选择的有效路径。不过，遗憾的是，功能主义解释并没有沿着这个思路考虑问题，并未将刑事立法与刑法解释两个问题分开考察，而是在未对积极主义刑事立法做科学、客观评估的情况下，就积极倡导功能主义刑法解释观，在刑事立法积极主义的基础上，继续积极解读和诠释刑法的规范文义。根据功能主义刑法解释观，其强调在规范解释中贯彻功利性与实用性，积极回应外在社会需求，坚持司法能动主义。由此，功能主义利用解释观会产生下列问题：其主张实质解释，但实质解释论对罪刑法定与规范文义往往不够尊重，总是期望通过突破规范文义完成规范诠释，于是，总是能看到实质解释论在理论与司法实践中长袖善舞的身影，实质解释论者总是可以利用出神入化的解释技能将刑法规范诠释得异常完美，但与此同时，因实质解释导致的规范越轨或文义遗失的现象也不时出现。最终的情形就是，当立法上采取积极的立法态度、解释上采取功能主义姿态时，公民权利就会在立法与司法的双重紧逼下节节后退，直至在刑法机能的比重中持续下降及至最低，而这显然不是现代法治下应该具有的刑法理念与司法精神。

根据功能主义刑法解释观，目的解释是刑法解释方法体系中最重要的解释方法，把目的解释置于刑法解释方法中最重要的位置，赋予目的解释最为重要的价值和功能。正如有的学者指出的：目的解释与其他解释因素（按传统的说法是解释方法）之间便不是并列关系，它相对于后者而言完全处于支配的地位。[1] 在这方面，功能主义解释是对实质解释的进一步发展和推进，把目的解释置于更为显要地位。但是，从司法实践和刑法理论看，刑法目的经常是难以捉摸且歧见纷呈的，一定程度上，刑法目的对刑法规范解释有重要的补充作用，但不应该过度夸大目的解释的功能，而矮化其他解释方法的价值。根据实质解释论，刑法目的指向的是刑法规范的保护法益。法益则是刑法规范所承载的立法精神或法律宗旨。但是，从规范解释的司法实践看，

---

[1] 参见劳东燕："刑法中目的解释的方法论反思"，载《政法论坛》2014年第3期。

规范目的往往成为规范解读主体贯彻其意图的借口,经常通过目的限缩或目的扩张来改变规范文义。于是,不受限制的能动性与创造性往往会成为刑法解释的异化形态。在这种思维模式下,目的解释和类推解释极易形成联姻之势,发展成一种以"保护法益一致性"为导向的极度膨胀的法律扩张。[1]由此,在追求规范目的情形下,形式解释中的文义内涵会被严重消解,形式逻辑在刑法解释中的地位也会日渐衰落,解释目的往往沦落为解释主体掩饰自己解释动机的装饰品,也即,解释主体会根据自身需要为规范目的打造合适的内涵。于是,我们经常可以在不同的解释者那里看到不同的解释目的,解释目的经常成为任人打扮的小姑娘,解释者可以根据自己喜好而赋予目的以不同的内容或面貌,规范文义也会因为解释者的不同目的,而具有不同的内涵面向。

对于目的解释可能蕴涵的消解形式法治的危险,以及如何处理目的解释与文义解释之间的关系,理论界应该从教义学层面进行思考和研究。当然,既然需要认可目的解释存在的合理性,就需要对目的解释进行规范化思考,为其在司法实践中的具体适用提供切实可行的标准和参考。具体来说,为防止解释目的随着解释主体不同而发生变化,当务之急就是,为解释目的设置客观可行的判断标准。从国内的解释理论现状看,除了从其他方面对目的解释进行规范和限制外,还需要从后果层面对解释结论进行考察,也即,刑法解释是否符合社会需要,是否具有可行性和可接受性。后果考察可以被视为刑法目的解释的外在参数,它本质上是评价性的,通常借助"常识""正义""公共政策""便利""权宜"等标准衡量案件,决定着刑法目的解释对解释结论的说明和对受众的说服,以及最终确定或否定裁判规范。而同时,法官在司法实践中亦应该重视结果导向思维对司法裁决之正当性的意义,以支持某项可能的裁判规则。[2]据此,为了防止目的解释的随意性,验证解释结果的正确性与合理性,从后果考察角度进行路径设计,显然是一个不错的选择。

一般来说,在社会初级法治阶段,严格的文义解释是刑法规范阐释的主

---

〔1〕参见崔嘉鲲:"实质解释论:一种无法克服的矛盾——对于刑法解释边界的探讨",载《刑事法评论》2011年第1期。

〔2〕参见姜涛:"后果考察与刑法目的解释",载《政法论坛》2014年第4期。

要路径，也是形式法治的当然选择。尤其是在积极的立法主义态势下，刑法的干预性和早期性相对明显，刑法解释唯有采取克制主义的立场，才能缓和因积极主义立法导致的公民权利空间萎缩，才能缓解因积极主义立法带来的社会张力。显然，功能主义刑法解释并没有顾及社会主体对积极刑事立法的感受，没有关注积极主义刑事立法可能蕴含的消极影响，而是在解释层面持续加大刑法规范对社会领域的控制和渗透。这显然不应该是现代法治社会应该采纳的科学解释立场，因此，不论是对刑事法治建设，还是对推进权利保障，都具有不利影响和消极后果。易言之，一定程度上，功能主义解释观适应了社会转型的需要，尤其符合当下风险社会的理论诉求。但是，需要警醒的是，功能主义解释对法律形式主义和法律确定性的解构是明显的，因此，对法治社会建构来说，功能主义解释的合理性无疑是值得关注和检讨的。

第四节　功能主义解释的法理评析

从解释论上看，文义解释应起始于文义，终结于文义，是解释主体诠释刑法文本的基础和依托。也即，解释一般来说是通过文本获得意义。文本的文义构成了解释的出发点和界限。〔1〕基于此，规范文义是法律解释的起点，法律解释应该从规范文义开始。当然，在司法实践上，解释主体可以根据社会发展的需要，不断探寻法律规范的逻辑内涵，以推动法律规范的成长和完善。不过，对于法律规范的完善和续造，解释主体应该保持慎重态度，尤其是在公法领域，解释主体不能擅自通过法律解释来改变规范文义，以达到提前干预社会生活之目的，因为这不但有违民主立法的重要原则，也不利于保障公民的合法权利。

过度解释是法理学上的一个重要概念，也是国内学者近年来在法律解释限度之争中提出的一个问题。从解释学范畴看，法律解释是法律规范适用的实然需求，规范解释是法律规范对接司法实践的司法技术。考察西方的法哲学理论可知，哲学诠释学与实用主义哲学都相对重视解释主体的能动性和创造性，尤其对规范目的与解释后果往往会给予较多的关注，从而对与规范解释相关的社会政策、价值判断、利益衡量，以及公众认同等因素往往相对重

---

〔1〕　参见［德］卡尔·拉伦茨：《法学方法论》，陈爱娥译，商务印书馆2003年版，第43页。

视。无论是在德国哲学诠释学大师伽达默尔的论著中,还是在美国实用主义大师霍姆斯的观念中,倡导刑法解释的能动性和开创性都是明确和一贯的。但是,需要明确的是,刑法解释观在西方社会发生转变,是因为其具有特定的历史背景和社会基础,也即,随着社会机制发生深刻转变,西方社会遭遇到政治和经济急剧变化的影响及挑战,社会矛盾显示出新的特征,社会风险开始剧烈体现,对此,传统的严格主义法治已经不能适应社会需要,并受到理论与实践上的广泛质疑,因此,在西方的理论与司法上,需要利用刑法解释松动法律规则的严格性,积极推动规范解释以迎合社会的现实需要,于是,理论界和实务界开始积极倡导规范解释开放性、法官能动主义的法律精神,并通过利用解释方法把法官的自身意志转变为需要适用的法律规则,以适应社会变化的具体需求。尤其是西方法学在经受哲学诠释学的影响之后,从法律解释层面松动规范文义的诉求和行动俨然成为一股社会思潮,并对西方社会的近代法治发展产生了广泛且深远的影响。

近年来,国内法学理论界深受西方解释学的影响,不断通过西方的法律理念深化我国法律解释理论,并日益接受西方社会的法律解释观。于是,能动主义、客观主义、结果导向及事物类型等观念不断丰富国内解释理论,并不断冲击形成不久的形式主义法律解释观,基于此,过度解释遂成为法律解释中的典型的问题。不过,对过度解释以及过度解释带来的消极影响,一直为理论界和实务界所关注和警惕。"像自由裁量一样,在法制社会中解释也应该是谨慎使用的方法。过度解释会毁坏我们已经建立或正在建立起来的法制。"[1]对此,陈金钊教授与范进学教授关于"法治反对解释"的持续性的学术争论[2],就切实反映了学界在规范解释上的立场与心态。其实,如何对待形式法治、规范文义及规范目的等问题,不但是法理学上的解释论问题,也是部门法上的立法论问题,更是刑法理论需要认真面对的问题。功能主义解释论在刑法规范的解读上没有严格坚守形式主义立场,而是积极关注规范的实质性、目的性、社会性及后果性等,但这些内容与形式解释属性形成一定对立,并在实践中不断冲击规范文义的标准和底线,导致过度刑法解释。

---

[1] 陈金钊:"过度解释与权利的绝对化",载《法律科学(西北政法大学学报)》2010年第2期。

[2] 参见陈金钊:"对'法治反对解释'命题的诠释——答范进学教授的质疑",载《法制与社会发展》2008年第1期;范进学:"法治反对解释吗?——与陈金钊教授商榷",载《法制与社会发展》2008年第1期。

至此，我们能看到，当解释主体在刑法解释中强调实用主义、实质正义或功能主义时，就无法保证规范文义揭示和诠释的客观性、合理性与合法性。正如有学者指出的，功能主义在研究过程中并不能够做到他们所声称的客观与中立，他们个人的前见以及超越学术的政治负载无时不在影响他们的比较和判断，他们甚至是"以自身尺度衡量别人的无意识解读"[1]。

一、司法解释中的规范解释

最高人民法院、最高人民检察院于2001年公布的《关于办理生产、销售伪劣商品刑事案件具体应用法律若干问题的解释》第6条第4款规定，医疗机构或者个人，知道或者应当知道是不符合保障人体健康的国家标准、行业标准的医疗器械、医用卫生材料而购买、使用，对人体健康造成严重危害的，以销售不符合标准的医用器材罪定罪处罚。根据该司法解释，以使用为目的购买伪劣医疗器械的，按照销售不符合标准的医用器材罪定罪处罚。在这个司法解释中，有个问题需要考虑清楚，即如何看待销售和购买、使用之间的关系，如何能将购买、使用纳入到销售的规范文义范畴。对此，陈兴良教授指出："这一司法解释将这种购买、使用行为扩大解释为本罪行为"[2]。也即，陈兴良教授对该司法解释是持赞成态度的。张明楷教授则对该司法解释持反对态度，坚持认为该司法解释超出了规范文义，属于类推解释。[3] 其实，不管行为人购买的动机为何，都与销售在文义内容上存在实质性区别，司法解释将两者做同一解释显然不妥，不符合两个词语之间的逻辑关系，也不符合社会主体对两个词语文义的习惯性认识和评价。

从体系解释的角度也可以发现上述司法解释存在问题。从刑法条文的规定看，在我国刑法分则中，类似生产、销售的个罪条款并不鲜见，具体包括生产、销售、提供假药罪，生产、销售有毒、有害食品罪，生产、销售不符合安全标准的食品罪，生产、销售、提供劣药罪等诸多条文。对上述个罪罪名，司法主体并未从司法解释的角度扩张生产和销售的范围，唯独对生产、

---

[1] [德] 根特·弗兰肯伯格："批判性比较：重新思考比较法"，载梁治平编：《法律的文化解释》，生活·读书·新知三联书店1994年版，第175页。

[2] 陈兴良：《规范刑法学》（上册），中国人民大学出版社2008年版，第500页。

[3] 参见张明楷：《刑法学》，法律出版社2003年版，第588页。

销售不符合标准的医用器材罪进行扩张性解释，并将生产、销售的文义范围扩展至购买行为。对此，我们认为，显然不是司法主体没有认识到解释内容的规范文义突破问题，也不是司法主体没有意识到生产、销售与购买之间的内涵不同，只是基于治理非法购买销售不符合标准的医疗器械的需要，基于刑事政策的考虑，从治理医疗风险的角度出发，司法主体有意将购买行为纳入到生产、销售的文义范畴，从而有效扩大了该罪名的规制范围。但是，如上所述，从词语的逻辑关系看，购买的文义与生产、销售的文义内涵是没有包含关系的，两者之间是明显的并列关系，将购买通过解释纳入到生产、销售的内涵当中，显然是突破文义界限的过度解释。基于此，不论司法主体是基于何种动机或目的，将购买不符合标准的医用器材行为解释为生产或销售不符合标准的医用器材行为都是不合理的，也是不合法的，属于刑法类推解释。正如有的学者所言：如果医疗机构只是购买、使用不符合标准的医用器材，也就是向患者提供有偿服务，收取服务费，没有将医疗器材转移给患者，那么医疗机构或者个人购买、使用的行为，就不属于《刑法》第145条规定的销售行为。两高的司法解释将这种购买、使用的行为认定为销售，属于是类推解释，违反了罪刑法定原则。[1]根据前述观点，购买和使用行为与销售行为存在本质区别，不能通过司法解释将两者做同一解释，否则，有构成刑法上的类推解释之嫌。

最高人民法院、最高人民检察院《关于办理商业贿赂刑事案件适用法律若干问题的意见》第7条规定，商业贿赂中的财物，既包括金钱和实物，也包括可以用金钱计算数额的财产性利益，比如，提供房屋装修、含有金额的会员卡、代币卡（券）、旅游费用等。一般来说，财产性利益是指财物以外无形的财产上的利益，包括增加积极利益（比如获得债权）以及减少消极利益（比如减少或者被免除债务）。根据贿赂犯罪的立法规定，受贿罪的对象应该是财物。根据司法解释，财产性利益被解释到财物内涵当中，这显然超出了财物的文义范畴。关于财物的内涵，从传统意义上看，财物是单位财产、物资的简称，是反映一个单位进行或维持经营管理活动的具有实物形态的经济资源，一般包括原材料、燃料、低值易耗品、产品和库存商品等流动资产，以及房屋、建筑物、机器、设备、设施、运输工具等固定资产。随着社会的

---

[1] 参见张明楷：《刑法学》，法律出版社2003年版，第108页。

发展，财物的外在形态也发生了变化，诸如没有实物形态的天然气、煤气、电力等也都被纳入财物的范畴，因此，财物一般涵盖了有形物品和无形物品。

从刑法的立法规定看，尤其是财产犯罪的罪名，涉及财物的个罪规定也往往与传统理解相一致，即使从司法实践看，司法主体一般也不会把财物的内涵扩展到附着在财物上的利益，即财产性利益不在财物的内涵范畴之中。其实，财产性利益是财物以外的具有财产价值的利益，其与财物没有种属关系，也即，财物和财产性利益没有内在的逻辑包含关系，不能通过司法解释将财产性利益纳入到财物的逻辑范畴之中。对此，有学者也明确指出："毫无疑问，财物确实是财产的表现形式。但是，从形式逻辑的角度分析，财产是种概念，财物是属概念，财物是财产的一种，但不能说包括财产性利益在内的财产都是财物。可见，实质解释论者在将财产性利益解释为财物的一种所进行的论证，存在显见的逻辑错误"[1]。不过，在《关于办理商业贿赂刑事案件适用法律若干问题的意见》中，并没有在财物与财产性利益的词语关系上进行纠结，而是直接将财产性利益解释为财物，将其作为商业受贿罪的犯罪对象。之所以将财产性利益纳入财产范畴，与解释主体的看法相关，即收受财产性利益与收受财物，在本质上都是侵犯他人的财产权利，也即，侵害的法益类型是一致的。但是，从本质上界定危害行为的法益类型，并基于对法益类型本质的衡量，将不同的行为类型而做相同的对待，就是功利主义解释观的典型特征。对此，有学者曾指出，将财产性利益解释为财物违反了罪刑法定原则，属于刑法上禁止的类推解释。我们认为，论者的观点是客观合理的。

最高人民法院《关于对变造、倒卖变造邮票行为如何适用法律问题的解释》规定："对变造或者倒卖变造的邮票数额较大的，应当依照刑法第二百二十七条第一款的规定定罪处罚"。《刑法》第227条第1款是伪造、倒卖伪造的有价票证罪，在该条款中，行为方式是伪造和倒卖伪造行为，并未涉及对变造行为的描述。上述司法解释则将变造或者倒卖变造的邮票的行为方式纳入到伪造的范畴，也即，根据司法解释，变造行为被解释主体纳入到伪造的内涵之中，显然，这不符合伪造与变造之间的词语逻辑关系。分析伪造和变

---

[1] 邓楚开："危险的刑法实质解释与机械的刑法形式解释"，载 https://www.■law.org.html，最后访问日期：2019年10月11日。

造之间的概念关系，首先需要解读和分析两者的内涵。伪造是指编造或者捏造，利用不存在的事物谋取非法利益；变造是指对原来的事物进行篡改，通过改变原物的外形达到谋取非法利益的目的。分析伪造与变造的内涵，两者的具体指向完全不同，具有不同的内容和含义，司法主体却基于处理变造邮票行为的考虑，通过司法解释将变造纳入伪造的内涵范畴。但是，无论是基于政策考虑，还是基于民意诉求，将变造视为伪造都是对既定规范词语内涵的改变，不符合刑法条文的文义内涵，也不符合刑法解释的原则和精神。这种对刑法条文的实质意义解读，通过危害性内容将本属不同内涵的规范语词进行同等认定的行为显然是违背刑法基本原则与基本精神的。

二、个案适用中的规范解释

2002年4月，朱某利用事先获取的被害人陆某、赵某夫妇的资金账户和股票交易账户密码，非法侵入并篡改了其股票交易账户密码。然后，使用陆某、赵某夫妇的股票和资金采用高进低出的方法进行恶意交易，造成陆某、赵某夫妇资金损失达人民币19.7万元。[1]对于朱某的行为，检察院认为构成故意毁坏财物罪，并向法院提起公诉，请求依法追究行为人的刑事责任。法院经审理认为，行为人违法进入他人的股票账户，通过高吸低抛的方式造成他人股票损失，构成故意毁坏财物罪。具体裁判理由是：只要具有一定经济价值，能成为权利主体依法享有的利益，就可以成为故意毁坏财物罪的对象。股票代表财产权利，可以成为故意毁坏财物罪的对象。但是，如何解读破坏公私财物中破坏的内涵，在刑法理论上还存在分歧，主要有效用侵害说、有形侵害说、物质毁损说等三种观点。张明楷教授主张，应从宽泛的意义上解读毁坏的内涵，坚持效用侵害说，也即，毁坏不限于从物理上变更或消灭财物形体，而是包括丧失或减少财物的效用的一切行为。根据效用侵害说，财物的价值减少或丧失，以及财物的丧失占有都属于毁损的内涵，其是从事物的本质层面探讨规范的文义内涵。陈兴良教授则主张，应限制毁损的内涵，避免对毁损的认定过宽，因此，建议根据物质毁损说进行解释，也即，主要是从事物的外在方面和规范文义进行内涵阐释。行为人为泄私愤，侵入他人

---

[1] 参见"上海市静安区人民检察院诉朱建勇故意毁坏财物案"，载《最高人民法院公报案例》2004年第4期。

的股票委托交易账户并篡改密码,在他人账户内高价买进后低价卖出,造成他人财产损失的行为,不成立故意毁坏财物罪。[1] 由于所持立场不同,两位学者对本案的判决结果持完全不同的态度。之所以在观点上截然不同,主要就在于两位学者在刑法解释的基本立场上存在不同之处,因此,在对具体法律事实和刑法规范进行解读和对接时,做出的解释结果就有了显著差别。

2001年10月,肖某灵将装有虚假炭疽杆菌的邮件,分别投寄到上海市有关部门及新闻单位,对被害人和被害人所在单位造成一定影响。法院认为,肖永灵故意制造恐怖气氛,危害社会稳定,构成以危险方法危害公共安全罪。[2] 但是,根据刑法规定分析,将没有危险性的虚假病菌界定为危险物品,显然不符合以危险方法危害公共安全罪的立法精神与规范内涵。所谓的危险方法是指,可能给社会带来危害性的行为。从立法精神看,以危险方法危害公共安全罪对危险方法的内涵也是有所指的,也即,应该从危害性和现实性的角度理解危险方法,如果没有危害性的行为,就不可能危害公共安全,则不能将其认定为刑法意义上的危险方法。从这个意义上看,危险方法的判断应该符合刑法体系解释和刑法基本精神,也即,应该与危害公共罪一章中的其他个罪在方法上具有类似性,在危害性上具有相似性,比如,放火罪、决水罪、爆炸罪、投放危险物质罪等。从本案的情况看,被告人只是为了发泄心中的不满情绪,其行为充其量可以认定为一种恶作剧,不应该将其纳入到危险方法的范畴,因为其不具有刑法意义上的危险方法应该具有的特征和属性。质言之,被告人实施的行为不符合犯罪的本质属性和罪责要求,将其作为危害公共安全进行认定,显然是对刑法精神和犯罪本质的误读和不解。因此,即使需要追究行为人的法律责任,依照《中华人民共和国治安管理处罚法》给予行政处罚,完全可以达到规范和惩治行为人的目的。对此,有学者曾批判道:从罪刑法定原则的基本要求上讲,审判机关认定被告人肖永灵采用在邮件中夹带虚假炭疽杆菌的方法,图谋制造恐怖气氛,造成公众心理恐慌,危害公共安全的结果,构成以危险方法危害公共安全罪的结论,存在

---

[1] 参见陈兴良:《判例刑法学》(下卷),中国人民大学出版社2009年版,第253页。
[2] 转引自陈兴良:"口袋罪的法教义学分析:以以危险方法危害公共安全罪为例",载《政治与法律》2013年第3期。

着明显的定性上的错误。[1]因此,司法主体将被告人的行为认定为以危险方法危害公共安全罪,显然在规范解释上发生了偏差,是对刑法规范的不当解读和适用,不仅会违背刑法的基本原则,还会侵害到公民的合法权利。

三、理论上的刑法规范解释

《刑法》第263条第6项规定,冒充军警人员抢劫的,属于情节加重犯。不过,军警人员实施抢劫行为的,如何给予刑罚处罚,在立法条款中并无明确规定。对此,张明楷教授主张,根据举轻以明重的精神,军警人员抢劫应该比附第六项进行处罚。如果将"冒充"理解为并列结构,冒充是指假冒与充当,充当军警人员不以行为人假冒为前提,故行为人(真正的军警人员)抢劫的属于充当军警人员抢劫,因此,真正的军警人员抢劫的符合"冒充军警人员抢劫"的规定。[2]论者之所以对冒充做出不同于传统的解读,源于其对举轻以明重的坚持。易言之,论者从法益侵害角度进行比较,得出对危害性大的行为更应该给予刑事处罚的结论,并对刑法词语文义做出不同于以往的诠释。不过,理论界对前述论者的解释结论多有质疑的声音。并且,从解释论上考察,将冒充解释为包括假冒和充当,也不符合刑法体系解释原理。比如,在招摇撞骗罪的罪状中,也有关于冒充的规定,是指冒充国家机关工作人员招摇撞骗,理论上却没有人主张对该条款中的假冒做出假冒和充当的解释。如果对不同条款中的同一规范语词做不同的解读,则有违反体系解释的原理。还有,如果将冒充解释为假冒和充当,显然不符合社会主体对刑法条文的合理认知和预期,超出了一般公民对刑法条文的理解程度。正如有学者指出的:将真正军警人员解释为"冒充军警人员抢劫"超出了可能文义的可能范围,有损公民的预测可能性;这种解释虽然实现了刑法的实质正义,却违反了罪刑法定原则,因而是一项类推解释而不是刑法所允许的扩大解释。[3]另外,从刑法规范词语文义看,冒充就是以假充真,从体系解释的角度,也可以窥见冒充的内涵。比如,刑法中的生产、销售、提供劣药罪,生产、销售、

---

[1] 参见游伟、谢锡美:"'罪刑法定'原则如何坚守——全国首例投寄虚假炭疽菌恐吓邮件案定性研究",载《华东刑事司法评论》2003年第1期。

[2] 参见张明楷:《刑法学》,法律出版社2007年版,第717页。

[3] 参见陈兴良、周光权:《刑法学的现代展开》,中国人民大学出版社2006年版,第603页。

提供假药罪，生产、销售伪劣产品罪，生产销售不符合安全标准的食品罪等个罪条文中，对前述个罪涉及冒充的内涵理解，也都是做以假充真的解释。也即，前述刑法条文中对冒充的理解，在内涵上是一致的，都是从以假充真的角度进行理解和解读的。因此，对于抢劫罪加重量刑情节中的冒充军警人员也应做同样的理解，而不能采用假冒和充当的观点，唯此，才符合立法精神和刑法原则。

在讨论毁坏财物行为中毁坏的概念时，德国刑法理论上会经常举一个经典案例，即甲有一只名贵的小鸟，挂在院子里面的鸟笼里面。由于邻居乙认为甲养的鸟叫声太吵，影响其日常休息，于是，一天乙趁甲不备，将小鸟从笼中放飞。对此，乙的行为是否构成犯罪、构成何罪？在国内学者的文章和专著中，也经常以此为例，讨论刑法规范中关于毁坏的内涵。从刑法理论上看，对乙的行为应该如何定性，学界有不同看法。物理损害说认为：此案不构成故意毁坏财物罪。故意毁坏财物必须导致财物物理属性上的损坏，包括物理属性上的不完整，或者导致被损害物品效用上的不当减少，最终结果都是导致财物的不能使用。"在这些情况下，这些财物本身没有遭受物理上的或者功能上的毁损，即使他人丧失对这些财物的占有，也不是故意毁坏财物。毁坏的后果不在于使他人丧失对财物的占有，更为重要的是使财物丧失价值。"[1] 效用损害说则认为，毁坏就是实质性地损害财物的全部或者一部分，或者使财物达到不能遵从其本来的用法进行使用的状态的行为，毁坏并不限于物理上的变更或者消灭财物的有形体，更是包括财物效用的丧失或者效用不当减少的一切行为。张明楷就认为，根据刑法规定，"乙让美丽的小鸟回归大自然"应该构成犯罪，质言之，乙故意毁坏他人财物，应该构成故意毁坏财物罪。也即，毁坏财物并不以物理损坏为界限，让人失去了名贵的小鸟就是毁坏他人财物。对此，有学者指出，将放飞小鸟的行为解释为破坏，不符合毁坏一词能涵盖的文义范围。

根据上述个案解释的分析可知，实质解释论的解释理念体现了一个共同点，即习惯于在规范语词含义的最边缘处进行讨论和诠释，但不容忽视的是，规范语词最边缘的含义，总是具有突破规范文义边界的可能，因此，这个范

---

[1] 陈兴良："故意毁坏财物行为之定性研究——以朱建勇案和孙静案为线索的分析"，载《国家检察官学院学报》2009年第1期。

围内的解释结果容易触犯刑法基本原则,并会遭受到来自社会各方的质疑。分析各解释案例,再次表明,基于社会风险治理的需要,实质解释意图扩大刑法干预范围,或者在行为方式上,或者在行为对象上,或者在行为主体上,解释主体往往会进行不当扩张,致使解释结果往往有超出规范文义的嫌疑。之所以如此,是因为论者将法益侵害作为解释的判断标准,并通过举轻以明重的方式,将规范外行为纳入到刑法规范的文义当中,由于解释结果往往超出规范文义,一般称之为过度解释。"法律解释同样存在着解释之度,这个'度'就是立法者意图或文本意图。解释者的解释一旦溢出这个'度',就是'过度'解释。"[1]从过度解释的发生机制分析,功能主义解释起了重要的推动作用。根据实质解释论,其重视危害行为的实质层面,通过对法益侵害程度进行比较,将文义不能涵盖的内容纳入到规范文义当中。作为实质解释发展的新阶段,功能主义解释理论更为关注社会诉求、强调法益侵害及坚持结果导向的特征更加明显,注定会赞同刑法实质解释论,并更加强调规范诠释中的能动主义与积极主义考量。对外来思潮的跟风与盲从,并非学术能力上的问题,而是源于学者学术价值取向。[2]由此,根据功能主义刑法解释观,过度解释不会成为历史,反而因为符合功能主义刑法解释的内在属性,而得以持续发展。但是,需要关注的是,过度解释对法治建设、权利保障及规范稳定具有消极意义,对社会法治建设有不利影响。一定程度上,如果说实质解释是对形式解释的反思与补充,功能主义解释则是直接摆脱形式主义束缚,坚持鲜明的实用主义与功利主义解释观。由此,在功能主义刑法观指导下,过度解释在刑法实践中将会成为常态,并会有进一步的发展,这显然与我国现代社会法治的本质和精神是不相符的。

我国当下的社会发展阶段与西方风险社会有显著区别,因其复合了农业社会、工业社会,以及后现代社会等不同社会特性,有学者称之为压缩性现代社会或者复合风险社会[3]。与风险社会相比,复合风险社会显然更为复

---

[1] 范进学:"'法治反对解释'吗——与陈金钊教授商榷",载《法制与社会发展》2008年第1期。

[2] 参见子弋:"学者要成为时代的'眼睛'",载《中国社会科学报》2010年12月16日,第4版。

[3] 参见张庆燮:"复合风险社会:压缩性现代性和韩国的风险秩序",载谢立中、郑根植主编:《社会转型:中韩两国的考察》,社会科学文献出版社2012年版,第95页。

杂，既有农业社会与工业社会下的风险，也有现代社会下的风险。既有国际范围内共有的风险，也有我国自身特有的风险，对此，刑法反应需呈现出层次性、体系性和复杂性，也即，针对不同的犯罪类型，刑法应给予不同对待。毫无疑问，一定程度上，功能主义刑法解释符合治理社会风险的需要。对于具有后现代社会特性的犯罪，如恐怖主义犯罪、网络犯罪、金融犯罪、生态犯罪等，在遵循刑法基本原则的前提下，功能主义刑法解释观具有一定的积极作用，对强化刑法规范介入社会的深度和广度具有积极意义。不过，对于与风险社会相距甚远的领域，如传统的财产权利犯罪、人身权利犯罪、贪污贿赂犯罪等领域，则无需通过改变刑法价值观和刑法结构，来改变刑法介入社会生活的强度与深度。

总之，在当前的社会发展阶段，鉴于风险高发和矛盾多元化等因素，在司法过程中，毋庸置疑，功能主义解释观具有一定的积极意义和时代价值，对缓和长期以来的严格主义法治观具有正向作用，但是，基于功能主义解释观与刑法罪刑法定原则之间潜在的紧张关系，还需从以下几个方面审慎考察功能主义解释观的具体适用：

首先，功能主义刑法解释观具有积极价值，但其适用范围有限。一定程度上，功能主义解释观可以促进司法主体创新性地解读刑法规范，以缓解刑法规范与司法实践之间的张力，因此，这具有贯彻司法能动性的实践功能和政策意义。但是，需要指出的是，功能主义解释观在刑法规范文义解释中的能动性和创新性是有限度的，易言之，在需要发挥刑法保护机能的社会公共安全领域，司法主体可以通过功能主义解释，以最大程度揭示刑法规范文义，合理扩大刑法规范文义的射程范围，达到最大程度发挥刑法规范规制功能和保护公共安全的目标。相反，在非社会公共安全的领域，则应该限缩或者限制功能主义刑法解释观的适用，以避免功能主义解释观对司法解释和公民权利的过度影响。

其次，功能主义刑法解释观可以适用，但其适用过程应该有节制。从实践层面来看，主张功能主义刑法解释观的司法适用，对于推动刑法规范文义的发现和发展无疑具有积极的作用，是刑法规范保持灵活性和适应性的重要基础。但是，从功能主义解释观的理论基础和价值指向来看，鉴于其过于强调能动性和创新性，因此，应该为刑法基本原则和谦抑精神所警惕。也即，如果在适用功能主义解释观解读刑法规范文义时，司法主体应该充分关注其与罪刑法定原则之间的关系，不能放纵司法主体借助功能主义解释观进行违法解释现象的发生,以妥善处理功能主义刑法解释观和刑法基本原则之间的关系。

最后,功能主义刑法解释观符合需要,但要关注其潜在的消极影响。分析功能主义解释观,其更为青睐社会政策、价值判断和公众诉求在刑法规范解读中的作用,对传统的司法三段论的司法逻辑却持反对态度,因此,根据功能主义解释观,司法主体极易不当扩张刑法规范的文义范围。对此,应该明确的是,在司法实践中,即使需要通过实质逻辑、倒三段论等反传统的司法模式贯彻功能主义解释观在司法实践中的作用,司法主体也需要对根据该解释理念得出的解释结论进行形式逻辑考察与合法性分析,以最大程度避免不当解释结论影响司法判决的结果,努力确保解释结果的合法性和司法适用的合理性。

刑事处罚早期化与积极主义刑事立法

我国在进入社会转型期之后,社会风险和社会矛盾都开始急剧上升,带给社会治理的挑战无疑是明显的。同时,鉴于社会发展迅速和转型速度加快,社会规范和制度却并未随之同步发展和完善,于是,随着社会治理诉求日趋强化,社会风险愈发显得不可预测,并成为社会发展进程中的不确定因素。基于此,作为社会治理规范的一部分,刑法再次被提升到重要位置,刑法的预防性和政策性成为支配刑事立法的重要精神和主要目的。社会转型是从简单社会到复杂社会的转变过程,能使社会秩序充满活力、可塑性,处于变动进化的状态,同时,各种可以预见和难以预见的风险因素明显增多,维护国家安全和社会稳定任务繁重艰巨,这是刑法立法必须直面应对的挑战。[1]

自1997年以来,共有11个刑法修正案,涉及修改完善的刑法条文众多。通过这些立法文本,新增了50余个立法条文,修改条文达160余条。在修改的刑法条文中,尽管有削减死刑条文、降低刑罚幅度的立法行为,但总体来看,还是体现了浓厚的积极主义立法色彩。尤其是21世纪以来,随着刑法理论界对风险社会的关注,尤其是学界关于风险刑法的理论争议一直存在,刑事处罚早期化理念也开始体现在刑法修正案之中,刑事处罚提前与法益保护弱化开始成为常态性的立法问题,在形式上表现为积极的立法主义,实质上是刑事处罚早期化的规范化体现。对此,有学者指出:从刑法的社会功能看,刑法绝非束之高阁的制度贡品,也非治理的旁观者,而是社会治理的参与者、贡献者。刑法应当积极防控风险社会的风险,不能坐等相关行为已经造成客

---

〔1〕 参见姜涛:"社会风险的刑法调控及其模式改造",载《中国社会科学》2019年第7期。

观危害才事后介入，进而延误提前介入的时机和预防的积极性。[1]然而，需要关注的是，刑事处罚早期化引领的积极主义刑事立法，在符合社会发展的需要的同时，也会产生相应的立法和司法问题，尤其是在刑事立法之后，如何看待刑事立法与司法适用等问题，都需要给予认真考量和积极关注。

第一节 积极立法主义趋向

积极主义立法是世界范围内的刑事立法趋向，不管是在大陆法系的德日等国，还是在英美法系的美国和英国，都可以看到积极主义的立法情形。对此，日本学者井田良曾明确指出：如今立法的标志性趋势是，立法者逐渐把社会危害特征还不清楚（或者不清晰）的行为给予刑罚处罚。在过去几年，要么要求刑法趋向性地介入还相当早的行为阶段，要么就是推动保护根本还很抽象的、很难把握的法益。人们把这叫作刑事可罚性的前移或者前置。在打击经济犯罪以及虚拟犯罪和网络犯罪领域，都有这种前移刑事可罚性的例子。[2]据此，刑事处罚早期化并不仅仅是一个国内的法律问题，还是一个国际化问题。从犯罪论上看，表现为犯罪预备实行化、抽象危险犯增加、法益保护前置及法益抽象化等；从刑罚论上看，表现为资格刑增加、财产性扩张及终身监禁引入等。虽然从社会治理与犯罪防治角度看，积极立法主义具有社会背景和时代特色，不过，积极主义刑事立法的负面影响也很明显，比如，该立法取向会危及刑法谦抑性、公民权利保障、罪刑法定原则及立法合宪性等内容，并会威胁到公民的合法权利与人格尊严的保障。对此，需要给予充分关注，并需从理论层面进行研究和探讨。

其实，积极主义立法不止在我国刑法上体现明显，在欧美诸国以及德日等国家，刑法立法也表现得非常活跃。当然，积极立法与各国所处的社会背景有关，源于各国将刑法规范当作管控社会风险的重要工具。比如，从2017年至今，《德国刑法典》先后经历了6次（即第51~56次）修正，涉及条文较多，从修正的内容看，有着处罚范围扩张与严惩化的倾向。[3]在具体犯罪

---

〔1〕参见高铭暄、孙道萃："预防性刑法观及其教义学思考"，载《中国法学》2018年第1期。

〔2〕参见［日］井田良："社会变迁背景下日本刑法的发展"，载 http://www.iolaw.org.cn，最后访问日期：2010年10月12日。

〔3〕参见程红："德国刑事立法的最新动态与解读"，载《国外社会科学》2019年第4期。

条文当中，刑事处罚早期化的现象也较为明显，比如，德国反恐怖主义的《处罚严重危害国家暴力犯罪之预备行为的立法草案》第89a条规定，为实施严重危害国家之暴力犯罪而搜集、接受非少量财产，或将非少量财产设为此用途的，判处6个月以上10年以下有期徒刑；第89b条规定，为接受恐怖组织等团体指导，生产或使用用于预备实施严重危害国家之暴力犯罪的工具，从而与恐怖组织等团体取得或保持联系的，处3年以下有期徒刑或处以罚金刑。再如，在美国的刑事立法中，积极刑事立法的价值取向也较为明显：从20世纪末到21世纪初，美国不论是联邦还是州刑事立法的发展均呈现明显的"过罪化"趋势。在立法上主要体现为两个倾向：其一是刑事罪名的大幅增多，即使排除与既有罪名存在重复的部分，依然有大量原来的非犯罪行为被纳入刑事犯罪；其二则是在一些罪名的具体规定中，有意无意地缺失了对犯意的明确要求，形成立法留白，使一些无犯意的行为也可被认定为犯罪，间接扩大了犯罪圈。[1]

通过分析国外的刑事立法可知，刑法干预提前已经成为一种立法现象，不论是大陆法系的德日等国，还是英美法系的美国，积极立法现象都体现得比较明显，具体表现为扩大罪名范围、弱化罪过责任、犯罪标准前移等。对于国内外立法上的早期化现象，张明楷教授曾撰文指出，近年来各国刑事立法都出现了处罚的早期化现象。例如，德国刑法关于公然煽动违法行为（第111条）、建立犯罪团体（第119条）、建立恐怖组织（第119a条）、滥用保险（第265条）等规定，都是处罚早期化的表现。再如，日本于2011年在刑法中增设的第163条之四和之五规定，实际上处罚部分未完成的预备行为。在日本，近期刑事立法活性化的趋势也体现了对抽象危险犯的扩大适用。从日本刑法学的发展看，犯罪论吸收了新派的科学主义理论，根据分析科学主义"效果"的规范评价构筑日本人的意识是必要的。解释国民规范意识的基准是与民主主义相对应的，实务者应从防止犯罪的角度来强化国民的规范意识。[2] 在我国，《中华人民共和国刑法修正案（八）》增设的危险驾驶罪、《中华人民共和国刑法修正案（九）》增设的准备实施恐怖活动罪等，也是典型的处罚的

---

[1] 参见周凌、耿立峰："美国刑事立法领域近年来的重要变化及其解读"，载《国外社会科学》2019年第4期。

[2] 参见［日］中山研一："刑事法·刑事法学的课题"，载《犯罪与刑罚》2007年第15号，第22页。

早期化。〔1〕从这个角度看，一段时间内，刑事处罚早期化就是世界范围内的立法走向，符合当代社会下的社会风险治理需求和社会秩序维护需要，会对各国的刑事立法持续产生重要影响。总之，在当前的社会形态下，公共危害的严重性会呈几何级的效应放大，对此，应该进行积极的事前预防和提前介入，以满足刑法预防公共安全犯罪发生的要求。

近年来，刑法修正案运用多种修正策略，对刑法进行重大修正，展现出刑法干预早期化、能动化、犯罪圈不断扩大的立法趋向。〔2〕具言之，近年来国内外刑事立法都有明显的早期化与扩张化的趋势，虽然表面上看起来符合风险社会的理论诉求，但是，对该种立法趋向依然要保持清醒和警惕，并努力推动刑法规范司法适用的合法性与合理性，以避免因积极的刑事立法可能带来的消极影响和负面效应。易言之，刑法的规制功能是有限的，即使在社会风险高发的时代背景下，也不是任何社会问题都可以转为刑法问题而进行刑事治理的，否则，刑法规范带给我们的不是法治的福祉，而可能会成为权利的隐退和自由的羁绊。尤其是随着《中华人民共和国刑法修正案（七）》《中华人民共和国刑法修正案（八）》《中华人民共和国刑法修正案（九）》《中华人民共和国刑法修正案（十一）》的相继出台，引来了实务界、理论界及社会其他领域的诠释和评判，有学者理性分析修正案中的分则条款，有学者指责修正案的立法不足，也有学者不无担忧地指出刑法修正的积极主义立法取向。近年来，积极主义刑事立法态势明显，具体表现为以下几个方面。

一、法益内容日益抽象化

传统刑法理论认为，犯罪的本质是法益侵害，为了对犯罪行为合理辨析，在刑事立法上，对法益的内涵和外延应有明确要求。也即，在古典主义的刑法文本中，法益的明确性和具体性是其主要特征，法益内涵与行为危害之间的关系明晰且容易判断。之所以强调法益的明确性，与犯罪成立判断、刑事责任限制及罪过类型判断具有密切关联，对贯彻罪刑法定原则和刑法基本精神具有重要意义。"风险社会改变了作为传统刑法学支柱的法益理论的历史原

---

〔1〕 参见张明楷："法益保护与比例原则"，载《中国社会科学》2017年第7期。
〔2〕 参见梁根林："刑法修正：维度、策略、评价与反思"，载《法学研究》2017年第1期。

貌,而颇具争议的动向是社会普遍的法益观由物质性、具体性及个别性开始朝着抽象性、精神化、集体性的方向发展。"[1]据此,传统的法益观随着社会发展,也在发生相应改变。尤其是随着风险社会概念的提出,在风险社会与积极主义立法的态势下,基于维护社会秩序安全,法益的特性转变较为明显,通过考察诸多刑事立法条款可知,法益的明确性和具体性正逐渐消退,逐渐被抽象性和模糊性所取代。所谓的法益概念的抽象化,就是为了保护抽象的法益而使用刑法的动机和倾向。对此,在国内外的刑事立法当中都有明确体现。易言之,在当下的刑事立法当中,法益的明确性正日益衰退,作为犯罪本质的法益内容逐渐空洞化,法益的规范性特征也逐渐隐退。基于此,法益在刑法中的作用和功能也开始发生变化,并对传统刑法体系造成一定冲击。也即,刑法早期化介入的倾向致使很多新增罪名的法益保护内容并不明确,甚至变得抽象、模糊。"确定新增罪名的法益内容是为了对之适用刑罚具有正当性,但是这种抽象、模糊的法益能否维系刑罚适用的正当性是存在疑问的。"[2]据此,在立法实践上,法益的抽象化、模糊化特征是明显的,但是,还需要明确的是,法益概念的抽象性到底是立法上的需要,还是法益自身功能的弱化,是刑法理论上需要积极探讨的问题。

二、刑罚程度日益严厉化

与早期的刑事立法相比,近年来的刑事立法在严厉性上体现得非常明显。从刑事立法的角度看,这种严厉性主要体现为两个方面:其一,刑法的条文越来越多,规范的领域越来越广,刑事法网越来越密。从历年的刑法修正案的修改情况可知,包括立法主体在内的社会层面对刑事立法充满期待和关注,致使刑事立法的干预范围和领域日趋扩张;其二,刑事处罚越来越严厉,刑事处罚手段日益增多,比如禁止令和终身监禁;部分犯罪的法定刑提高或刑罚种类增多,比如,操纵证券、期货市场罪,组织、领导、参加恐怖组织罪,组织、领导、参加黑社会性质组织罪,寻衅滋事罪,敲诈勒索罪,抢夺罪,等等。对此,在日本立法上也体现明显,其对刑法严厉性给予了积极关注,

---

[1] 高铭暄、孙道萃:"预防性刑法观及其教义学思考",载《中国法学》2018年第1期。
[2] 舒洪水、张晶:"法益在现代刑法中的困境与发展——以德、日刑法的立法动态为视角",载《政治与法律》2009年第7期。

主要体现在2004年刑法修正当中。在该次立法中,立法者对量刑幅度给予了较大调整,比如,有期自由刑的上限一般从15年提高到了20年,在加重刑罚的情况下从20年提高到了30年。理论上对该立法趋势也进行了分析和关注:关于刑法膨胀和严厉的趋势,不可能一概而论。刑事可罚性前移的趋势根据是如今社会发展的客观关联,原则上没有什么异议。[1]

三、刑法对象日益宽泛化

刑事立法对象的宽泛化主要从以下两个方面展开:预备行为实行化和帮助行为正犯化,具体表现为刑事立法中刑法干预手段不断往前延伸,比如,刑法修正案中的侵犯公民个人信息罪、恐怖主义犯罪和网络犯罪等具体的刑事立法罪名。通过扩大刑法的干预范围,可以明确的是,刑事处罚前提化的观念被立法主体贯彻在以往的刑事立法当中。比如,《中华人民共和国刑法修正案(九)》增设了代替考试罪,就有将刑法规制对象泛化的嫌疑。根据《国家教育考试违规处理办法》第6条和第9条规定,代替考试作为一种作弊行为,会导致考生考试成绩无效,严重作弊的,可以延迟毕业时间1至3年,延迟期间考试成绩无效。实质上,对于考生而言,取消考试成绩或者取消考试资格,完全能够达到惩罚和预防该作弊行为之目的,没有必要通过刑事立法予以介入。其实,刑法对象的扩大不但体现在立法当中,还体现在刑事司法当中,这主要是司法主体通过扩大刑法规制范围来完成的。近年来,司法实践上出现的诸多热点案件,比如,王力军非法收购玉米案、陆勇走私假药案、赵春华非法持有枪支案等,一定程度上,都表明了司法主体对行政违法或民事不法进行刑事干预的内在冲动,也间接导致了刑法的干预范围不断扩大。

四、刑法机能日益秩序化

根据近年来的刑事立法趋向可知,立法主体对社会秩序的关注日益增强,于是,刑法机能开始从权利保障向秩序保护转变。之所以如此,不但与正在发生的社会结构变化有关,也与社会主体对刑法规制功能的期待有关。"社会

---

[1] 参见[日]井田良:"社会变迁背景下日本刑法的发展",载http://www.iolaw.org.cn,最后访问日期:2021年11月12日。

管理各个层面中风险预警的缺乏、化解风险的运行机制有缺漏、风险保障体制不健全等存在密切关联。一旦这些本应首先发挥作用的机制难以有效发挥其效用，公众的急切的目光总会投向刑法这一道最后的屏障。"[1]于是，我们能看到，在风险高发的社会阶段，刑法条文在规范社会行为中的预防作用显得愈发重要，刑法规范的密度与刑法干预的力度都在悄然发生变化。日益增多的刑法条文与日趋严厉的刑事处罚，都表明刑法的机能在发生转变，也即，从自由刑法中的权利保障机能向风险刑法中的秩序保护机能转变。通过分析近年来的刑事立法条文可知，立法主体对刑法的秩序保护机能给予了充分关注，诸如增加持有犯与抽象危险犯，减少犯罪构成要素，降低犯罪构成标准等，随着类似刑事立法条文的不断增加，在未来一段时间内，刑法的秩序保护机能会得到持续强化。由此，刑法机能的转变是社会属性变化在刑法机能上的反映，是对社会风险治理的刑法诉求，也是刑法本质属性的社会阶段性体现，具有明显的社会性、时代性和阶段性。

五、刑法属性日益工具化

鉴于近年来刑法修正案的预防性立法特征，刑法干预前置化的取向日益明显，刑法的教育和矫正功能日益为刑罚威慑功能所取代，积极的一般预防正日益成为刑法的知识增长点，并通过积极的一般预防理论改造传统刑法理论和犯罪构成。正如有学者谈到的，在晚近我国刑法立法中，刑法前置化的倾向愈发明显，这主要表现为：预备行为实行化、既遂形态前置化、行政民事违法行为不断进入刑法制裁的视野。这导致行政民事违法行为与刑事违法行为之间的界限消失，导致罪名形式化、空洞化、黑洞化，导致刑法自洽性的削弱。[2]论者的观点还是相对客观、合理的，较为准确地指出了当下刑事立法的政策化和工具化特征，是对我国刑法立法的精确概括和总结。但是，作为控制社会风险的规范文本，对刑法的工具属性还是要保持警惕，防止刑法的社会保护功能被过度强化，从而危害到公民的合法权利和自由价值，并

---

[1] 贺晓红："风险社会背景下刑法机能的冲突和调和"，载《湖北警官学院学报》2014年第2期。

[2] 参见孙万怀："违法相对性理论的崩溃——对刑法前置化立法倾向的一种批评"，载《政治与法律》2016年第3期。

最终损害国家的法治秩序和观念。也即，在刑法的工具理性与价值理性之间，功利性与实用性的内在驱动往往会导致工具理性的强化，价值理性则在无形之间被弱化。正如有的学者指出的：尽管刑法作为社会控制的重要手段，一直在工具合理性与价值合理性之间寻找最佳的平衡点，却容易在方法合理性中迷失目的合理性与价值妥当性。改革开放初期的"严打"政策及其所衍生的负面影响，就是刑法工具观偏离法治轨道的体现。[1] 由此，我们应该对积极的刑事立法保持冷静和警惕，对刑法的工具主义效应有理性认识，将刑法风险控制在法治可容忍的限度之内。否则，如果一直将刑法规范作为治理社会的急先锋，就是在消耗刑法规范可能会带给我们的积极效应，也是在持续降低刑法规范的边际效应，并会混淆刑法和前置法规的边界关系，直至给社会法治带来相应的伤害。

根据前述关于刑法立法发展规律和特点，可以对积极的刑事立法概念进行明确和概括。积极刑事立法是指，立法主体在刑事立法过程中强化刑法的惩罚性意蕴，在犯罪化与刑罚化两个方向上进行扩张。据此可知，积极主义刑事立法是通过立法主体的努力，将刑法的干预范围扩大和干预标准提前，以积极应对社会风险治理的需要。实质上，立法主体是为了保障社会秩序与公共安全，应对社会转型中的制度不足和规范缺位问题，这就导致了刑事立法的积极态势与刑法体系的内部变化。其实，积极的刑事立法并非我国刑法中的特有现象，积极主义立法在国外刑法规范中也有明确体现，并且在近年来的刑法修改和完善当中也都体现明显，对此，需要从理论上给予认真关注和反思，并需对积极立法的司法适用进行合理认识和诠释。具体来看，随着刑法修正案的相继出台，立法主体逐渐改变了以往刑法修改仅关注刑法分则的现象，刑法总则中的犯罪论与刑罚论都开始被涉及，并在刑法总则条款修正中体现出积极性和预防性的立法姿态。

让人关注的是，刑法修正案对社会层面的立法呼吁及政策诉求都给予了积极回应，无论是在罪名厘定、犯罪构成变化、保安处分引入、刑罚制度变更还是在刑罚幅度调整上都有明显体现。虽然诸多文献都将刑法谦抑性作为重要问题进行论述，但在日益活跃的刑事立法面前，很少有学者表示质疑或提出批评，或者对犯罪圈的日益扩大，鲜有学者进行针对性的反思和批判。

---

[1] 参见高铭暄、孙道萃："预防性刑法观及其教义学思考"，载《中国法学》2018年第1期。

第五章 刑事处罚早期化与积极主义刑事立法

但是，可以明确的是，近年来的刑法条文调整并不总是都能获得社会认可，也并不都符合社会发展需要。简言之，在有些刑法条文中，立法调整是合适的，也是符合社会发展诉求和政策需要的，有利于规范和制约转型社会下的社会风险和秩序维护。反之，有些刑法条文修改和变化则有过度回应大众民意和社会诉求的嫌疑，比如，危险驾驶罪的超载与超速入刑，准备实施恐怖活动罪的厘定，扰乱国家机关秩序罪的医闹与上访入刑，虐待被监护人员、看管人员罪的立法规定等。对于刑事立法的积极态度，学界的反映和判断有一定分歧，有的学者对积极的刑事立法持反对态度，认为积极的刑事立法会导致过度刑法化，对于保障公民权利具有消极意义。正如有的学者言及的：修正以扩大国家刑罚权力、缩小或限制公民自由为内容，使得我国刑事立法在工具主义的轨道上前行，社会治理"过度刑法化"。这种做法具有高度的社会风险与危害，将改变国家权力与公民权利结构，导致国家司法资源的不合理配置，削弱刑法的公众认同，阻碍社会创新。[1] 论者的观点虽有过度担忧的嫌疑，但也相对客观地指出了当下刑事立法存在的问题，对此，应引起理论界的关注，尤其是应对理论上的泛刑法主义倾向保持警惕。对积极的立法主义，有的学者则持表示赞同，认为在新的社会发展阶段，鉴于高发的社会风险对社会发展的影响，应该充分发挥刑法的社会治理功能，积极扩大刑法干预社会的深度和广度。

自20世纪以来，政府不再满足于消极的守夜人角色，而是成了社会事务的积极的介入者。尤其是在风险社会理论的视野下，个人自由与社会秩序日益地仰赖国家所提供的保护，国家也需要根据需要积极地承担起风险预防和社会管理的任务。由此，当代刑事立法的功能性特征极其明显，立法者的反应更为迅捷，通过刑法控制社会的欲望更为强烈，触角也伸得更长。"我国刑法立法在当下从消极立法观向积极立法观的渐进式转向，恰好与此一致。"[2] 除了赞同和反对的观点，还有学者对积极立法主义持较为中立的立场，即赞同积极的刑事立法，但对积极立法主义可能带来的问题表示担忧，并指出其中存在的问题，对之进行理性、客观的分析和解读。比如，有的学者对于该立法所带来的犯罪标准降低、刑法针对妨害社会管理秩序行为大量增设新罪、

---

[1] 参见何荣功："社会治理'过度刑法化'的法哲学批判"，载《中外法学》2015年第2期。
[2] 周光权："积极刑法立法观在中国的确立"，载《法学研究》2016年第4期。

刑罚目的的调整基本给予肯定，但同时也对刑事立法妥当性的边界如何打造提出了一些见解。[1] 通过比较上述观点可知，中立的立场显然更为科学，其在问题认识上更具有合理性，对理性认识社会风险和治理措施构建具有积极意义，但是，该观点的不足也很明显，也即，对如何认识刑事立法妥当性的边界，中立立场并没有给出明确的结论，不免显得合理性与可行性不足。

考察刑法修正案中的一些具体立法条款可以发现，在立法技术上显得相对粗糙，比如，立法主体对有的立法条文似乎并没有认真辨析与其他法条之间的关系，并给司法实践适用带来了诸多困难和不便，具体如，规定强制猥亵、侮辱罪，废除嫖宿幼女罪以及终身监禁的引入等。详言之，如何区分强制猥亵他人与侮辱妇女，废除嫖宿幼女罪导致性侵幼女的刑罚幅度有所降低，终身监禁与刑罚的价值之间的关系，如何应对劳动教养制度废除后的消极效应[2]等。就这些内容而言，都是在立法条款修改之后出现的新问题，也是刑事立法潜在的技术问题或竞合问题。"由于缺乏充分的、通盘体系性的考虑，这一修法逻辑未能贯彻到底，反而形成了一系列与其他法条的摩擦。"[3] 还有的条文修改暴露出立法技术失当问题，导致刑法与前置法衔接不当，致使刑法的二次违法性特征被弱化，刑法的社会保护机能被过度强化，比如，代替考试罪，持有伪造的发票罪，帮助恐怖活动罪，准备实施恐怖活动罪，帮助信息网络犯罪活动罪，组织资助非法聚集罪等；还有一些新制定的条文立法科学性不足，违背了法律体系性原则，有重复立法之嫌，比如，非法出售、提供试题、答案罪，危险驾驶罪，虚假诉讼罪等，由于没有为前述罪名的司法适用制定规范合理的标准，在入罪上往往存在标准适用不清问题，导致司法适用困难。由此，对于积极的刑事立法观，理论和司法上应该保持适度的

---

[1] 参见高铭暄、李彦峰："《刑法修正案（九）》立法理念探寻与评析"，载《法治研究》2016年第2期。

[2] 2013年12月28日，第十二届全国人大常委会第六次会议通过了《关于废止有关劳动教养法律规定的决定》，在我国存在56年的劳教制度退出历史舞台。但是，在劳动教养制度废除后，新的替代制度并未及时构建起来，导致原先被劳动教养的部分对象被纳入到危害社会秩序罪的规制对象当中，比如，长期的闹访人员、医闹人员、赌博人员等群体，进一步扩大了刑法的犯罪规制范围。另外，为了解决因为劳动教养废除导致的大量轻微犯罪进入司法程序的问题，轻微刑事案件速裁程序开始出现，但至今还处在探索阶段。

[3] 车浩："刑事立法的法教义学反思——基于《刑法修正案（九）》的分析"，载《法学》2015年第10期。

克制和谨慎,更需要理性的认识和回应,以避免因犯罪圈扩大造成损害公民合法权利的情形。在刑法立法适时扩张犯罪圈的发展过程中,应当掌握刑事立法的适度,保持立法态势的积极与谨慎,在对新的罪情和新的社会冲突作出积极回应的同时,也应保持刑事立法的克制与谨慎,最大限度地将刑罚的负面效应降低至最低程度。[1]也即,就立法主体而言,在将行为纳入到刑法规制范畴或者拟用刑罚措施进行制裁之前,应该先要扪心自问,是否穷尽了其他的治理措施。对此,有学者提出的观点颇有见地:某种危害社会的行为能够为道德规范体系或者第一次法规范体系有效调整,就不应当进入第二次法的干预范围。只有当道德规范体系以及第一次法规范体系无法有效予以调整,并且符合第二次法调整的要求时,该特定行为才能被立法者纳入刑法干预的范围,赋予刑事制裁的法律效果,并通过正式的立法程序予以犯罪化。[2]论者构建的三重过滤机制,对立法主体具有积极的借鉴意义,对科学立法具有积极的参考价值。当然,从理论上建议立法者保持理性,让立法者保持克制是一件非常困难的事情,但是,我们可以通过呼吁理性立法,减缓过度立法带来的压力和紧张。据此,当立法主体在面对社会立法呼声高涨的时候,不应该仓促立法,应该操持足够的理性,对刑法规范的价值应该有科学评估;在制定刑事条文时,要注意立法技术和法条关系,确保立法条文的合理性;在刑事条文制定完毕后,立法主体对条文要做立法后的评估和分析,及时进行总结和反思,做到合理的立法后的价值判断。

尽管理论界对刑法修正案有不同看法,但一般都是对修改的刑法条款本身进行评议和讨论,对刑法规范修改的内在规律并未做详实分析,对刑事立法的司法适用也未做出深度解析。从历次的刑法修正案情况看,刑法修正条款自身确实值得关注,对由此引起的刑法结构变化、法益功能异化及刑法价值变化更值得重视,因为这些内容往往是决定刑法发展与适用的根本问题。不过,鉴于刑法修正案中的一些条文存在问题,如过度回应政策需求、模糊刑法与行政法界限、违背刑法体系性原则、刑法入罪标准模糊等,不但会带来司法适用上的疑惑,还会对公民权利造成潜在的威胁。对此,需在实践层面上从刑法解释、二次违法性、一般预防理论及司法克制主义等四个维度规

---

[1] 参见于冲:"完善刑事立法应保持积极与谨慎",载《检察日报》2017年3月23日,第3版。
[2] 参见梁根林:《刑事法网:扩张与限缩》,法律出版社2005年版,第34页。

范和调整刑法解释和文本适用,以推动刑法条文诠释的科学性,并最大程度保障公民的合法权利,弱化因刑事立法不当而带来的消极效应。易言之,通过对上述几个方面的理性思考,以缓和因积极立法主义导致的权力扩张问题,并努力确保公民权利的有效保障。正如有的学者指出的:问题的关键并不在于是否允许国家积极地立法,而在于在此过程中如何对刑法谦抑性、法益概念、刑罚目的、刑事实体法与程序法的关系等作出符合时代精神的理解,以及在未来刑法立法积极推进的同时,如何确保刑事法治的众多铁则不被蚕食。[1] 刑事立法条文一旦出台,就很难通过立法修改达到完善刑法条款内容的目的,但是,刑法条文成长有时候也可以通过司法途径完成,也即,司法主体通过对刑法条款的解读和诠释,达到修正刑法条文词语文义的功能,以弥补因刑事立法不当带来的消极问题。正如有的学者所言:在刑法教义学框架之内,刑事政策的价值判断不会导致主观武断与专横,而是具有其边界。因此,只要通过刑法教义学原理正确地加以限制,刑事政策只能发挥其出罪的功能而不可能发挥其入罪的功能。[2]

第二节 谨慎对待实质刑法观

从社会现实出发,社会风险在各领域的高发已成常态,社会民众对风险的发生和发展也给予了积极关注,并希望通过法律规范进行风险防范,基于此,刑法学者更应该关注如何以合理的法律规范反应、规避社会风险。对于刑法规范供给不足和过度立法的现象,需要通过刑法解释进行缓解,尤其是对于过度立法,刑法解释的规制和抑制作用更为明显。

近年来,刑法实质理论发展迅速,国内诸多学者诸如张明楷、刘艳红、周详等学者,纷纷举起了刑法实质论的大旗,在与刑法形式解释进行论战的同时,也深刻影响着司法主体的规范阐释和适用。在刑法实质论的观点中,其在具体问题的看法上也存在不同,但都主张在规范解读时关注法外要素,侧重辩证逻辑在规范解读中的作用。实质解释论在国内理论界产生了一定影

---

[1] 参见周光权:"积极刑法立法观在中国的确立",载《法学研究》2016 年第 4 期。

[2] 参见陈兴良:"刑法教义学与刑事政策的关系:从李斯特鸿沟到罗克辛贯通——中国语境下的展开",载《中外法学》2013 年第 5 期。

第五章　刑事处罚早期化与积极主义刑事立法

响，其中，尤以张明楷教授的实质解释论影响最为广泛。根据实质解释论，解释主体在阐释刑法规范时，需及时回应社会诉求与政策精神，并对刑法目的做出与时俱进的解释，从而确保刑法规范精神与内涵的灵活性与成长性。刑法实质解释虽然是国内学者在解释理论发展过程中提出来的解释理论，但其源头和发展还需要考察德日刑法理论。日本刑法学家前田雅英教授曾指出：之所以科处刑罚，是因为对全体国民而言存在必要性。并非"越是限定处罚就越增加国民的利益"，而是必须具体地、实质地探求为保全国民利益所必需的必要最小限度的刑罚。[1] 所以，前田雅英教授反对"只要形式地确定处罚范围就可以了"的做法，主张"合理地选择真正值得处罚的行为""要思考形式地该当犯罪的行为是否真正值得处罚"。[2] 根据前田雅英教授的观点，刑法形式解释不能合理确定行为性质和处罚限度，还需要考虑刑事处罚的合理性与必要性，由此，成功地将刑法规范的形式解读推进到实质考量阶段，随之与形式逻辑一道，实质逻辑也成为法律规范理解和诠释的思维模式。但是，从实践上考量，根据可罚性进行规范内涵诠释，会导致规范内涵的判断和解释显得过于灵活和弹性，这不但会危及法治的内涵，还会损害到公民的合法权利。比如，大谷实曾指出：以可罚的违法性为基准来判断有无构成要件该当性的话，在判断抽象的、类型的、形式的构成要件该当性的时候，就会加入具体的、非类型性的、实质的价值判断，使构成要件该当性的判断变得不明确，损害构成要件的人权保障机能。[3] 据此，当规范诠释过度介入价值判断时，规范内涵揭示就会彰显模糊性和空泛性的一面，形式法治就可能会因此遭受侵蚀和损害，并继而会侵害公民的合法权利。

根据国内外的刑法学理论，从刑事政策学与刑法教义的关系看，刑法目的解释是连接的桥梁，是价值判断进入规范解读的有效通道。在此过程中，目的解释还当之无愧地扮演了沟通政策学和教义学价值通道的角色。[4] 因此，在规范阐释中，刑法实质解释往往通过刑法目的将社会诉求、政策主旨、利益平衡等法外因素植入规范内涵，致使刑法规范内涵经常突破传统文义而发生变迁。比如，将交通肇事后留在原地不对被害人进行救助的行为，认定

---

[1] 参见［日］前田雅英：《刑法总论讲义》，东京大学出版社2011年版，第5页。
[2] 参见［日］前田雅英：《现代社会的实质的犯罪论》，东京大学出版社1992年版，第24页。
[3] 参见［日］大谷实：《刑法总论》，黎宏译，法律出版社2003年版，第184页。
[4] 参见杜宇："刑事政策与刑法的目的论解释"，载《法学论坛》2013年第6期。

为"交通运输肇事后逃逸";"冒充军警人员抢劫"的"冒充"解释为包括假冒与充当,从而将真正的军警人员向被害人显示其身份的抢劫也认定为冒充军警人员抢劫;甚至还将非法吸收公众存款罪中的"吸收",理解为包括公众有权提取存款时金融机构拒不允许公众提取的情形;将非法公开获取他人财物视为盗窃,将虐待罪对象扩展到家庭成员之外的其他人员,等等。根据前述观点,学者对刑法规范的解读都超出了文本的形式意义,与传统的解释方法与解释结论有很大区别。之所以如此,正是源于论者坚持的实质解释论,并将该理论贯穿于规范解释和司法适用当中,致使解释结论往往超出规范词语文义的理解。分析实质解释的论证过程可知,为了从解释论上弥补立法论问题,往往倡导规范解释的创新性和开放性,也即,通过规范解释弥合刑法条文与司法实践之间的裂隙。在解释方式上,实质解释论坚持的结果导向主义与司法能动主义,常常会突破形式逻辑与主观主义,并导致在解释结论上不断推陈出新,甚至不惜改变刑法规范的文义范围。表征出的问题则是,实质解释在更新解释观念的同时,其在规范诠释中,价值判断对词语文义的冲击有多大,解释结论距离类推解释有多远等问题,这尤其值得给予理论关注。

"刑法解释的实质化,使得目的解释成为刑法解释的'桂冠',目的解释为类推解释开了一个口子,而类推解释又为目的解释提供了足以伸展的舞台。"[1]从实质解释论出发,规范目的是实质解释论非常青睐的一个概念,借助规范目的可以达到勾连刑事政策与刑法教义关系之目的,并通过目的诠释完成刑法规范内涵的发展和完善。质言之,在实质解释论者这里,规范目的是一个重要概念,对实质解释论的阐发和构建具有重要意义。一定程度上,实质解释对于弥补形式逻辑不足的作用不言而喻,对于刑法规范内涵的延展与探究也有重要价值,因此,在司法实践中,实质解释的作用和价值是实际存在的。但是,与形式解释相对应,实质解释对法外因素在规范解读中的作用相对重视,正是源于实质解释对规范语词的边缘文义比较关注,因为实质解释天生具有突破规范文义边界的冲动。"实质解释论根据处罚的必要性调节边缘用语的范围,从解释方法上容易造成扩大解释与类推解释的混用。在解释结论上,容易不适当的扩大处罚的范围。"[2]因此,不论是规范性的司法

---

[1] 杨绪峰:"反思与重塑:刑法上类推解释禁止之研究",载《环球法律评论》2015年第3期。
[2] 姜媛洋:"形式解释论之'形式'界定",载《黑龙江省政法管理干部学院学报》2017年第4期。

第五章 刑事处罚早期化与积极主义刑事立法

解释,还是个案性的法官解释,都存在基于实质解释进路突破规范文义解释的情形。基于此,在刑法解释理论上,诸多学者对实质解释论的观点深表质疑,这也是对实质解释可能导致解释结论超出规范文义的忧虑。由于质解释在挖掘和探析规范内涵意义上的价值取向和侧重,理论上就需对实质解释论保持清醒和警惕。具言之,在刑事立法相对宽松的背景下,实质解释对于激活刑法规范条款中的休眠因素具有积极意义,可以最大程度释放规范文义的内涵。但是,在刑事立法相对趋紧的情况下,尤其是在刑法的社会治理意义被充分放大的社会背景下,在刑事处罚早期化成为立法指导精神的情形下,对刑法实质解释发挥作用的空间就需要慎重考量,更需要警惕的是,需要防止实质解释肆意扩大规范文义,以避免进一步加剧刑法规范惩罚性力度情形的发生。刑事立法问题应当与刑法解释问题的解决思路不同。政治精英和大众的立法冲动要更为强烈、均倾向于犯罪化,这是因为政治精英是基于政治治理的压力、大众是基于一种本能的安全性考虑。对此,知识精英应扮演不同的角色,其使命在于拷问当前的刑法立法活动的有用性与合理性,也即更多地运用理性来适当拦截犯罪化的冲动。[1] 正如论者所言,刑法解释与刑事立法是基于两条不同进路而产生联系的,刑事立法具有天然的犯罪化冲动,刑法解释则需保持理性,对犯罪化冲动进行抑制和缓解。也即,需要从理论上探讨刑事立法过度化问题,基于此,从解释学上研究刑事立法的界限和犯罪构成的内容,并通过司法实践予以贯彻,则是回归现实化的路径,往往更容易推动刑事立法的合理选择与司法适用。易言之,应该通过构建发达的解释学,克服过度的立法化,并推动刑事立法的高水平与高质量。[2] 可以说,我国刑法当下面临的是双重的使命:既要坚定地站稳罪刑法定主义的立场,因此,需要扎紧形式法治的篱笆,抵御法外价值判断的侵入。更精确地说,在积极的刑事立法主义背景下,为了防止刑法过度干预的进一步发展,就需要从司法层面确保规范适用的稳定性,并需对基于社会效果而背离规范形式理性的做法保持警惕。

根据前文分析可知,历次刑法修正案表征出的立法取向基本表现为:法

---

[1] 参见张志刚:"历次刑法修正评估与刑法立法科学化理论研讨会综述",载 http://www.iolaw.org.cn/zx2p/201711/t20171107-4654382.shtml,最后访问日期:2021年9月8日。
[2] 参见陈兴良:"刑法教义学与刑事政策的关系:从李斯特鸿沟到罗克辛贯通——中国语境下的展开",载《中外法学》2013年第5期。

益保护前置化、法益内容空洞化、预备内容实行化、刑行衔接模糊化、帮助行为正犯化等基本的问题面向,也基本反映出刑事立法趋于重刑化、实质化以及扩张化的价值倾向。对此,有学者曾准确地指出:20年来刑法修正,尤其是《中华人民共和国刑法修正案(八)》《中华人民共和国刑法修正案(九)》的通过,使得刑法扩张成为刑法和刑法学中的关键词之一。[1]在这种立法价值取向下,刑法的秩序保护机能会被积极倡导,社会公民的权利空间则会进一步遭受挤压,公权力的触角将继续向社会生活领域的各个角落延伸。与之对应,司法主体在适用刑法条文规范公民行为时,需基于相反方向的思考路径进行思考,以缓解因刑事立法的过度频繁带给公民权利的紧张和压力。换言之,司法主体在解读刑法条文时,应该更多基于规范条文自身,从法条本身出发阐释规范内涵,在文义范围之内探索规范文义,并采取形式逻辑进行解读结果的说辞和论证,对政策诉求、利益衡量及价值判断等法外因素则不应该给予过多关注。正如德国学者指出:法律的意思只能从条文的词义中找到。条文的词义是解释的要素,因此在任何情况下必须将"可能的词义"视为最宽的界限。[2]唯此,才可以在刑法规范阐释中比较好的贯彻平义解释理论,对立法规范形成司法限制效应,弱化因刑事处罚早期化带来的消极效应,并达到防止公权力持续延伸的目的,以推动法治建设的顺利进行。

从实质解释的发生机制看,结果导向、价值涉入及司法能动是其发挥作用的三个维度,且都与价值判断密不可分,并成为刑法规范保持成长性和生命力的重要支撑,这在实质解释论那里可以获得答案。从实质解释的发生路径看,一般在解释方法上提倡目的解释,对扩大解释相对青睐,在解释立场上习惯于客观解释,努力通过社会发展需要为刑法规范文义注入新的内涵。易言之,实质解释论更愿意在规范解读中融入政策要素,更愿意通过规范解读深度挖掘规范内涵,并积极推动刑法规范的成长。由此,根据实质解释理论:当解释者对法条难以得出某种解释结论时,不必攻击刑法规范不明确,而应反省自己是否缺乏明确、具体的正义理念。所以,即使这与其在得出非

---

〔1〕参见张志刚:"'历次刑法修正评估与刑法立法科学化理论研讨会'综述",载http://www.iolaw.org.cn/zx2p/201711/t20171107-4654382.shtml,最后访问日期:2017年10月15日。

〔2〕参见[德]汉斯·海因里希·耶塞克、托马斯·魏根特:《德国刑法教科书》,徐久生译,中国法制出版社2001年版,第197页。

正义的解释结论后批判刑法,不如合理运用解释方法得出正义的解释结论。[1]也即,根据论者的观点,刑法规范自身不存在合适与否的问题,能否适应司法实践的需要与解释主体的解释能力相关。换言之,有能力的解释者可以通过法律解释达到修正规范内涵的目的,而能力不足者总是抱怨刑事立法的不足,并主张通过立法修改既定的刑法条款。需要明确的是,实质解释论具有一定合理性,但是,过于强调解释主体的能动性往往是突破规范文义边界的内在动因。

实质解释论总是力图通过规范目的调整规范文义,以达到保持刑法规范灵活性之目的。不过,尽管实质解释论一再宣称是在形式正义逻辑下对规范进行的实质解释,也即,实质解释是在遵循罪刑法定原则下进行的规范阐释。但是,通过分析实质解释论者的诠释结果可知,实质解释总是在类推解释的边缘徘徊,并借助规范目的为其解释行为与解释结论进行辩护。正如有的学者指出的:"实质解释论习惯于实质判断在先,喜欢探究法规范的客观目的与精神,偏爱灵活解释,并经常表现出摆脱常规的文义性约束的强烈欲望"[2]。比如,刘艳红教授与苏彩霞教授都宣称,实质解释论关注刑法内容的妥当性与正义性,旨在实现保障公民自由权利的目的,比形式解释论更注重严格控制解释的尺度。照理来说,既然比形式解释更注重严格控制解释的尺度,适用实质解释时危害行为应当更容易被出罪才是。但恰恰相反,实质论者往往借助目的解释、扩张解释等手段而更倾向于也更容易将危害行为入罪。在刑法理论上,这样例子不胜枚举,比如,毁坏财物中"毁坏"的内涵界定[3]、"裸聊"行为的法律属性[4]、遗弃罪的"对象"范围扩大[5],等等。基于此,有的学者指出,考察实质解释刑法规范可知,实质解释论极易导致类推解释,虽然论者的观点不乏偏激,但总体上反映了实质解释论在解释结论的

---

[1] 参见"张明楷:正义、规范、事实",载 http://www.aisixiang.com/data/33259.html,最后访问日期:2019年10月15日。
[2] 劳东燕:"风险社会与变动中的刑法理论",载《中外法学》2014年第1期。
[3] 理论上有学者认为,毁坏的理解应该从效用损害的角度进行理解,比如,将包括放飞他人小鸟、在别人锅里便溺、高吸低抛他人股票、对狗熊泼硫酸等行为都解释为毁坏。
[4] 参见陈东升:"裸聊获罪第一人出现、罪名为传播淫秽物品牟利罪",载《法制日报》2008年4月3日。
[5] 我国学者张明楷教授认为,在新刑法作此调整的情况下,应将遗弃罪理解为对生命、健康的犯罪,而不仅仅是保护婚姻家庭成员的权利。

合法性上还存在疑问。从理论上看,基于实质解释论在刑法解释中出现的问题,已经引起理论界的反思与批判,这也是为何诸多学者对实质解释论的作用与功能持保留态度的原因。

总的来看,对于实质解释论的功用不能忽略,但对其发挥作用的领域与程度确实值得学界关注。尤其是在立法规范已经充分反应甚至是过度反应社会民意和政策诉求的情况下,对实质解释发挥作用的空间更应该持慎重态度,以防止刑法规范解读过程中充斥过多的法外因素,导致规范文义解读偏离刑法规范的宗旨。质言之,应尽力避免因根据实质解释揭示刑法规范含义,而得出类推解释的结果。质言之,"有必要对客观解释与目的解释可能导致的无节制的实质化趋势保持警惕,一种既注重教义学的内部控制又强调合宪性的外部控制的制约框架可谓势在必需"[1]。由此,在解释理论体系中,对与实质解释联系紧密的目的解释、扩大解释和客观解释等内容,都需要保持慎重和克制,应该更多地坚持平义解释和主观解释。质言之,通过平义解释将规范内涵限制在规范文义之内,努力防止规范外因素影响文义的判断;通过主观解释,让规范内涵最大程度表征立法精神,防止政策因素蚕食立法内涵。正如陈兴良教授所言:罪刑法定原则的形式理性为形式解释提供了思想资源,同时也为我国当前的刑法知识给予了理念支撑[2]。由此,在解释层面上,应当重视和坚持罪刑法定原则的重要性,避免刑法规范解读偏离词语内涵与既定文义。

鉴于实质解释论蕴涵的可能的消极意义,在司法实践中,对刑法修正案中的一些条款,解释主体需注意坚持形式解释,努力通过文义解释将规范内涵限制在一定限度内,应尽力防止通过文本解读持续扩大犯罪圈,以确保公民合法权利得以充分保障。近年来的刑法修正对相应个罪的行为方式进行了扩张,结果是或者将犯罪成立的范围持续前推,或者是持续降低犯罪成立的门槛,犯罪圈的成立范围得以继续扩张。比如,在危险驾驶罪的客观要件中加入校车运输或旅客运输中的超载与超速情形,增加强制穿戴宣扬恐怖主义、极端主义服饰、标志罪,在使用虚假身份证件、盗用身份证件罪中扩大身份证件的范围,扩大组织考试作弊罪中的考试类型,以及增加高空抛物罪、妨

---

[1] [日]永田城:《柏林自由大学·日本大学联合座谈会德国与日本的法学对话》,信山社2006年版,第373页

[2] 参见陈兴良:"形式解释论的再宣示",载《中国法学》2010年第4期。

害安全驾驶罪等。其实，立法主体的立法导向和意图是明确的，也即，犯罪化是当下的立法趋势，主要通过改变个罪的罪状、增设新的罪名、扩大罪名的犯罪对象等方式进行犯罪化立法，是在既定刑法规范基础上的进一步立法调整和完善。但是，上述罪名内涵扩张显然受到学界的理论质疑，质疑内容包括：刑法规范内容扩充是否具有合法性、立法修正是否会侵害公民的权利尊严、是否需要通过刑事立法规制相应的危害行为等。当然，如果能通过非刑罚措施规制危害行为达到既定效果，刑事立法显然就不应该是优位选择，比如，有学者曾指出，在20世纪60年代的德国，交通事故死亡的人数由年1.8万人下降至6000人。这个成果与其归功于严厉的刑法制度，毋宁说是因道路建设的技术革新和车辆安全标准的大幅提升。[1]我们认为，论者的观点无疑是合理，是对刑法规范在社会治理中价值和功能的准确定位。易言之，更多时候，如果将规制违规行为的功能赋予刑法的前置性规范，往往会起到更好的社会效果。

侵犯个人权利本身是违反宪法的，不可能通过其他级别更高的途径授予其正当性。当然，人类尊严是个比较抽象且模糊的概念，不能根据人的尊严划定惩罚主义的边界。"人格尊严的概念内涵模糊，具有诠释空间，无疑是个问题。"[2]但是，无论如何，人的尊严是三体权利的反映，基于宪法对基本权利的保障，人格尊严的概念已经替立法者为立法划定了一条外围的界限，尽管这个界限不是很明确，但是对于保障公民权利实在是必要的。由此，刑事立法主体无论是增加新的立法条文，还是对刑法条款内容的调整，都应该积极关注公民的基本权利，注意刑法可以干预的公民权利的界限，防止刑事立法违背宪法的规定和精神。也即，不仅刑法的适用，即使是对刑法进行修改，也必须符合宪法的规定，这意味着刑法的修改与适用都必须以保障人权为基本归宿，而这正是罪刑法定原则的精神意蕴。[3]质言之，刑法规范的内容的调整需要考虑公民的基本权利保障和刑法基本原则，因此，刑法修正和调整必须符合宪法的规定，又称为刑法的合宪性规制。

---

[1] 参见[日]永田城：《柏林自由大学·日本大学联合座谈会德国与日本的法学对话》，信山社2006年版，第373页。

[2] Higendorf, jahrbuch fur recht und ethik, 1999, 137.

[3] 参见苏永生："刑法合宪性解释的意义重构与关系重建——一个罪刑法定主义的理论逻辑"，载《现代法学》2015年第3期。

由此，对上述刑法修正案中的个罪条款的语词内涵，应慎重使用实质解释进行诠释，防止规范语义通过实质解释进一步扩大，并导致违反刑法规范合法性解读的结果。尤其是目前，我国还未建立起规范意义上的形式法治观念，如果肆意通过实质解释弱化和侵蚀罪刑法定原则的形式理性，显然不是理性选择。"我国目前正处在从以往不受规范限制的恣意司法到罪刑法定原则转变的过程之中，形式理性的司法理念在我国还没有建立起来。在这种情况下，过于强调实质主义的罪刑法定原则，不能不令人担忧。"〔1〕对于论者的观点，我们认为是合理的，是对实质解释客观和理性的评价。当然，在以后的刑事立法当中，为了进一步适应社会的现实需求，前述罪名的规制范围可能还会进一步扩大，但从目前来看，立法主体的意图基本是明显的，司法主体不能轻易通过解释路径尤其是实质解释进行刑法规范，致使解释结果超越词语文义而违反刑法规范内涵。

第三节　严格遵循二次违法性原理

根据刑法谦抑性，刑法是其他法律规范的保障法、最后法，仅当其他社会规范不能有效应对和防范危害行为发生时，才需要通过适用刑法规范化解社会矛盾和冲突。"在应对公众舆论方面，刑法作为国家与民众对抗的涉及生杀予夺的法律，更应该慎重适用。现代社会的社会成员对于安全的欲求强烈，对于暴露的危险非常敏感。在运用刑法与风险作斗争时，必须保护法益关系及遵循法治国的归责原则。在无法做到这一点的地方，刑法的干预就必须停止。"〔2〕质言之，刑法规范是立法者和司法主体应对犯罪行为时迫不得已的选择，也是在其他社会规范不能发生效用时的最后选择。正是在这个意义上，刑法规范应体现出充分的自我抑制的特性。

二次性违法理论是指，犯罪行为具有二次性的违法特征，违反了刑法赖以存在的前置性法律，进而违反了刑法的规范性内容，即"出他法而入刑法"。也即，在法益可以通过行政措施等非刑罚手段进行有效保护时，不应当

---

〔1〕 陈兴良：《形式与实质的关系：刑法学的反思性检讨》，载《法学研究》2008年第6期。

〔2〕 [德] 克劳斯·罗克辛：《德国刑法学 总论：犯罪原理的基础构造》（第1卷），王世洲译，法律出版社2005年版，第18页。

动用刑法进行规制。[1]与违法行为和悖德行为不同，犯罪行为具有二次违法性特征，也即，犯罪行为不但触犯了前置法还触犯了刑法规范。换言之，在司法实践中，一种行为构成犯罪，实际上就是这种行为已经超越了他法而进入到刑法之中，进而触犯了刑罚（疑为"法"）的规定，因此，任何犯罪行为都具有二次违法的特征。在刑民交叉案件中，更应该理性认识二次违法性特征，对刑法在规范和抑制犯罪行为发生的作用上有清晰的认识，避免刑法对民事行为的不当干预。"刑事优先"是特殊历史阶段和特定条件下的产物。虽然这需要改革，但改革又有一个过程，是综合性的，是一个系统工程。从操作的层面上看，我们仍然应当基于不断改革的思路，有所突破、有所作为。在犯罪认定和刑事介入问题上，从根本上来讲，应该摒弃"刑事优先""先刑后民"的思想，应该倡导刑法的谦抑性和最后手段性。对此，有学者指出：在刑事司法活动中要坚持"出乎他法才能入刑"的二次性违法理论评价操作方法，能以行政、民事手段加以遏制的行为，尽可能甚至坚决不动用刑事制裁手段，不启动刑事诉讼程序。[2]

在大陆法系的刑法理论上，关于二次违法性的观点有一元论和相对论的争议。比较中德的刑法学理论可知，一元论与二次违法性论一致，相对论则反对二次违法性论，德国主流的刑法理论赞同一元论。德国的《秩序违反法》第11条明确规定了与刑法相同的责任要件，且以此为前提，要求确定体系上的违法性概念。再如，在德国与税法有关的制裁被科处时，无论是作为犯罪行为还是作为秩序违反行为处罚，都以"违法性"为前提。[3]相反，在日本刑法理论上，由于刑法与其他法律之间的联系不是很紧密，且国内的法律体系相对混乱，不同部门法的立法目的也不同，所以日本的理论界赞同相对论的居多。还有学者坚持较为中立的观点，认为一元论与二元论的区分没有合理性。违法性一元论和相对论之间的冲突是一个伪命题。违法性一元论事实上是从应然性的角度出发，阐述一国法秩序的统一性。而违法性相对论更多的是从实然的角度去解读一个国家实际的秩序状况。[4]

---

[1] 参见张明楷："避免将行政违法认定为刑事犯罪：理念、方法与路径"，载《中国法学》2017年第4期。
[2] 参见杨磊："认真对待刑法的'二次保障性'"，载《检察日报》2019年2月16日，第3版。
[3] 参见于佳佳："违法性之'法'的多元解释"，载《河北法学》2008年第10期。
[4] 参见刘伟："经济刑法规范适用的独立性判断问题"，载《刑法论丛》2013年第2期。

在我国刑法理论界，有学者明确反对二次违法性理论：只要一行为危害了法律所保护的社会关系，并且被刑法规定应当定罪处罚，那么就有合法、充分的理由对其定罪处罚。至于有无违反其他所谓的"前置法"，实无必要。所以，我们认为，所谓的"前置法"事实上并不总是存在的，而且也不是必要的。[1]也有学者相对理性，认为二次违法性有存在的必要性，尤其是在经济犯罪领域，二次违法性判断是重要的司法过程。"作为社会控制手段，刑法具有二次规范性。即在调控各种社会关系时，首先应当适用民法、行政法等其他法规。"[2]分析上述两种观点可知，反对论没有认识到前置法在犯罪认定上的价值。相反，赞同论则较为理性，明确指出在特定社会领域中犯罪二次违法性的必要性与合理性。并且，国内学者在二次违法性的适用范畴上也存在分歧。比如，有学者认为，二次违法性适用既发生在立法领域，也发生在司法领域；有的学者则认为，二次违法性只在立法领域发生作用。我们认为，在刑法领域，二次违法性不是一个伪命题，其广泛存在于刑事犯罪当中，不但适用于立法范畴，也适用于刑法解释范畴。易言之，二次违法性不但需要在立法过程中予以考量，还应该在司法实践中认真贯彻。

在司法实践中，一种行为构成犯罪，实际上就是这种行为已经超越了前置法而进入到刑法中，进而触犯了刑罚（疑为法）的规定，因此，任何犯罪行为都具有两次违法性的特征。[3]二次违法性不但出现在法定犯当中，还出现在自然犯中。基于此，刑法文本的个罪规定都应具备二次违法性特征，也即，立法主体在厘定罪名时，危害行为首先应该是民事违法或行政违法，其次才是刑事违法。因此，从立法层面上看，刑法文本中的个罪行为首先是民法或行政法意义上的违法行为，然后才是犯罪行为。基于犯罪的二次违法性特征，司法主体在判断危害行为是否符合个罪的犯罪构成时，就需要先做危害行为是否违反前置法的判断，再做是否符合个罪犯罪构成的判断。如果危害行为构不成民事违法或者行政违法，就不可能进入刑事犯罪的判断范畴。由此，不管是立法主体的立法行为，还是司法主体的司法行为，都应该对危

---

［1］ 参见王娟等："浅谈二次违法性原理"，载 http://old.chi-nacourt.org/html/200712/14/1，最后访问日期：2007 年 12 月 14 日。

［2］ 黎宏："对风险刑法观的反思"，载《人民检察》2011 年第 3 期。

［3］ 参见杨兴培："犯罪的二次违法性理论探究"，载《社会转型时期的刑事法理论》，法律出版社 2004 年版，第 415 页。

害行为先做是否是违法行为的考量。也即，有后者才可以考虑前者，没有后者也没有前者。在刑法文本中，犯罪的二次违法性的情况普遍存在，比如，交通肇事罪首先是交通肇事行为，违反了交通管理法规；故意杀人罪首先是侵害了别人的生命权；寻衅滋事罪首先是触犯了治安管理处罚条例，等等。对此，有学者曾撰文指出，在我国立法实践中，比较典型的事例就是：在1997年刑法修订时，有关期货类犯罪是否需要规定曾引发热烈讨论。1996年刑法修改进行征求意见时，个别学者建议在当时的刑法中补充设立期货犯罪罪名。但最后，立法者并没有采纳该建议。因为当时全国性的期货交易法律并没有颁布，对于期货领域中的违法行为，本身没有相应的经济法规做出明确的禁止性规定。[1] 由此，在修正后的刑法分则中，仍然只有几种证券犯罪类的个罪罪名，并没有关于期货犯罪的规定。而关于证券犯罪，当时证券法也没有通过，刑法为何就宣布其为犯罪，并列举了一些具体的证券犯罪类型呢？是因为在刑法修订时，国务院已经公布的《禁止证券欺诈行为暂行办法》，把类似的内幕交易、操纵市场等违规行为作出了应当给予行政处罚的规定，所以其违法性质在行政法上已经有了明确界定，刑法介入也就有了前期的违法基础。

从近年来的司法实践看，实践上违背二次违法性的现象还是比较多见的，即刑法的最后手段性并未得到切实体现。易言之，有些并没有违反行政法的危害行为，却直接被作为犯罪行为进行认定，或者是危害行为虽没有违反民法规范，却被纳入刑法规制范畴。比较典型的是，法院曾受理过的企业非法经营国际IP电话业务案件[2]。该案律师在法庭上提出，检察机关作有罪控告的依据是两个规范性文件：一是最高人民法院2000年4月通过的《关于审理扰乱电信市场管理秩序案件具体应用法律若干问题的解释》，另一个是国务院在司法解释生效之后才公布施行的《中华人民共和国电信条例》。司法解释公布在先，国务院的《中华人民共和国电信条例》则是在同年9月才公布的。由于在司法解释公布时，国务院的《中华人民共和国电信条例》还没有公布，而被告人的行为的违法性显然还没有被国家的禁止性规定所确认。检察机关依据司法解释认定此种行为是犯罪行为，显然缺乏最基本的前提和法律根据。这等于是司法机关在创制禁止性的刑法规范，显然违反了刑法的基本理念和

---

[1] 参见游伟："刑法介入经济行为应当适度控制"，载《法制日报》2009年2月11日，第12版。
[2] 参见游伟："刑法介入经济行为应当适度控制"，载《法制日报》2009年2月11日，第12版。

经济犯罪的司法认定规则。[1]

一、立法层面的考察

刑法修正案中的个罪条文存在背离二次违法的现象。在当代刑事立法领域，预防性立法较为盛行，且已成为一种立法趋势。预防性立法是基于防范风险和维护安全需要，让刑法履行公共机制应履行的风险监管职责。在立法技术上，采用超前干预手段，以先发制人的策略切断严重犯罪发生的路径。[2]刑法修正案中出现的一些新罪名是适应社会需要产生的，对于社会秩序治理具有重要意义，不过，有些罪名却有违背刑法谦抑性的嫌疑，比如，代替考试罪，虚假诉讼罪，危险驾驶罪中的超速、超载行为，扰乱国家机关秩序罪中的医闹、闹访行为，强制穿戴宣扬恐怖主义、极端主义服饰、标志罪，高空抛物罪，等等。其中，代替考试罪就是一个没有前置法规的罪名。在司法实践中，该罪名也被司法主体援引并适用于惩治代替考试的行为。其实，在《教育部关于修改〈国家教育考试违规处理办法〉的决定》等规范中，对代替考试的行为没有做出行政处罚的规定，但是，立法者却直接将代替考试行为规定为犯罪[3]。由于立法者直接将行政法中没有规定的违法行为上升为犯罪，违背了刑事立法的二次违法性原理。行政犯罪的"二次违法性"特征决定了刑事司法中必须先行依据行政法律规范判断行为是否具有行政违法性，才能进行刑事违法性判断。[4]由此，对于代替考试的行为，行政法并没有做出行政处罚的规定。易言之，行政法对代替考试行为并没有作出处罚的立法

---

[1] 参见游伟："刑法介入经济行为应当适度控制"，载《法制日报》2009年2月11日，第12版。

[2] 参见姜敏："刑法预防性立法应恪守科学、理性"，载《检察日报》2019年11月6日，第3版。

[3] 2016年1月19日，被告人周某某在被告人程某的指使下，代替程某到固始县公安局交警大队参加机动车驾驶人科目一理论考试，后周某某在考试时被发现。2016年1月19日，程某到固始县公安局投案。针对指控，公诉机关当庭提供了书证、被告人供述与辩解等证据证实。公诉机关认为，被告人周某某代替他人参加法律规定的国家考试，被告人程某让他人代替自己参加法律规定的国家考试，其行为触犯了《刑法》第二百八十四条之一第四款的规定，犯罪事实清楚，证据确实、充分，应当以代替考试罪追究其刑事责任。河南省固始县人民法院经审理认为，被告人程某让他人代替自己参加法律规定的国家考试，被告人周某某代替他人参加考试，其行为均已构成代替考试罪，且系共同犯罪，应依法惩处。程某主动到案，如实供述其罪行，系自首，可以从轻处罚；周某某如实供述其罪行，系坦白，可以从轻处罚。

[4] 参见上海市人民检察院自贸区检察工作调研课题组："既要落实刑事政策又要谨慎追责——'自贸区金融贸易改革背景下的刑事法律适用'系列之二"，载《检察日报》2014年12月24日，第3版。

规定，既然前置法没有做出行政处罚规定，刑法就不应该将类似行为作为犯罪处理。当然，违背刑法最后性的立法现象在其他国家也存在，并非中国刑事立法上的特有现象。比如，在德国刑事立法当中也存在这种情况，并遭到学者指责：批评者在许多地方都看到了违背最后手段原则的现象（prima），谴责立法者并未将刑法作为最后手段（ultima），而是作为优先的，甚至是有些场合下唯一的（sola）手段进行使用（滥用）。[1] 根据论者的观点，违背刑法最后性的刑法立法在德国也存在，并对该种立法现象进行了批评和反思。

在《中华人民共和国刑法修正案（九）》中，立法主体对危险驾驶罪的客观行为进行扩张，比如，超速与超载等行为被纳入危险驾驶罪的行为范畴。但是，根据《中华人民共和国道路交通安全法》规定，对交通工具超速与超载的违章行为，可以做出罚款、吊销驾照的行政处罚规定，并没有规定行政拘留的处罚措施。比如，《中华人民共和国道路交通安全法》第 92 条第 1 款规定：公路客运车辆载客超过额定乘员的，处二百以上五百元以下罚款。超过额定乘客百分之二十或者违反规定载货的，处五百元以上二千元以下罚款；《中华人民共和国道路交通安全法》第 99 条规定：有下列行为之一的，由公安机关交通管理部门处二百元以上二千元以下罚款……机动车行驶超过规定时速百分之五十的……行为人有前款第二项、第四项情形之一的，可以并处吊销机动车驾驶证……。质言之，从行政立法的内容看，治理超速与超载行为尚未到穷尽行政处罚措施的程度，也即，行政法对类似的危害行为尚未使用最严厉的行政处罚，因此，对此类行为进行法律干预时，刑法没有必要过于积极和主动。也就是说，对类似的危害行为还不需要采取刑事处罚措施。但是，在《中华人民共和国刑法修正案（九）》中，立法主体却在危险驾驶罪的行为方式中纳入了超速和超载行为。质言之，刑事立法主体将缺乏刑事处罚必要性的一般危害行为纳入到严重的社会危害行为范畴，导致一般行政违法行为转变为刑事违法行为，而这明显背离了刑事犯罪的二次违法性原理。仔细考察一下法律制度就可以不言自明，为了阻止任意堕胎的泛滥，通过立法对人工流产科处严刑时，私下的堕胎就会蔓延开来；通过立法对药物犯罪予

---

[1] 参见陈侃："刑法谦抑的边界"，载《检察风云》第 16 期。

以严惩时，药物就会变成暴力团伙的庞大资金来源。[1]由此，如果不关注其他前置法在犯罪治理中发生的作用，一味地依赖刑法规范无疑是不明智的，也不能有效解决社会问题。

二、司法层面的分析

在司法实践中，司法主体应该遵循二次违法性原理，以确保刑法保障性功能的实现。根据二次性违法理论，司法主体在对危害行为进行犯罪构成评价之前，要先判断该行为是否已经超出了前置性法律的调整范围，如果适用前置性法律可以有效规范这种危害行为，就不再需要刑法规范的介入。比如，扰乱国家机关工作秩序罪，《中华人民共和国刑法修正案（九）》把医闹与上访行为纳入到《刑法》第290条扰乱国家机关工作秩序罪的行为方式当中，在对医闹与上访等行为形成一定威慑的同时，也产生了新的社会问题。也即，对于正常的医患矛盾与合理诉求，是否也会被公权力主体纳入到刑法规范范畴，从而侵害公民的合法权利诉求。根据原卫生部、公安部公布的《关于维护医疗机构秩序的通告》，对于"医闹"扰乱医疗机构正常秩序的行为，由公安机关依据《中华人民共和国治安管理处罚法》予以处罚；另外，国务院《信访条例》对信访人数、信访渠道、信访受理、办理程序做了详细规定。对此，司法主体在处理类似的行为时，就需要对行为的第一次违法性做出明确判断。也即，医闹与上访行为首先需被认定为行政违法，而后司法主体才可以根据具体情况将其作犯罪行为进行处理。正如有学者指出的：即使在劳动教养制度被废除以后，也不意味着就可以当然地将某些个人缠访、闹访的行为纳入刑法规制，相反，优先考虑通过治安管理处罚法等行政手段解决，区分行政不法与刑事不法，是在法益保护的问题上遵循比例原则的必然要求。[2]论者的观点无疑是合理的，也是科学的，准确地指出了刑法的干预界限。质言之，虽然刑法上将医闹与上访行为纳入到犯罪构成当中，但是，司法主体对医闹与上访行为需做合理区分，应当将正当的权利诉求行为与轻微的危害社会秩序行为排除在犯罪构成之外。也即，第一次违法性是刑法规制法定犯

---

[1] 参见林东茂：《危险犯与经济刑法》，五南图书出版有限公司1996年版，第15页。
[2] 参见车浩："刑事立法的法教义学反思——基于《刑法修正案（九）》的分析"，载《法学》2015年第10期。

的首个底线，也是阻隔出入人罪的不可或缺的防线[1]。

《中华人民共和国刑法修正案（六）（草案）》曾拟将非法鉴别胎儿性别行为作为犯罪进行规定：违反国家规定，为他人进行非医学需要的胎儿性别鉴定，导致选择性别的人工终止妊娠后果，情节严重的，处三年以下有期徒刑、拘役或者管制，并处罚金。今天再思考这个立法问题，应该能看到，草案规定有将问题简单化处理之嫌。其实，这一立法建议与实践中对非法鉴别胎儿行为的危害性有关，同时，也与人大代表强烈的立法建议有关，也是因应全国人大教科文卫委员会与计生委的要求拟定的立法条文，主要是针对近年来许多地方大量存在的非医学性别鉴定的不正常现象。但是，可以肯定的是，非医学性别鉴定显现的形成原因是多元化的，尤其是某些制度性因素（如社会保障不足、落后的农耕模式）比之于非法性别鉴定本身要负更大的责任。并且，该立法规定的犯罪界限不清，实践中很难操作，且孕妇对胎儿性别有知情权，对这种行为不宜作为犯罪处理。因此，最终该条款没有纳入最终通过的《中华人民共和国刑法修正案（六）》之中。总之，在该问题上，用推测的社会后果或者简单以需求决定供给的函数计算方法，来论证某种行为的社会危害性，这本身就是不科学的。再则，对非法鉴别胎儿性别的行为，根据当前的刑法罪名或者行政处罚措施，如非法行医罪、吊销执业证书等，也可以完成对该危害行为的处罚，因此，不需要设立新的罪名对类似行为进行惩治和预防。除行政制裁之外，对非法鉴别胎儿性别的行为，特定情况下也存在追究刑事责任的可能性。例如，如果未取得医生执业资格的人非法为孕妇进行胎儿性别鉴定，造成孕妇死亡或者身体健康受损，可能以医疗事故罪、过失致人死亡罪或者过失致人重伤罪追究其刑事责任。[2] 从实践上看，司法主体对未取得医生执业资格的人也是依照非法行医罪[3]或者行政处罚对

---

[1] 参见邱兴隆：" 刑法的底线 "，载 http：//www.aisixiang.com/data/90373-3html，最后访问日期：2015 年 7 月 12 日。

[2] 参见李想："医务人员非法鉴定胎儿性别难追刑责"，载《法制日报》2015 年 5 月 25 日，第 3 版。

[3] 2017 年 5 月至 2017 年 8 月期间，被告人赵某在其位于上海市普陀区桃浦路 1889 号租用房间内，为前来看病的孕妇进行非医学需要鉴定胎儿性别，收取一定费用。至案发时，赵某一共为 11 名孕妇进行非医学需要鉴定胎儿性别，违法所得 3740 元。法院审理后认为，被告人赵某未取得医生执业资格非法行医，为多名孕妇进行非医学需要鉴定胎儿性别，情节严重，其行为构成非法行医罪，判处有期徒刑 7 个月，罚金人民币 10 000 元。载 http：//www.chinacourt.org/detail/2017/10/id/3014909.shtml，最后访问日期：2021 年 10 月 20 日。

非法鉴别胎儿性别的行为进行认定和处理的。并且，从实践上看，针对此类行为，期望通过刑法进行根除无疑是不可能的，最终还是靠完善社会保障等制度规范，以根本削弱鉴别胎儿性别的原动力。

非法利用信息网络罪、帮助信息网络犯罪活动罪，这两个罪名也是在《中华人民共和国刑法修正案（九）》中出现的新罪名，该条明确要求，危害行为构成这两个罪名，需要达到情节严重的程度。除了犯罪构成要素的评价，还需要对非法利用网络行为与帮助网络犯罪行为是否触犯行政法规进行判断，如果没有违反行政法律规范，就不能从刑法角度对上述行为进行定性处罚。信息网络犯罪帮助行为过度犯罪化造成国家权力与国民自由之间的冲突。受二次违法性理论启发，可以通过前置法评价行为社会意义是否用尽。对前置法的善意遵守或可以成为网络犯罪帮助者违法减轻或责任减轻的理论根据。[1] 比如，《全国人民代表大会常务委员会关于维护互联网安全的决定》《关于严厉打击利用互联网等信息网络非法经营烟草专卖品的通告》等行政法规，对非法利用网络行为都从行政法角度进行了限定，也为判断类似危害行为是否构成犯罪提供了前置法上的判断标准。

二次违法性是刑法最后性和保障性的体现，也是刑法谦抑性在刑法立法和刑事司法上的反映。在社会转型背景下，社会矛盾集中、风险高发是常态现象，也是一段时期内持续存在的社会问题，因此，刑法在社会秩序治理中的功能日益凸显，工具化色彩日益浓厚。基于此，积极立法主义就顺理成章成为一种立法观念或理论话题。基于此，刑事处罚早期化成为理论上的一个重要话题，也成为立法与司法上密切关注的话题。于是，对实践上的热点问题，刑法干预的积极性往往会水涨船高，对此应该有理性认识，需要根据刑法谦抑性和二次性进行分析和判断，防止刑法过度干预社会生活。也即，越是在刑法的工具性色彩彰显的时候，越是要对刑法的价值和机能应该有理性认识，在充分发挥刑法的社会治理功能时，也要对刑法基本原则和基本精神有清晰的认识，尤其要对刑法的二次违法性有理性认识。刑法最后手段性的特点和热点民生问题形成的原因，更需要国家优先尝试使用社会政策和民事、经济、行政等法律等手段进行化解。国家一旦提倡"民生刑法观"，极容易导致国家各部门过分强调刑法对该类问题解决，容易形成"口号化""运动式"

---

[1] 参见王杰："论帮助信息网络犯罪活动罪"，华东政法大学 2017 年硕士学位论文。

推进的危险，容易导致刑法过度活跃，推动刑法成为社会管理常规手段的巨大风险。这将松懈和转移其他社会措施对解决社会矛盾的基础意义，导致其他社会纠纷解决机制功能的退化，而后者才是维护国家社会稳定和健康发展之本。[1]我们认为，论者的担忧不无道理。根据论者观点，当下的刑事立法和刑事司法既体现出了社会因素对刑法干预深度的影响，也表明在当前的社会背景下，刑法解读和适用应该坚持的立场和精神。因此，在这个意义上，对刑法与其他部门法衔接的问题应引起立法主体和司法主体的关注，除了在实践上加强部门之间的沟通协调之外，还需加强司法解释、刑法指导案例在实践中的作用，对刑法适用的标准加以明确和细化，以提升刑法规范的司法可行性和适用性。

第四节　合理回应积极的一般预防

在刑法理论上，一般预防与特殊预防是刑罚的目的，是通立法、司法或者执法等行为达到的威慑犯罪主体的目的。根据传统刑法理论，刑罚预防属于刑罚论的范畴，没有被纳入到犯罪论的层面，一般与刑事政策、重刑主义等内容联系紧密。积极的一般预防则不然，其不但与刑事政策内容紧密关联，还突破了刑罚论的范畴，并延伸至犯罪论领域。

在我国的刑法理论与司法实践上，一般预防被视为对潜在犯罪主体的威慑，为了强化刑罚裁量与刑罚执行对其他社会主体的威慑作用，一般预防通常会成为对行为人施以重刑的理由与依据，以此达到维持社会秩序平稳运转的目的。重刑化和轻刑化完全对立，前者立足于刑罚威吓和一般预防的立场，要求继续提高刑罚的严厉程度，希望经由严刑峻法建立一个秩序井然的社会。这种观点为刑法学理论界少数同志所提倡，但却为司法实践部门的多数同志所采纳，并成为国家立法机关十多年刑事立法设定刑罚量的基本依据。[2]鉴于一般预防与重刑化之间的关系密切，该理论也成为学者经常批判的对象，尤其是对其将社会主体视为工具而非目的现象进行了批判。于是，在当下的

---

[1] 参见何荣功："社会治理'过度刑法化'的法哲学批判"，载《中外法学》2015年第2期。
[2] 参见梁根林："重刑化还是轻刑化——重刑主义批判"，载http://www.fl365.com，最后访问日期：2020年1月5日。

刑法理论上，如何对待刑法的一般预防功能，成为检验刑法是否符合法治现代化的重要标准。遗憾的是，在我国刑法理论中，一般预防依然是刑法发挥预防功能的重要支撑，也是司法主体倚重的实践手段。

一般认为，为全面应对社会风险、充分保护法益，风险社会中的刑法具有处罚的早期化、处罚的严厉化、处罚的扩大化的特征，其机能也从事后处理机能向事前预防机能转移。[1]这意味着，刑法模式应当从传统的核心刑法转换为危险减少刑法，一般预防的目标设定要扩张至社会中所有的重要领域。于是，积极的一般预防论在今天的德国刑法学界占据了优势地位。[2]据此，积极的一般预防理论认为，刑罚的意义在于维护民众对法规范有效性的信赖和遵循。德国学者罗克辛教授与雅科布斯教授都倡导积极的一般预防理论，他们把积极预防引入犯罪论范畴，并成为犯罪三阶层体系中的重要组成部分。重要的是，在他们的理论当中，刑法的预防功能发生转化，不再是对行为人施以重刑的依据，而成为刑法人性化与轻刑化的重要支持。"也就是说，如果有利于对犯罪人实行再社会化的话，那么，是可以科处比罪责之严重程度更为轻缓的刑罚的；如果没有预防必要的话，甚至可以完全不科处刑罚。"[3]其实，积极的一般预防理论蕴含了丰富的政策要素。根据犯罪构成，如果应对行为人定罪量刑并施以刑罚，根据特殊预防对行为人不需要定罪量刑的，就不再以犯罪处理；如果需要对行为人施以轻刑的，则不能判处重刑。质言之，罗克辛所说的刑法预防理论并不是传统理论中以威吓为内容的消极的一般预防，而是积极的一般预防。正如有的学者所言："只有当罪责评判没有伤害到规范的秩序任务时，我们才可以将罪责评判个别化（亦即阻却或者排除罪责）"[4]。换言之，对于某个犯罪人或不法行为人而言，仅当对他施以刑罚也不能满足刑罚预防的需要时，他才可以是无罪责能力的。

积极的刑罚预防理论是机能主义刑法观的表征，也是功利主义哲学在现代德国刑法理论上的体现，是国家特定社会阶段的现实需求。关于积极预防

---

[1] 参见马克昌："危险社会与刑法谦抑原则"，载《人民检察》2010年第3期。

[2] 参见李冠煜："对积极的一般预防论中量刑基准的反思及其启示"，载《中南大学学报（社会科学版）》2015年第1期。

[3] [德] 克劳斯·罗克辛：《刑事政策与刑法体系》，蔡桂生译，中国人民大学出版社2011年版，第78~79页。

[4] [德] 京特·雅科布斯：《规范·人格体·社会——法哲学前思》，冯军译，法律出版社2001年版，第41页。

理论的社会背景,"作为目的刑论的重要成员之一,积极的一般预防论的提出有其特定的社会背景和刑事政策理由。"[1] 机能主义刑法观强调,刑罚的威慑功能不能局限于刑罚论,还需从犯罪论的角度发挥效用,发挥效用的基础就是政策要素的介入,介入途径是改造传统的犯罪构成理论,弥合刑事政策学与刑法教义学之间的鸿沟,缓解刑法与刑事政策之间的张力,达到政策学与教义学、规范学与事实学的统一。于是,表征价值要素的客观归责、积极的刑罚预防、答责、期待可能性、认识可能性等法律概念,逐渐出现在犯罪论体系当中。结果是,不论是在理论上,还是在实践上,都出现了不断推进刑法刑事政策化的努力情形。

德国学者雅科布斯提出的功能性罪责概念,明确主张罪责非难的前提不是非难可能性,而是现实的或可能的预防需要,目的赋予罪责概念以内容,罪责概念的确定在于,为确证秩序与法权利之间的联系而惩罚公民的需要提供根据;罪责由一般预防所构建,并根据一般预防来衡量。[2] 质言之,为突出社会的要求与利益,罪责概念中被加入目的刑的思想,强调从预防未然之罪的角度来把握罪责的本质,而不再着眼于已然之行为的可谴责性本身。也即,对于这种具有双重意义的预防功能的刑罚方案,仍然需要再附加一个具有决定性的限制。对此,罗克辛教授也对刑法预防性在罪责中的功能做了诠释,答责性的评价不仅仅涉及人们是否对行为人能够提出(罪责)非难的问题,也涉及这样的判断:即从刑法的视角来看行为人是否必须对其行为负责。据此,他认为可谴责性只是答责性的必要但非充分的条件,必须加上预防的制裁必要性。[3] 按照我国以及在德国占据绝对主流的观点,每个刑罚还必须受到犯罪人的罪责的限制:任何人不得在没有罪责的情况下遭受处罚(比如,在精神病或不可避免的禁止错误时,就不能受罚),而且,刑罚的严厉性也不得超越罪责的范围。此便是"罪责原则"。罪责原则是德国刑法的基本原理之

---

[1] 李冠煜:"对积极的一般预防论中量刑基准的反思及其启示",载《中南大学学报(社会科学)》2015年第1期。

[2] 转引自劳东燕:"罪刑规范的刑事政策分析——一个规范刑法学意义上的解读",载《中国法学》2011年1期。

[3] 转引自劳东燕:"罪刑规范的刑事政策分析——一个规范刑法学意义上的解读",载《中国法学》2011年1期。

一，其宪法法院已将该原则归结到了对人类尊严的保障之上。[1] 于是，政策考量可以通过积极预防理论进入到罪名判断与刑罚裁量过程当中，不过，却需要受到罪责原则的规制，以保证政策要素在法律范畴内发生效力。至此，一般预防功能在刑法中的角色与意义发生了改变，需要我们在刑法理论与司法实践中做认真思考和适当借鉴。值得关注的是，在这个过程中，刑罚不允许超过由罪责划定的边界，并且，当特殊预防与一般预防发生冲突时，需要优先考虑特殊预防，这就是德国机能主义刑法论的核心思想。

根据上述论述可知，积极的一般预防理论在德国刑法犯罪论体系中具有重要作用，对改造犯罪论体系、完善刑法教义学，以及凸显刑法教义学与刑事政策学之间的关系，都有重要作用。更为重要的是，与国内刑法理论对积极一般预防理论的认识不同，在德国的刑法语境中，对其有更为理性和科学的解读。积极的一般预防不是用高举的棍棒相威胁，而是针对能够做出清醒的决定，有能力在服从还是违反规范之间做出选择的人。它不想对任何人进行威慑，无论是公众还是受刑者。它的目的是总体上强化民众的一般的法律意识。[2] 基于此，积极的一般预防是为了强化公民的规范意识，即强化刑法规范在社会主体的认同感，在这个意义上，与强调威慑功能的消极的一般预防有着本质区别。积极的一般预防理论虽然与起源于德国的风险社会有一定关联，并在刑法层面解构和重构犯罪论体系，并对刑事立法进行修正和完善，以重塑社会主体对刑法规范的认同和信任。不过，德国的刑法学者更多是从出罪角度诠释积极的一般预防理论，这与国内刑法学者的观点有显著不同。国内学者只是看到了积极一般预防理论在培养公民刑法认同上的作用，却没有关注到该理论可能存在的消极影响，导致在犯罪构成、刑事政策及罪责等问题上存在认识偏差，并继而影响到刑事立法与刑事司法实践。"积极一般预防理论以犯罪预防为刑罚正当性的理论预设，无法追溯犯罪本身的正当性由来，亦无法阐释犯罪者为预防他人犯罪负责的正当性，陷入遵循规范的困境，难以撇离刑法的威慑功能以及将人作为工具的功利主义效用。同时，积极一般预防之犯罪预防理论又颠倒与报应刑的派生关系，导致刑法的适用陷入无

---

[1] 参见[德]克劳斯·罗克辛："构建刑法体系的思考"，蔡桂生译，载《中外法学》2010年第1期。

[2] 参见[德]克劳斯·罗克辛：《德国刑法学 总论：犯罪原理的基础构造》（第1卷），王世洲译，法律出版社1997版，第51页。

所羁绊的肆意扩张之中，进而上演忠诚恶法的闹剧。"[1]根据前述观点可知，论者对积极一般预防理论的看法未免有些过激，但是，在一定程度上，确实反映了理论界对积极一般预防理论的警惕和不安，这对我们理性认识积极的一般预防理论的价值和作用具有积极意义。

在《中华人民共和国刑法修正案（八）》当中，有具体危险犯修改为抽象危险犯，比如，《刑法》第141条的规定，立法主体在该条款中没有规定任何情节要素或数额标准，只要生产销售假药就符合该罪的犯罪构成。但是，在实践中，并不是只要行为人生产、销售假药就可以以该罪进行定罪量刑，还需要对生产、销售假药的危害程度进行考察，以分析其是否达到了刑法意义上严重危害性，这也是其能否入刑的重要判断标准。再如，《中华人民共和国刑法修正案（九）》增加了准备实施恐怖活动罪，该罪名是预备行为实行化的体现，也是行为犯，即行为人只要为实施恐怖活动做准备，就符合该罪名的犯罪构成。但是，在司法实践中，司法主体不可能把任何准备实施恐怖活动的行为都纳入该罪的规制范畴，只会将具有严重危害性的准备实施恐怖活动行为上升为犯罪。并且，从司法层面看，准备实施恐怖活动的行为状况也分不同类型，准备程度也有很大不同，距离实施恐怖活动时间也有不同，所以司法主体在判断准备实施恐怖活动行为是否符合犯罪之前，需要对其是否符合一般的违法性标准进行衡量，而后才能做出是否符合犯罪构成的裁断。质言之，在行为犯的定性判断中，有一定的刑事政策色彩，政策介入途径就是预防必要性的考量。根据犯罪构成的要素，危害行为虽然构成犯罪，但如果没有处罚必要性或者预防必要性的，则应当做出罪处理。正如有的学者所言："预防性刑法在反恐领域的兴起本意在于预防恐怖活动的风险，以维护国家与社会安全，但如何避免预防性反恐立法对公民基本权利可能造成的损害，这是法治国不能回避的重大问题"[2]。当然，出于保护公民权利的需要，刑法预防功能的发挥应仅限于出罪的维度。换言之，不能因为有刑法预防的需要，就将本不需要刑法规制的行为纳入犯罪范畴。

对刑法中行为犯的判断，依靠传统的犯罪构成理论显然不能胜任，即使借助刑法中的但书规定，也不能达到合理判断之目的。并且，无论是传统的

---

[1] 徐伟："积极一般预防正当性的反思与重塑"，载《西南政法大学学报》2017年第4期。
[2] 何荣功："'预防性'反恐刑事立法思考"，载《中国法学》2016年第3期。

犯罪构成还是但书条款，都是针对危害行为自身而言的，对危害行为之外的政策要素并没有给予足够关注，但恰恰是政策要素在很多时候会影响针对危害行为的司法走向，这正需要积极的一般预防理论的引入与运行。质言之，积极的一般预防理论是从实然角度对危害行为入罪与否及刑罚轻重做出的判断，并且这种判断是从轻刑化角度展开的。对此，罗克辛教授曾指出：刑罚同时取决于两个因素，其一是用刑罚进行预防的必要性；其二是犯罪人罪责及其大小。如果人们赞同我的观点，那么，也就意味着，刑罚受到了双重的限制。刑罚之严厉性不得超过罪责的严重性，同时，也不能在没有预防之必要性的情况下科处刑罚。这也就是说，如果有利于对犯罪人实现再社会化的话，那么，是可以科处比罪责之严重程度更为轻缓的刑罚的；如果没有预防必要的话，甚至可以完全不科处刑罚。[1]也即，根据罗克辛教授的观点，如果对行为人没有定罪的必要性，对危害行为就不需要定罪，如果对行为人适用轻刑合理，对危害行为就应选择轻刑。反之，则不符合积极的一般预防的理念。由此，在行为犯、危险犯等犯罪类型的判断上，尤其是对那些前置法规都不关心的危害行为，适用积极的一般预防理论无疑是非常恰当的。

第五节 理性对待司法能动主义

近年来，司法能动主义成为新的理论发展动向。司法能动主义推动了刑法解释的灵活性，客观上促进了刑法规范的创新性，并保持了刑法文本与社会发展的一致性。不过，刑法解释能动性对刑事司法逻辑的坚持形成挑战，并会对罪刑法定原则的贯彻形成负面效应。

司法克制主义主张，法律解释主体应严格遵循三段论的司法逻辑，在刑法规范的文义范畴内揭示规范文义的内涵。司法克制主义理论认为，法律是已经存在的客观"现成"之物，法官的任务就是在司法过程中去发现、解释和服从法律。[2]对法学流派进行考察时，我们会看到，以法律形式主义为特征的各个流派，往往会倡导守法主义或克制主义的立场。可以说，司法克制

---

[1] 参见[德]克劳斯·罗克辛：《刑事政策与刑法体系》，蔡桂生译，中国人民大学出版社2011年版，第7页。

[2] 参见陈金钊："法官司法缘何要奉行克制主义"，载《扬州大学学报（人文社会科学版）》2008年第1期。

主义的基础是注重形式理性的实现、尊重法律权威。由此，在司法克制主义论看来，形式逻辑与平义解释是司法主体得出正确判决的思维模式，是现代法治社会形成的坚实基础，也是保障公民权利、约束公权力的有效路径。正如德国法学家恩吉施所说："自此时此处始，我们不得不通过制定法为我们获得理性、合目的性和适当性，因为我们通过制定法提出且不得不依据制定法来建构我们的存在。当代的、合时宜的解释是法律者的任务"[1]。20世纪90年代以来，我国形成初步的法治形态与司法克制的关系密不可分，基于此，罪刑法定原则、文义解释、司法克制与形式法治等概念逐渐成为主流话语。不过，随着社会转型加快、风险社会概念的引入，社会风险因素似乎无处不在，充斥于公共交通、食品行业、环境污染、公民信息、恐怖袭击甚至核能安全等社会各个领域。由此，在现代社会发展过程中，越来越多地出现各种社会风险，从电子病毒、核辐射到交通事故，从环境污染到犯罪率攀升等，工业社会由其自身系统制造的危险而身不由己地突变为风险社会。正是基于风险社会概念的传播，应对社会矛盾的政策取向开始发生变化，从以往的宽松型社会管理模式向压力型的社会管理模式转变，被动的法律治理转变为积极的法律介入。基于此，社会管理模式转变的表征就是，立法主体不断出台各种法律条文，以应对社会层面的冲突和挑战，公权力干预私权利的范围在不断向前推进和延展，社会主体的私权利空间在公权力的推进中不断被压缩。

风险社会的具体诉求反映到刑事立法领域，最为明显的特征就是刑事干预普遍化与刑事处罚提前化。对此，有学者曾经指出："安全刑法以行为的危险性为前提，只要应受处罚的行为具有威胁法秩序共同体的危险，刑法就应当在该危险变成现实之前提前介入，对具有人身危险性的行为人，只要其危险性威胁到法秩序共同体的安全，刑法同样应当对其做出一定的反应，从而降低社会风险的存在"[2]。我们认为，论者主张的安全刑法观虽然相对偏激，但是，关于刑法知识转型的阐述，还是较为准确合理地反映了社会现实需求。详言之，基于社会风险治理的需要，刑法理论在本体层面开始发生转变，对影响社会安全的秩序保护机能开始侧重，刑法的预防功能开始成为当

---

[1] [德]卡尔·恩吉施：《法律思维导论》，郑永流译，法律出版社2004年版，第134页。
[2] 来向东："风险社会中的刑法危险"，载《人民检察》2012年第7期。

代刑法的显著特征,刑法积极介入社会领域逐渐成为立法常态。

在当代刑法中,未完成模式的犯罪(包括实质的预备犯与未遂犯)正日益成为常态性的犯罪类型。这显然与预防主义的倾向有关,危险控制与及早干预的压力,驱使犯罪成立的临界点从实害发生提前至危险出现的阶段。刑事干预普遍化是指,立法主体希望通过刑事立法解决社会各领域的矛盾,从与个人法益相关的财产、生命、健康安全的领域向环境安全、社会秩序甚至道德伦理等抽象法益的层面推进。体现在刑法教义学层面就是,行为无价值的违法性概念开始被置于重要位置,抽象法益增多、抽象危险犯及道德犯罪增加趋势明显。对于抽象危险犯,司法者甚至无需关注个案的特定情形,也无需判断具体的结果性危险存在与否。抽象危险犯是以一般社会生活经验为根据,通过类型化技术构建的类型化危险犯;防止具体的危险与侵害只是立法的动机,并不成为构成要件的前提。刑事处罚早期化是指,立法主体在刑事处罚上不再坚持处罚既遂为主的原则,法益概念对犯罪制约与刑罚制约的功能持续减弱,法益价值在刑事立法层面上开始呈萎缩趋向。体现在刑法教义学层面上,就是结果无价值逐渐被行为无价值与结果无价值二元论替代。"行为无价值论如欲告别道德主义的羁绊,就应该承认犯罪是违反行为规范进而指向法益的行为。在这个意义上的行为无价值论是'新规范违反说'和'法益侵害导向性说'的统一体。"[1]再则,行为人的主观要素在犯罪构成中的作用开始增大,预备犯实行化、帮助犯正犯化、处罚未遂犯及行为犯与持有犯增加开始成为刑事立法的新常态。而且,该种立法模式的重要依据就是现代社会发展中出现的各种风险,司法主体积极得活用刑法,形成新的规范意识,从而保障社会秩序的安全。

在近年来的刑法修正案当中,为了回应社会风险治理的需要,积极的刑事立法主义为立法主体所青睐,基于此,刑事干预早期化与刑事处罚普遍化都有明显体现,刑法干预社会关系的范围和深度愈加深化。比如,资助危害国家安全犯罪活动罪,准备实施恐怖活动罪,盗窃、侮辱、故意毁坏尸体、尸骨、骨灰罪,资助恐怖活动罪,帮助恐怖活动罪,非法持有宣扬恐怖主义、极端主义物品罪,危险驾驶罪,持有伪造的发票罪,强制猥亵、侮辱罪,帮助信息网络犯罪活动罪,组织、资助非法聚集罪,污染环境罪,等等。从刑

---

[1] 周光权:"行为无价值论的法益观",载《中外法学》2011年第5期。

法修正内容看,刑事立法主体关注的重点逐渐从危害结果向危害行为转移,刑法成为解决社会问题的常规性手段,一定程度上,刑事立法符合社会治理的工具属性,但这显然与传统的刑法谦抑性和最后性有一定冲突。总的来看,"刑法立法总体面貌的上述变化,概括起来讲就是:刑法规制社会生活的深度、广度和强度都有大幅度拓展、扩张,不仅'管得宽',而且'管得严'"[1]。我们认为,论者的观点是合理的,是对近年来刑事立法规律和特点的准确概括。

刑事立法的作用往往是多元化的,也即,立法层面不断强化刑事立法在社会治理中的作用,同时,也在不断地冲击刑法谦抑性与刑法最后性的底线。传统的"刑法谦抑"由此变成了"刑法前移",刑事处罚早期化成为刑事立法与刑事司法的主要现象,对此,应该引起我们的警惕和重视。但是,刑法干预社会行为的边界应该如何坚守,刑法的保障法属性应该如何看待,在刑事立法应充分发挥刑法威慑效应的语境下,对这些问题的思考显然更为理性和科学。质言之,为了防止刑法滑入工具主义的价值取向,应认真考量预防性刑事立法的边界和限度。对此,有学者认为:预防性立法应限于重大法益领域,比如,在恐怖主义犯罪、公共安全犯罪、食品安全犯罪和国家安全犯罪领域,可以进行适当的预防性立法。预防性立法是刑法工具主义的体现,但如果只把预防性立法限于重大法益犯罪领域,就会把预防性立法的工具价值弱化为特定工具价值,避免预防性立法过分扩张。[2]我们认为,论者的观点具有一定合理性,是对预防性刑法立法范围的合理认识,对我国刑事立法的发展具有积极的指导意义。

当然,预防性刑法不但是刑事立法问题,也是刑法解释层面应当认真关注的问题。也即,当刑事立法在冲击立法的原则与底线的时候,司法主体应该采取何种应对立场,以缓解预防性立法带来的压力。我们认为,当刑事立法主体采取积极的立法政策时,司法主体就需要对条文适用保持克制,对刑事立法条文应尽量做平义解释而非扩张解释。唯此,才可以防止立法权的继续扩大,并蚕食和危及公民的权利空间。

根据刑法有关危险驾驶罪的规定,在公共交通道路上醉酒驾车的,符合

---

[1] 周光权:"积极刑法立法观在中国的确立",载《法学研究》2016年第4期。
[2] 参见姜敏:"刑法预防性立法应恪守科学、理性",载《检察日报》2019年11月6日,第3版。

行政主体制定的法定标准，就构成危险驾驶罪，没有任何情节要求。但是，我国各个地方的风俗文化差别巨大，对醉驾危害性的认识度也不同，行政机关对醉酒驾车的处理也存在不同，如果严格适用刑法进行定罪量刑，会对社会造成一定的消极影响。但是，根据刑法规定，醉酒驾车构成的危险驾驶罪是抽象危险犯，没有犯罪情节和犯罪结果的要求，即只要有醉驾行为的发生，且达到法定标准的，就可以对行为人定罪量刑。有学者曾对该立法条款提出批评：平心静气地加以分析，将这类行为人送进拘役所有何好处呢？关于短期自由刑弊端的研究，难道不足以提醒研究者们保持必要的谨慎吗？实际上，对于这类行为科以严厉的行政处罚，效果会更好。[1]对此，我们认为，论者的观点具有一定合理性，因此，在司法实践中，司法主体需要慎重适用危险驾驶罪条款，对虽然有醉驾行为但没有危险发生可能的，不宜适用该条款。即便行为人血液中的酒精含量达到了法定标准，也不能必然推出行为人醉驾的行为具有危险性，是否具有危险还要司法人员结合当时的具体情况做出判断。[2]并且，司法主体应坚持对该条款进行平义甚至限缩解释，对醉驾标准[3]应该有理性认知，唯此，才能防止危险驾驶罪条款规制对象的不当扩大，以达到合理保证公民权利的目的。

在实践当中，有些地方的司法机关已经开始对醉酒驾车的犯罪构成进行限缩解释，比如，对在停车场、小区等地方酒后挪车或酒后驾车的行为做了出罪解释，具有积极意义和示范效果，对其他地方的司法主体解读和适用危险驾驶罪的构成标准具有示范性意义。之所以对醉酒驾车的行为属性进行限缩解释，与前述行为无造成法益侵害危险有关。质言之，犯罪本质是危害行为侵害了法益，因此，需要从刑法角度惩罚行为人以恢复被侵害的法益。也

---

[1] 参见时延安："刑法立法模式的选择及对犯罪圈扩张的控制"，载《法学杂志》2013年第4期。

[2] 参见陆诗忠："论'危险驾驶罪'司法适用中的几个疑难问题"，载《甘肃政法学院学报》2018年第2期。

[3] 根据《车辆驾驶人员血液、呼气酒精含量阈值与检验》，饮酒驾车是指车辆驾驶人员血液中的酒精含量大于或者等于20mg/100ml，小于80mg/100ml的驾驶行为。醉酒驾车是指车辆驾驶人员血液中的酒精含量大于或者等于80mg/100ml的驾驶行为。根据该规定可知，醉驾的标准是行政主体制定的，是行政主体基于治理社会秩序而设计的标准，对此，司法主体应该有合理和审慎的认识，是否可以直接将该醉驾的标准作为司法上的定罪标准，显然是一个值得思考和研究的问题。质言之，如果该醉驾标准被司法主体直接适用或援引，是不是意味着本来是一个行政违法行为，被司法主体直接认定为犯罪行为。反过来也可以说，是不是危险驾驶罪的入罪标准被肆意降低了。

即，"犯罪的本质，首先必须是侵害或威胁根据法秩序所保护的利益即法益的行为。"[1] 2019年10月8日，浙江省高级人民法院、浙江省人民检察院、浙江省公安厅印发《关于办理"醉驾"案件若干问题的会议纪要》明确提到：对于醉酒在广场、公共停车场等公众通行的场所挪动车位的，或者由他人驾驶至居民小区门口后接替驾驶进入居民小区的，或者驾驶出公共停车场、居民小区后即交由他人驾驶的，不属于《刑法》第133条之一规定的"在道路上醉酒驾驶机动车"。该文件还提到，对于醉酒驾驶汽车，有造成他人轻伤及以上后果、拒不到案、逃跑等8种从重情节之一的，不得适用缓刑。其中，酒精含量在170mg/100ml以下，认罪悔罪，且无8种从重情节，犯罪情节轻微的，可不起诉或者免予刑事处罚。酒精含量在100mg/100ml以下，且无8种从重情节，危害不大的，可认为是情节显著轻微，不移送审查起诉。根据上述文件的精神，对危险驾驶罪中的内涵和范围进行了严格解释，并对缓刑和审查起诉做出了明确要求。应该说，浙江省的解释还是比较合理的，一定程度上，缓解了危险驾驶罪立法过度的问题，对司法实践上限缩该罪名的规制范围具有积极意义。总的来看，在危险驾驶罪的案发数量居高不下的背景下，对危险驾驶罪的成立范围做出明确限制，反映出当下社会各界对醉酒驾车构成犯罪的焦虑和反思，也再次引起理论界和实务界对危险驾驶罪[2]的关注。

刑法中的伪造、变造、买卖身份证件罪是《中华人民共和国刑法修正案（九）》中修改的一个罪名。在该条款中，身份证件被分为居民身份证、护照、社会保障卡、驾驶证等。除了上述各种证件之外，工作证、户口簿、居住证等能够涵盖在身份证件之内涵当中，还需慎重考量和分析。对此，司法主体应该保持克制的司法姿态，不宜私自扩大该罪名的规制范围。不过，《〈刑法修正案九〉条文及配套司法解释理解与适用》中明确提出，除了立法者列举的几种身份证件外，港澳通行证、港澳台胞回乡证、户口簿等也应该

---

[1]［日］大谷实：《刑法讲义总论》，黎宏译，中国人民大学出版社2008年版，第83页
[2] 2019年10月10日，江苏无锡312国道锡港路高架桥发生侧翻事故。事故致3人死亡、2人受伤。目前，经相关方面初步分析，事故系运输车辆超载所致。超载事故的出现，再次引起社会各层面的广泛关注，并在学界和媒体出现货车超载入刑的讨论。对此，还是要理性看待，科学对待刑法在社会治理中的作用。也即，应充分发挥行政法规的货车超载规范功能，并深入探析货车超载的主要原因，而非一味地主张或夸大刑法在规范类似行为中的作用。

被纳入到身份证件的范畴。对此，我们认为，该解释没有严格遵循文义解释的精神，有私自扩张身份证件内涵的边界的嫌疑。质言之，伪造、变造、买卖身份证件罪已经是在原有的身份证基础上的立法扩充，由于立法主体对犯罪对象的范围做了一定扩张，犯罪成立范围也会随之发生较大变化。对此，司法主体在适用该条款时，应该采取保守的解读姿态，将身份证件限制在身份证、护照、社会保障卡、驾驶证等身份证件类型之内，不宜私自扩张到其他证件的范畴，以防止该立法条款的规制范围继续扩大。易言之，即使其他能证明身份的证件被伪造、变造、买卖的，也不能将其归入到伪造、变造、买卖身份证件罪的内涵当中，比如，各机关、单位、社区等为安全或者管理便利制作的门禁卡、用餐卡、停车证等，尽管这些证件内附有使用者的身份信息，但也不能认定为本罪的犯罪对象。否则，就有违法扩张解释的嫌疑，并有突破立法权限而出现类推解释的危险。但是，对上述行为虽然不能按照伪造、变造、买卖身份证件罪处理，但可以根据其他刑法条款进行处理。比如，根据《刑法》第280条第1款、第2款的规定，以伪造、变造、买卖国家机关公文证件、印章罪，伪造公司、企业、事业单位、人民团体印章罪追究。还有一些不能构成犯罪的行为，根据《中华人民共和国治安管理处罚法》进行处理就可以达到规制目的。

基于迎合治理社会风险的需要，立法主体在刑法修正案中进行早期化的刑事立法，推进了刑事处罚早期化的发展，具体表现为个罪数量的增加、犯罪构成要素的减少、犯罪标准的降低、犯罪门槛的下降等，致使刑法的规制范围进一步扩大，虽然在一定程度上符合风险社会的内在需求，但也会造成公权力的大幅度扩张，同时，对公民的权利空间进一步压缩。对此，司法主体如果不能保持适当克制的态度，就会沿着立法扩张的趋势继续前进，在司法层面继续扩大犯罪化趋势，以至于继续压缩公民的权利空间，但这并不符合法治社会建设的权利保障诉求与合宪性要求。由此，为防止社会治理"过度刑法化"，必须反对刑法对刑事政策的过度回应，强调刑法的"司法法"属性；要积极提倡刑法参与社会治理的最小化；坚守刑法保护公民自由这一根本使命。[1]

---

[1] 参见何荣功："社会治理'过度刑法化'的法哲学批判"，载《中外法学》2015年第2期。

第六章 刑事处罚早期化与行刑关系适用分析

随着社会转型持续向纵深推进,社会风险成为法律规范需要应对的问题,各社会领域相继将风险社会作为分析工具,提升诠释问题的意识与应对的策略。作为治理社会风险的重要工具,刑法的理论对风险社会观青睐有加,不断有学者从各个层面论证风险社会的价值和功能,并提出风险刑法理论以适应社会发展的需要,藉此展开对传统刑法理论与刑法结构的改造,以期能为司法实践提供切实可行的理论支持。

从刑法理论上看,刑事处罚早期化是从广义上而言的,具体意指,在社会风险高发的背景下,刑法在社会管理中的作用需要加强,干预社会生活的广度和深度也要增加。因此,刑事处罚早期化在指涉范围上,既包括刑法干预范围的纵向延伸,也包括刑事立法的横向扩张。换言之,刑事处罚早期化既指对自然犯的处罚提前,以达到提前干预危害行为的目的,比如,预备行为实行化、帮助行为正犯化、抽象危险犯增加等;刑事处罚早期化也包括行政犯的立法增加,以扩张刑法的规制范围,主要表现为行政违法行为犯罪化,即将原本属于行政违法行为上升为刑事犯罪,比如,危险驾驶罪,高空抛物罪,催收非法债务罪,组织残疾人、儿童乞讨罪,代替考试罪等。就前述犯罪行为而言,都属于行政犯的范畴,其首置性规范都属于行政法规,也即,危险驾驶行为,高空抛物行为,组织残疾人、儿童乞讨行为和代替考试行为等都是行政违法行为。但是,从以往的执法情况看,行政法对该类行为的规制和防控效果并不理想,基于此,立法主体将前述行政违法行为纳入到刑法规制范畴。由此,在风险高发的社会背景下,为了有效规制各类危害行为,在诸多社会领域,尤其是原先属于行政法规规制范畴的被烙上刑事处罚早期化的痕迹,比如,交通安全、公共安全、食品安全等领域本应根据行政法处罚的违法行为，会籍由刑事处罚早期化的观念而被纳入到刑法规制范畴。

第一节　行政犯适用范围的案例反思

20世纪以来，随着社会化大生产带来社会关系的复杂化，政府越来越多地介入经济活动，对经济活动主体相互之间的事有时也要干预（如对企业之间的兼并从反垄断的角度予以干预），这样，违法行为的刑事责任和行政责任经常缠绕在一起。〔1〕另外，随着风险刑法理念的盛行，如何防范因刑法扩张而导致的其对社会关系的过度干预，也是刑法理论上应该认真思考的问题。易言之，如何处理行政违法与刑事犯罪之间的关系成为理论焦点，并在实践上不断出现新的疑难问题，对此，应当进行有针对性的研究，并构建合适妥当的行刑衔接应对方案，以防止在实践上出现刑法规范替代行政规制的现象。正如有人指出的：刑法的扩张带来刑法与行政法在规制对象上的高度重合。如果立法者对这种重合不提供合理的解决方案，那么将会给刑法带来严重的正义性危机。从某种意义上讲，当今刑法已迈入社会、政治与大众媒体的领域，这种法域冲突很容易在民意等集体意识的驱使下，让刑法的"惩罚性""工具性""象征性"暴露无遗。国家更倾向于把刑法发展成象征性立法，并强化简单的行为控制。〔2〕质言之，在我国的立法层面上，行政违法与行政犯之间通常没有明确的界限，这对刑法的合理使用是不利的。尤其是在社会风险高发的转型期，为了加强社会秩序的治理，在司法层面上更容易混淆行政违法与行政犯罪之间的界限，并会导致违法扩张行政犯的干预范围。

鉴于理论上行政违法与刑事违法区分的困难，从实践上来看，也存在刑行关系认定的困难问题。比如，刑事追诉机关经常将行政不法事实与犯罪事实加以混同，要么将行政机关收集的行政证据直接采纳为刑事证据，要么将行政机关制作的行政认定函或行政处罚决定书作为犯罪认定事实的根据。〔3〕基于此，中共中央十八届四中全会《关于全面推进依法治国若干重大问题的决定》明确提出，要健全行政执法和刑事司法衔接机制，实现行政处罚和刑

---

〔1〕 参见沈开举、王钰：《行政责任研究》，郑州大学出版社2004年版，第77页。

〔2〕 转引自姜涛："抽象危险犯中刑、行交叉难题的破解——路径转换与立法创新"，载《法商研究》2019年第3期。

〔3〕 参见陈瑞华："行政不法事实与犯罪事实的层次性理论"，载《中外法学》2019年第1期。

事处罚的无缝对接。由此,从理论上探讨行政违法和刑事违法界限,不再仅仅是法律上的问题,也是在积极回应国家重大决策的诉求,具有正向的理论意义和社会价值。刑法目的是惩罚犯罪、保护受害人利益,其注重权利保障与司法正义;行政法目的则是维持社会秩序安全、保障公共利益,其侧重行政效率与社会安全。行政犯的具体问题体现在刑事立法、司法解释与法官解释等不同层面上,比如,醉酒驾车的标准认定、交通事故责任认定书的司法采用、卖淫行为的认定范围、枪支的认定标准、假药的司法认定,等等。总的来看,为了防止刑法不当干预行政领域,行政犯的认定需遵循以下标准:具有严重的社会危害性、具有法益侵害性、符合刑事诉讼要求、符合社会一般认知等。

陆勇销售假药一案[1]曾引起理论界与实务界的广泛关注,行政法与刑法之间的关系界定也再次成为理论焦点。陆勇于2013年11月23日被沅江市公安局刑事拘留,同年12月25日经沅江市人民检察院批准,由沅汇市公安局执行逮捕,2014年3月19日陆勇被取保候审。本案由沅江市公安局侦查终结,以陆勇涉嫌妨害信用卡管理罪、销售假药罪,于2014年4月向检察院移送审查起诉。同年7月21日,检察院对陆勇以妨害信用卡管理罪、销售假药罪向沅江市人民法院提起公诉。2015年1月10日,陆勇被公安局执行逮捕。同月27日,检察院向沅江市人民法院撤回起诉,同月29日,陆勇获释。检察院认为,陆勇的购买和帮助他人购买未经批准进口的抗癌药品的行为,违反了《中华人民共和国药品管理法》的相关规定,但是,陆勇的行为不是销售行为,不符合《刑法》第141条的规定,不构成销售假药罪。

陆勇销售假药一案,尽管最后司法主体以其行为不构成销售而未认定销售假药罪,但在司法程序中,对于陆勇是否构成假药的事实认定,不但在司法主体之间有不同意见,更是在社会层面引起颇多争议,其原因就在于,假药的认定标准直接来自行政法的规定。根据2015年《中华人民共和国药品管理法》[2]规定,有下列情形之一的,为假药:(一)药品所含成份与国家药

---

[1] 参见周浩:"'药神'背后的'陆勇案'",载http://finance.sina.com.cn/zl/china,最后访问日期:2018年8月5日。

[2] 2019年8月26日,第十三届全国人民代表大会常务委员会对《中华人民共和国药品管理法》修订并通过,关于假药的标准发生了变化。第98条规定,有下列情形之一的,为假药:(一)药品所含成份与国家药品标准规定的成份不符;(二)以非药品冒充药品或者以他种药品冒充此种药品;(三)变质的药品;(四)药品所标明的适应症或者功能主治超出规定范围。

品标准规定的成份不符的；（二）以非药品冒充药品或者以他种药品冒充此种药品的。有下列情形之一的药品，按假药论处：（一）国务院药品监督管理部门规定禁止使用的；（二）依照本法必须批准而未经批准生产、进口，或者依照本法必须检验而未经检验即销售的；（三）变质的；（四）被污染的；（五）使用依照本法必须取得批准文号而未取得批准文号的原料药生产的；（六）所标明的适应症或者功能主治超出规定范围的。

其中，未经批准而进口的药品按假药论处，这也成为公安部门认定陆勇构成销售假药罪的法律依据。在本案中，被告人陆勇的行为符合该法规定的"假药"内涵，由此，司法主体将陆勇作为犯罪嫌疑人进行认定并纳入司法程序。虽然最后以检察机关撤回起诉而告终，但其带来的社会效应远未结束，还在社会各个层面继续发酵。质言之，陆勇销售假药案带来的法律意义，不仅是关于假药的行政认定能否作为司法主体援引的证据问题，更重要的是，通过该案引申出了更加深刻的问题，也即，在司法实践上如何认定和处理行政认定与犯罪构成之间的关系，即如何理性认识社会中发生的危害行为的期待可能性问题，如何科学诠释刑法规范的形式文义与实质正义之间的关系。易言之，如何合理评价和定位刑法规范的适用范围问题。对此，有的论断还是比较合理的：即便陆勇案发生在国产格列卫仿制药正式上市的今天，其向印度购买或代购仿制药的行为，也未必就能认定具有期待可能性。应当承认，刑法规范本身就凝结着立法者的价值判断，当司法主体运用建立在形式逻辑基础上的三段论，来完成整个涵摄的过程，本身便是在实践立法者的价值判断。对于陆勇的无罪，显示的是法理和客观情况，法律从业人员灵活运用法条，不是单纯地作主观的价值判断。[1] 据此，对危害行为的刑法属性判断，除了基于传统的三段论逻辑完成涵摄过程的判断，还需要对行为本身的实质危害和价值要素进行综合性的判断。

第二节 行政法与刑法的价值和属性

就法律体系而言，不同部门法都有其特殊的价值指向和选择，并基于不

---

[1] 参见"《我不是药神》主角原型无偿帮病友买药 检察院：不起诉"，载http://baijiahao.baidu.com/s? id=1605137572322539960&wfr=spider&for=pc，最后访问日期：2019年9月10日。

同的价值取向而具有不同的法律属性。由此，才会在法律体系内部有不同的法律类型，比如，公法与私法之分、实体法与程序法之分、国际法与国内法之分等。就行政法与刑法的关系而言，两者不论在价值取向还是内在属性上都有类似性，正因为如此，才导致在危害行为的属性认定上产生疑难和不便，并需要对其进行深度研究和探讨。

一、行政法与刑法的价值取向

行政法与刑法都属于公法范畴，两者在调整对象和法律目的上具有一定的趋同性。就行政法而言，在理论上关于行政法目的有平衡论与控权论之分。平衡论认为，行政法是保证行政权与公民权处于平衡状态的平衡法。[1]控权论认为，行政法就是对行政权力进行控制的法。[2]由此，行政法的目的在于通过控权，实现依法行政。行政法的目的就是平衡，即实现行政机关与行政相对方的权利义务上的平衡状态。就平衡论而言，如何平衡行政主体权力责任与行政相对人的权利义务之间的关系没有定论；就控权论而言，具有较强的消极色彩，在保障公民权利方面显得不足。基于此，折中论提出，行政法的目的不是平衡，也不是控权，而是保障公民权利。[3]总的来看，折中论的观点相对客观合理，符合现代法治下的法律价值取向。但不得不说，就行政法而言，其直接目的就是规范社会主体的行为，确保行政行为得以执行，保障社会秩序的有序运转，保障公民权利应该属于行政法的间接目的。相较刑罚"惩罚"与"预防"功能，行政处罚更加体现公共管理的价值功能。[4]易言之，从行政法调整的社会关系看，主要包括行政管理、行政监督、行政救济等具体类型。由此，行政法的规制目的不能限于权利保障，主要是指向公共管理和秩序保护的一面。

刑法立法目的之规定：为了惩罚犯罪，保护人民。据此，刑法的目的包

---

[1] 参见罗豪才等："现代行政法的理论基础——论行政机关与相对一方的权利义务平衡"，载《中国法学》1993年第1期。

[2] 参见张尚鷟：《走出低谷的中国行政法学——中国行政法学综述与评价》，中国政法大学出版社1991年版，第695页。

[3] 参见薛刚凌："论行政法的目的、手段与体系"，载《政法论坛》1997年第3期。

[4] 参见薛培、汤博为："对'行政犯'须并合实施刑罚和行政处罚"，载《检察日报》2017年7月23日，第3版。

括两个层面,具体为,惩罚犯罪行为,保护人民的合法权利。惩罚犯罪是为了恢复被犯罪行为破坏的社会秩序,属于秩序维护的范畴;保护人民是指,通过惩罚犯罪达到保障公民合法权利的目的,属于权利保障的范畴。由此,刑法目的是秩序保护与权利保障的统一,这是从立法规范的层面界定和认识刑法目的。从刑法理论上看,刑法目的相对复杂,有直接目的、根本目的、终极目的等不同类型。根据理论上的诠释,根本目的或终极目的意指维护社会基本秩序,直接目的是指权利保护与预防犯罪。其实,理论上的分类与立法规定最终还是一致的,也是从权利保障与秩序维护两个维度展开的,虽然没有实质区别,但在具体分类上还是有所不同。据此,刑法目的具体包括两个层面,秩序保护与权利保障,这与行政法的目的并没有本质区别。但不得不说的是,虽然刑法和行政法在立法目的上没有本质区别,但两者在具体侧重上有很大不同,刑法更加关注权利保障,行政法则强调秩序保护。虽然在不同的社会阶段,两个部门法在权利保障和秩序保护上还会有不同侧重,但在大的方向上并没有质的变化。基于此,鉴于行政法与刑法的目的有所不同,这种差异决定了对同一概念,在不同的部门法上可能有不同的认识。行政法对危害行为要求更低,且处罚范围广,刑法的处罚范围则比较窄,入罪标准自然就更高。由此,对于明显偏离刑法目的的行政认定或者行政违法标准,就应该通过个案的司法裁量,由司法主体予以矫正或重新界定。

二、行政法与刑法的内在属性

虽然行政法与刑法在目的取向上具有一致性,都是指向权利保障与秩序维护。不过,行政法是基于行政管理的需要而厘定的立法规范,在此基础上不能忽略公民的权利保障。反之,刑法是保护公民权利的大宪章,刑法条款也是基于这个目的进行的制定与设计,并在此基础上完成秩序维护目标。由此,虽然行政法与刑法的目的都指向权利保障与秩序维护,但在具体顺序上,两者还是存在显著不同。基于此,行政法与刑法的内在属性也演化出不同的特征,具体来看,行政法是关于社会管理的立法规范,其属性可归结为管理性与效率性;刑法是关于惩罚犯罪的立法规范,其属性可归纳为公正性与客观性。从行政违法事实与犯罪事实的诉讼构造上看,二者之间也存在明显区别:无论是在证明对象、证据资格还是救济方式上,还是在证明标准方面,行政机关在认定行政不法事实时受到的是较为宽松的法律限制,这些行政不法事实只能成为行政机关做出行政处罚的依据,而不应成为侦查机关启动刑事诉讼程序的唯一依据,更不能直接转化为犯罪事实。[1]

就行政法而言,因为行政法是基于行政管理需要而设计的规范文本,其具体指向是行政相对人,为了社会秩序的有序运转,为社会发展提供合法有效的环境,必须依据行政法对社会各个层面进行规范,以确保行政相对人在法律规范约束之下实施行政行为。所以行政法涵盖的不同规范都具有典型的管理属性,比如,行政处罚法、治安管理处罚法等,都能体现出规范文本社会管理的内在属性。再则,2004 年国务院 10 号文件《全面推进依法行政实施纲要》从依法行政的六大基本要求的角度提出了行政效率基本原则。随着信息技术的飞速普及,信息发展步伐不断加快,这在客观上要求行政机关提高行政效率,因为效率意味着能否把握住机遇,能否快速适应环境变化,能否实现信息的相互沟通和快速协调。同时,提高行政效率也是提高党执政兴国能力的必然要求。提高行政效率、降低行政成本和支出是大势所趋,是符合中国国情的必然选择,它对于进一步提高国家的综合实力和竞争力发挥着巨大作用。提高行政效率是提高行政绩效的关键,也是促进我们改革发展协调、稳定、和谐前进的必然要求。"在行政法领域,人们在已有百余年历史的干涉性行政(Eingriffsverwaltung)之外,又发展出了效率性行政(Leistungsverwaltung)的法律形式,这种效率性行政还取得了主导地位。"[2]总之,行政效率是行政管理追求的重要目标,它关系到中国社会发展进程,是检验行政改革成果的重要尺度。不断提高行政效率具有十分重大的意义,提高行政效率亦是社会前进和发展的要求和时代赋予我们的使命。

就刑法而言,由于刑法是基于惩罚犯罪与权利保障而设计的规范文本,是治理社会的最后一道门槛,具有严厉性与最后性的特征。基于此,刑法规范在内在属性上首先体现为客观性,换言之,刑法适用与客观事实紧密联系在一起,诸如证据确凿、事实清楚是查处犯罪行为的事实要求;客观归责、因果关系、客观要件等则是个罪构成的客观方面;罪刑法定与罪疑从无则是

---

[1] 参见陈瑞华:"行政不法事实与犯罪事实的层次性理论:兼论行政不法行为向犯罪转化的事实认定问题",载《中外法学》2019 年第 1 期。

[2] [德]克劳斯·罗克辛:"刑事政策与刑法体系",载《刑事法评论》2014 年第 1 期。

对犯罪事实认定的原则规定。在诉讼中需要查明的事实，都是已经时过境迁的客观事实。这些事实或者属于案件当事人争议的对象，或者与案件当事人的争议有关，需要在诉讼过程中通过法律手段进行认定，而在诉讼程序中对案件事实的认定结果就成了法律事实。因此，客观事实是法律事实的基础。如果缺乏客观事实，法律事实也就成为无源之水和无本之木，就失去了依托。也即，在适用刑法规范时，法律事实必须以客观事实为追求目标。用于认定事实的审判程序、证据规则以及其他法律手段，除为实现其他特殊的政策或者价值外，均是以追求客观真实为目标，这是法院认定事实的基本规则。据此，刑法的内在属性就呈现出较强的客观真实性色彩。另外，刑法规范还有公正性的一面。这里的公正性主要是指，刑法规范应该客观公正地适用于罪犯主体，具体包括实体公正、程序公正、形式公正、实质公正等层面，反映在刑法基本原则上，就是罪刑均衡、罪刑法定、罪责自负等刑法原则等。

综上可知，行政法与刑法在规范目的上虽然具有一定相似性，但鉴于两者在立法理念、价值位序及运行机制上存在区别，行政法与刑法的内在属性具有明显不同，前者主要体现为管理和效率，后者主要表现为公正与客观。易言之，行政法主要着眼于社会秩序的管理，刑法则是针对危害行为的治理。从法益性质的角度看，行政不法仅仅是单纯违反秩序之行为，而唯有行为已发生侵害其他人之具体法益（如人之生命、身体、自由、名誉及财产）或形成法益危险之情形时，才属于可考虑刑事制裁的刑事不法。[1] 正是源于两者在内在属性上的不同，反映到实践上的行为属性认定上，两者也可能会沿着不同路径展开，从而对相同的行为会发生不同认定的情况，这对司法层面上犯罪构成认定具有重要意义，尤其在界分行政违法行为与犯罪行为的问题上起着关键作用。

第三节 行政犯构成的理性分析

从行政法与刑法的关系角度看，刑法是行政法的保障法，行政法是刑法的前置法，立法主体出于保证行政关系的需要，会将行政违法行为上升为犯罪行为，又称为行政刑法。从理论上看，根据刑法保护伦理道德还是行政秩

---

[1] 转引自孙国祥：" 行政犯违法性判断的从属性和独立性研究 "，载《法学家》2017 年第 1 期。

序，犯罪可以分为行政犯与自然犯。不过，鉴于行政行为的管理性与效率性等内在属性，行政法的立法目的、运行机制、价值追求等要素与刑法存在不同，所以在行政法看来可以作为违法认定标准或认识要素的内容，在刑法上则需慎重考虑，以避免过早介入行政法律关系。

一、刑法应该是行政法的保障法

刑法的谦抑性是指，刑法是其他法律的保障法，是最后法，在其他法律不能有效抑制违法行为发生时，才需要刑法介入，尤其是在经济犯罪与行政犯罪领域，刑法的二次性特征表现最为明显。质言之，不管是行政刑法还是经济刑法，都应该是行政法与经济法不能发挥有效作用时，才可以考虑用刑法介入或者规制，所以就经济刑法或行政刑法而言，一般都是附属刑法，在经济法或行政法当中一般会有明确规定。"做好行政处罚与刑事处罚之间的衔接，强调立法者在把行政违法行为升格为犯罪时，把行政处罚置于比刑事处罚优先的位置，既能以行政处罚与刑事处罚的合力控制风险，又能因为行政处罚优先，从而可以降低对公民的自由的漠视程度。"[1]

刑法分则中关于经济犯罪、行政犯罪的条款，一般都是空白罪状，在具体适用中需要根据经济法或行政法填补罪状的内容。"刑法的法定犯之法条规定中有许多引证罪状、参照罪状和空白罪状，离开其他法律法规，这些罪状就成了无源之水、无本之木。"[2]比如，《刑法》第336条规定，"未取得医生执业资格的人非法行医，情节严重的，处三年以下有期徒刑、拘役或者管制……"根据该条规定，这里的"未取得医生执业资格"，即表明行政机关的相关许可或批准可阻却行为的违法性，反之才可能构成行政犯罪。再如，《刑法》第322条规定，"违反国（边）境管理法规，偷越国（边）境，情节严重的，处一年以下有期徒刑、拘役或者管制，并处罚金……"由此，行为人是否构成前述罪名，首先要判断行为人是否触犯了关于国（边）境的管理法规。不过，近年来在刑法修正案中新增加的一些罪名，并未遵循传统的立法规律，也没有充分考虑行政法与刑法之间的保障关系，而是径直将未经行政法调整的行为纳入刑法规制当中，比如，《中华人民共和国刑法修正案

---

[1] 姜涛："社会风险的刑法调控及其模式改造"，载《中国社会科学》2019年第7期。
[2] 刘伟："经济刑法规范适用中的从属性问题"，载《中国刑事法杂志》2012年第9期。

(八)》中的代替考试罪、《中华人民共和国刑法修正案(九)》中的强制穿戴宣扬恐怖主义、极端主义服饰、标志罪,等等。在这些立法条文中,刑法的最后性或二次性特征被立法主体有意无意地忽略了,也即,在社会政策的推动下,刑法谦抑性则逐渐被冷落了,从而将一般的违法行为直接纳入到刑法的规制范畴。也即,类似的违法行为并未经过行政法规的调整,就直接被作为犯罪进行规定了。但是,未经过行政法规范的行为直接进入刑法规制范畴,其合理性、有效性和科学性都会引起质疑。也即,在行政法制还不完善的情况下,直接动用刑罚的力量,则属于舍本逐末,进而会造成罪名过滥,且刑罚效益低下。[1]对此,一方面表明立法主体基于通过刑法解决社会问题的立法思路,一方面表明行政法在社会秩序管理中的作用未得到充分重视,显然,这不符合法治国家背景下立法与执法的合理关系和内涵。

二、刑法应坚守独立的司法品性

鉴于行政犯与行政违法的密切关系,在司法实践上,司法主体在对危害行为进行属性认定时,经常会关注执法主体对违法行为的定性,也即,根据行政法上对行为性质的界定,并据此作为司法认定的标准。其实,这里面存在一个行政犯的依附性问题,易言之,行政犯的认定需要对行政违法行为先行考察,并据此作为行政犯能否构成的前置性判断。例如,最高人民法院于2000年9月26日公布的《关于审理走私刑事案件具体应用法律若干问题的解释》第1条第7款规定:"刑法第一百五十一条第一款规定的'武器、弹药'的种类,参照《中华人民共和国海关进口税则》及《中华人民共和国禁止进出境物品表》的有关规定确定。"在该司法解释中,明确规定司法主体在司法实践中对武器、弹药予以认定时,应依据的具体的行政法规。再如,最高人民法院于2000年公布的《关于审理交通肇事刑事案件具体应用法律若干问题的解释》第1条规定:"从事交通运输人员,违反交通运输管理法规发生重大交通事故,在分清事故责任的基础上,对于构成犯罪的,依照刑法第一百三十三条的规定定罪处罚。"由此,这里的"分清事故责任",需要根据《中华人民共和国道路交通安全法》《中华人民共和国道路交通安全法实施条例》来

---

[1] 参见时延安:"刑法立法模式的选择及对犯罪圈扩张的控制",载《法学杂志》2013年第4期。

区分全部责任、主要责任、同等责任和次要责任等不同类型。

鉴于行政法追求社会秩序安排，侧重执法效率的概念，行政法会从执法角度将某种行为界定为违法行为，或为违法判断提供一个法律标准。但是，刑法追求的人权保障，侧重的是司法公正，这些与行政法不同，甚至相差很大，至此，应该清楚的是，行政法基于秩序管理和执法效率而制定的法律标准，不能作为刑法上的标准而直接适用到刑事案件当中，或者不能作为唯一标准进行犯罪构成判断。否则，就会在法律价值和立法目的上发生冲突和背离。"行政犯能否构成的判断当然在一定程度上会受制于行政法规的规定和解释，但又不完全取决于行政法规。"[1]易言之，对于行政违法行为是否构成犯罪而言，符合行政法规的构成要件只是判断行政犯成立的一个前置条件。但是，犯罪构成的认定是综合性的判断，即使有了前置法标准，司法主体还需要坚持犯罪构成判断的独立性，防止过度依赖行政机关的行政认定，造成行政权架空和僭越司法权，最终导致违背司法中立的内在要求。质言之，一般情况下，行政犯中的概念或标准判断需基于行政法规的规定，但是，在通常情况下，鉴于刑法规范与行政法规的内在不同，行政犯的判断和认定还需要具有一定的独立性。"虽然刑法与行政法同处'公法之家'，但两者的法属性、价值取向、归责原则存在重大差异，法定犯的判定如果过分依附行政认定将会导致刑法对行政法的依附，形成'刑法行政化取向'，刑法将面临沦为保护纯粹行政利益的危险。而且，实践中亦不排除行政主管部门的答复意见或责任认定，可能具有保护特殊部门利益的色彩，过分强调以行政部门的答复意见和行政认定为判定犯罪的依据，很可能导致国家动用刑法保护垄断或特定部门利益的严重后果。"[2]论者的观点准确、科学地概括出了行政法与刑法之间的关系，并对司法实践上可能发生的刑法风险与对策做了分析，对实践层面界分行政违法与刑事犯罪之间的关系具有积极意义。比如，行政法规定，枪支的法律标准要求是枪口比动能大于等于 $1.8J/cm^2$，这是根据枪支的发射动力为标准作出的法律规定，发射动力具体分为火药动力和机械动力两种。但是，从具体危害性上看，$1.8J/cm$ 对人可能造成的伤害极为有限，与

---

[1] 张绍谦："试论行政犯中行政法规与刑事法规的关系——从著作权犯罪的'复制发行'说起"，载《政治与法律》2011年第8期。

[2] 何荣功："社会治理'过度刑法化'的法哲学批判"，载《中外法学》2015年第2期。

社会层面上对枪支的杀伤力认识有很大区别。于是，在实践当中发生的仿真枪销售案件和摆摊射击气球案件被定性为非法持有枪支罪引起了社会层面上的广泛争议，究其原因，就是司法主体直接援引行政法上的枪支认定标准，而未从刑法角度对枪支标准和危害行为做规范性分析，才导致社会层面对类似案件的判决结果会持不同的态度和看法。

在行政执法当中，对卖淫含义的理解是比较宽泛的，具体包括、口交、肛交、乳交、打飞机等各种与性交相近的性行为。基于此，一些地方司法主体在关于引诱、容留、介绍卖淫罪的案件中，对引诱、容留、介绍卖淫行为的认定往往遵循行政法规的界定，在司法认定上表现得相当明显，对此，还需要进行理性分析和看待。从行政法的角度看，执法主体将口交、乳交等行为作为卖淫处理，是基于维护社会伦理和秩序管理的需要。但在司法意义上，卖淫的内涵应做与行政规定相异的理解，需严格限制在为了利益而进行性交的行为，其他与性交类似的行为则应该被排除在外，唯此，才能彰显刑法规范的严肃性与严厉性。对此，张明楷教授曾给出了精辟的判断：行政法律的规定，只具有作为认定犯罪的线索的意义；刑事司法人员在办案过程中，必须根据刑法的基本原则、刑法条文的具体规定与目的、刑法的补充性原理等，进行独立判断。〔1〕对于前述论断，我们认为是非常合理的，刑法的判断应该具有独立性，对行政规定和行政认定等内容不应该倡导拿来主义，而是需要进行理性分析与合理适用。当行为的可罚性完全依赖于行政上的一般规范（行政条例）或个别规范（行政行为）时，就产生了一种刑法的行政从属性，作为后盾法的刑法反而被挺到前面，成为行政治理的急先锋，作为司法法的刑法将面临被演变为警察法的风险。〔2〕

三、刑法应该坚持客观真实性

刑法的严厉性与权利保障性都表明，在程序上需要案件的客观事实，这在刑法与刑事诉讼法上都有明确规定。从刑法上看，罪刑法定原则要求刑法只能针对犯罪行为进行定罪量刑，所以无罪推定是刑事案件中需要坚持的；

---

〔1〕参见张明楷："避免将行政违法认定为刑事犯罪：理念、方法与路径"，载《中国法学》2017年第4期。

〔2〕参见孙国详："构成要素行政性标准的过罪化风险与防范"，载《法学》2017年第9期。

在刑事诉讼法上，事情清楚、证据确凿是追究刑事责任的事实要求，罪疑从无则是对事实不清的直接要求。至此，无论是实体法还是程序法，都对刑事案件的客观真实性做了具体规定，彰显出客观事实在刑事责任追究中的重要性。

司法主体应该明确，无论是自然犯罪案件还是行政犯罪案件，都应该同等对待。尤其是行政违法行为，如果需要刑事司法介入，司法主体则需对行政主体认定的违法行为慎重考量，若非是行政主体认定的客观事实，则不能擅自作为刑事责任案件的证据或事实予以采信。比如，行为人逃税两次以上的、行为人走私的属于淫秽物品，以及行为人实施的虚假破产行为等，前述行为在被司法主体认定为犯罪之前，需先由行政主体进行认定，如果是行政违法事实，且危害性严重的，才由刑法介入并进行刑事处罚，如果前述行为不能构成行政违法，则无需动用刑法进行规范。在司法实践上，司法主体为了减轻取证压力，加快案件的司法处理，会降低对行为事实的证据要求，即使是行政主体的推定事实，也被司法主体视为认定犯罪行为的客观依据。从行政法与刑法的内在属性看，行政主体根据推定进行事实认定与行政执法的效率追求密不可分，不过，刑法上采取行政主体的推定事实则与刑事司法的客观属性格格不入，对此，需要有清醒且合理的认识。比如，在交通肇事案件中，行政主体对逃逸的交通肇事人推定承担全部责任，对此责任认定形式，司法主体一般会在司法实践中采纳和接受，并将其作为交通肇事罪认定的客观依据。在我国，行政程序适用的是明显优势证明标准，监管机关收集的证据达到了证明事实成立的可能性明显大于事实不成立的程度，就可以做出行政处罚等具体行政行为。但是，刑事诉讼程序要求案件事实清楚，证据确实充分，适用的是"排除合理怀疑"的证明标准，要严格于行政程序。[1]对此，可以得出结论，司法主体并没有认清行政法与刑法的关系，也没有对刑法意义上的客观事实有清晰认知，进而导致在司法实践上作出不当选择和错误认定。质言之，对一些违反行政规范的行为是否应该纳入刑法规范进行规制，需基于刑法的属性和精神进行判断和认定，唯此，才可以确保刑法规范适用的科学性、合理性与合法性。正如有的学者所言：行政法与刑事法毕竟是不同的法领域，各自规制的任务和目的、关注的重点不完全相同，即使在

---

[1] 参见马俊哲："行政认定意见在刑事诉讼中的证据属性"，载http://www.sohu.com/a/3358180371_100081106。

行政犯的场域，刑法相对独立性仍不能忽视。[1]

第四节 行政犯司法认定的标准构建

行政行为犯罪化包括立法上的行政行为犯罪化，也包括司法上的行政行为犯罪化，虽然犯罪化路径不同，但都应该坚守以下几个标准：犯罪行为须具有严重的社会危害性、危害行为需具有法益侵害性、危害行为需具有客观真实性以及需符合二次违法性等。

一、犯罪行为应具有严重的社会危害性

犯罪行为是严重危害社会的行为，也即，犯罪的本质属性是严重的社会危害性。质言之，行为是否具有严重的社会危害性是能否构成犯罪的实质标准。接下来的问题是，社会危害性的判断标准是什么？一般来看，危害性的判断标准有两个，一个是犯罪构成，也即，如果危害行为符合犯罪构成，且不构成违法阻却事由或者责任阻却事由的，则具有严重的社会危害性；一个是社会认知，也即，属于社会民众的感情范畴。刑法分则中的部分犯罪构成并没有明确的量的规定，也即，危害行为是否符合犯罪构成，还需根据一般的社会认知和侵害的法益程度进行判断，比如，盗窃中的扒窃、伪造身份证中的身份证、诬告陷害中的诬告陷害等。"所谓的行政犯以违反特定行政法规范为前提，表现形式为行为对国家相关管理秩序的违反，但是否构成犯罪并不直接取决于这种行政不法'量'的多少，而是要看行为是否侵犯了秩序背后的法益。"[2]

在行政违法犯罪化过程中，有些行为是否构成违法是根据行政法规得出的结论，但是，根据行政规范得出的结论是否可以作为犯罪行为的标准，需对其社会危害性进行具体判断，其标准之一就是社会认知。"刑法分则规定的枪支犯罪，不是以保护枪支管理秩序为目的，而是以保护公众的生命、身体为目的。因此，不能将行政机关出于枪支管理目的所认定的枪支，直接作为

---

[1] 参见孙国祥："行政犯违法性判断的从属性和独立性研究"，载《法学家》2017第1期。
[2] 简爱："我国行政犯定罪模式之反思"，载《政治与法律》2018年第11期。

刑法上的枪支。"[1]比如，前文提到的非法持有枪支案，根据行政规范的认定标准，枪口比动能达到 1.8J/cm² 的发射装置就可以认定为法律意义上的枪支。但是，从司法实践上看，该标准显然过低，并不能真正反映犯罪意义上的严重社会危害性，其结果就是导致司法主体在非法持有枪支认定上的标准过低，以至于诸多买卖仿真枪和从事射击气球生意的行为人被定罪处罚，但在社会层面上，却不断遭受到对枪支认定标准的质疑与指责。如将枪支的动能参数压得过低，则过去合法的玩具枪也被纳入了枪支的范围，导致公民动辄入罪。或者说，在刑法条文框架没有做任何改动的情况下，通过标准的变化，可以将某个犯罪责任范围大幅度地扩张。这种扩张可能导致行政标准背离了立法目标，将"实际却没有造成该法律禁止的危害或邪恶（或没有造成该法律禁止的危害或邪恶风险）"的行为涵摄到犯罪中。[2]根据论者的观点，刑事犯罪应该是具有一定危害性的行为，也即，都是属于法益侵害的行为。由此，不应该通过大幅降低行政规范的法定标准，达到过度扩张犯罪处罚范围的目的。

比如，王力军收购玉米案[3]就是一个典型案例。内蒙古农民王力军从附近农户收购玉米，简单加工处理并运输到粮库销售，赚取的差价相当于收购运输加工销售各环节的劳动报酬，不影响粮食市场价格，不损害消费者的权益。粮食销往粮库符合法律期待、鼓励的销售去向，有利于粮源管控，符合保障国家粮食安全的要求。因此，王力军的行为对粮食的生产、流通、价格、

---

[1] 张明楷："避免将行政违法认定为刑事犯罪：理念、方法与路径"，载《中国法学》2017年第4期。

[2] 参见孙国祥："构成要素行政性标准的过罪化风险与防范"，载《法学》2017年第9期。

[3] 2016年4月，内蒙古巴彦淖尔市临河区白脑包镇永胜村村民王力军，利用农闲时间收购玉米倒卖给粮油公司，被法院以违反《粮食流通管理条例》规定，构成非法经营罪判处有期徒刑一年，缓刑二年。2016年12月16日，最高人民法院作出再审裁定，指令巴彦淖尔中院对此案进行再审。内蒙古自治区巴彦淖尔市中级人民法院再审认为，原判决认定的原审被告人王力军于2014年11月至2015年1月期间，没有办理粮食收购许可证及工商营业执照买卖玉米的事实清楚，其行为违反了当时的国家粮食流通管理有关规定，但尚未达到严重扰乱市场秩序的危害程度，不构成非法经营罪。原审判决认定王力军构成非法经营罪适用法律错误，检察机关提出的王力军无证照买卖玉米的行为不构成非法经营罪的意见成立，原审被告人王力军及其辩护人提出的王力军的行为不构成犯罪的意见成立。最高法院将此案作为指导案例，旨在明确非法经营罪兜底规定的适用问题，裁判要点确认对于虽然违反行政管理有关规定，但尚未严重扰乱市场秩序的经营行为，不应当认定为非法经营罪。最高人民法院表示，该案再审法院撤销原一审判决，改判王力军无罪，用个案推动以良法善治为核心的法治进程及经济行政管理领域的改革，取得了法律效果和社会效果的统一。

安全等不仅没有产生危害（负面影响），而且还产生了正面的积极影响。换言之，王力军的行为减轻了粮农卖粮负累，有利于保护粮食生产者的积极性，促进粮食生产。也即，王力军收购玉米的行为并未侵害其他社会主体合法权利，没有刑法意义上的严重的社会危害性，因此，王力军收购玉米的行为不符合非法经营罪的构成要件。至于本案，如果司法主体能认真查阅关于粮食收购的法律规定，就不会将王力军的行为认定为非法经营罪。比如，2016年9月14日，原国家粮食局《粮食收购资格审核管理办法》第2条规定：从事粮食收购活动的企业，应当依照《中华人民共和国公司登记管理条例》等规定办理工商登记，并经县级以上粮食行政管理部门（审核机关）审核，取得粮食收购资格。该办法第三条规定：农民、粮食经纪人、农贸市场粮食交易者等从事粮食收购活动，无需办理粮食收购资格。也即，根据该办法规定，农民收购粮食是无需办理工商登记的。因此，一审巴彦淖尔市中级人民法院认定，当事人在未经粮食部门许可及工商行政机关核准的情况下收购并贩卖玉米属违法，显然与《粮食收购资格审核管理办法》的规定相冲突。实质上，一些在计划经济体制下形成的法律法规，并未随着市场经济的发展而发生改变，由此，如果司法主体依然按照已经失去社会基础和正当性的法律规范作为行为认定的依据，就会偏离法律规范与司法公正的精神。所以从这个角度讲，司法主体应对行政法规上的标准进行审视和思考，这并不是对行政法律规定的背离，而是对前置性规范的理性思考，展示的正是司法主体的司法智慧和能动主义。"司法权是一种判断权，是一种辨别是非、调解利益、定纷止争的权力，司法审判需要法官凭借知识、经验、智慧综合作出裁量，具有较强的主观能动性，而不是简单的流水作业或者机械重复。"[1]

　　行政法规将未经国家批准进口的药品都以假药认定，从而为销售假药罪认定提供规范依据。但是，从实践上看，有些较为贫困的患者为了维持生命，从国外购买价格便宜的药品用以治疗疾病，并为其他病友代为购买药品，无论从哪个角度，都不能得出行为人构成销售假药罪的结论，前文中的陆勇销售假药案就是恰当的案例。在该案中，陆勇通过从国外购买未经批准进口药品，并予以适当"销售"的行为不但没有社会危害，还能挽救他人的生命，根本不具有危害不特定多数人生命、健康的社会危害。因此，陆勇虽然买卖

---

〔1〕 高憬宏："全面推进严格公正司法"，载《人民日报》2016年9月26日，第7版。

未经批准进口的药品,违反了《中华人民共和国药品管理法》的具体规定,具有行政违法性,并且对市场经济秩序有一定危害,但相对于挽救一个或多个生命来看,其危害性是非常有限的,因此,不能构成刑法意义上的销售假药罪。由于规制目的的不同,行政违法能否过渡到刑事不法,需要做进一步的判断,生产、销售行政法的假药,不等于刑法上的法益受到侵害。是否侵害到刑法上的法益,还需要评价该生产、销售假药的行为是否会危及人的生命、健康。[1]质言之,行政法规中的销售假药危害的法益是市场管理秩序,刑法上的销售假药,其侵害的法益主要是人的健康和生命安全,因此,两者在法益属性上存在本质区别。《中华人民共和国药品管理法》是从国家药品监管秩序的维护和效率角度设定假药的范围。刑法中销售假药罪,固然也具有对国家药品监管秩序的侵害性,但销售假药罪的法益不限于此。其主要不是对市场秩序的侵害,而是对个人法益——公民的生命和健康安全的侵犯,即其不仅侵害了正常的药品生产、销售监管秩序,而且危及不特定多数人的生命健康。[2]我们认为论者的观点是合理的,是对销售假药行为的科学界定和法律属性的准确理解。

二、犯罪行为应具有法益侵害性

法益侵害性是犯罪行为的规范属性,也即,犯罪行为会对法律保护的利益造成侵害,这是从规范角度概括犯罪行为的本质。由此,在刑法分则当中,无论个罪类型如何,最终都需侵害到刑法的保护法益,否则,就不能用刑法规范予以规制。不过,在刑法个罪当中,有些犯罪行为的法益侵害性较为明显,也比较容易判断,因此,司法主体在罪名选择中一般不会存在困难和障碍,比如,结果犯和具体危险犯。也即,鉴于罪名的罪状中明确规定危害结果或具体危险为构成要件,因此,在司法裁量中有明确的判断标准,即使没有发生法定的危害结果或者具体危险,也可能构成犯罪未遂。不过,有些罪名则属于行为犯或抽象危险犯,罪状描述中仅描述了危害行为,并不要求危害结果或者危险判断,也即,只要有危害行为实施即可构成犯罪,比如,诬

---

[1] 参见孙国祥:"构成要素行政性标准的过罪化风险与防范",载《法学》2017年第9期。
[2] 参见全国人大常委会法制工作委员会刑法室:《中华人民共和国刑法修正案(八)条文说明、立法理由及相关规定》,北京大学出版社2011年版,第76页。

告陷害罪，危险驾驶罪，放火罪，破坏交通工具罪，伪造、变造、买卖身份证件罪，袭警罪，等等。就前述罪名而言，并没有犯罪结果或发生具体危险的要求，行为实施是判断犯罪构成的标准。但是，立法没有规定结果或者规定抽象危险，并不意味着行为一经实施就可构成犯罪。就犯罪的概念看，除了需具备形式违法性，还需符合实质违法性，危害行为符合犯罪构成只是表明其达到了犯罪构成的形式要求，其是否具备实质要件，还须从危害行为是否侵害法益的角度进行考量。比如，危险驾驶罪是抽象危险犯，从犯罪构成上看，并没有对危害结果或者具体危险的法定要求。于是，在司法实践中，行为人只要醉酒驾车的，不论发生地点或发生时间，只要经行政检测符合醉驾标准的，都要依照危险驾驶罪处理。但是，在司法实践中，有的醉驾行为可能没有法益侵害性，也即，虽然行为人是醉驾行为，但不会危害到公共安全。换句话说，"一刀切"的标准（如"醉驾"入刑的酒精血液含量），使得不需要入刑的边缘行为（情节显著轻微）失去了通过司法裁量出罪机会，行为人承受了本可以不承受的刑事后果。[1]论者的观点无疑是科学合理的。也即，对于符合法定数额标准的醉酒驾车，如果都认定为危险驾驶罪，就会导致司法悖论的出现。质言之，形式上符合犯罪构成，实质上却没有法益侵害性，这并不符合形式违法与实质违法具备的犯罪属性。当然，如果实践层面缺乏对实质正义的考察，仅仅关注形式理性，司法判决结果的合理性与可接受性就会受到质疑。

三、犯罪行为应具有二次违法性

刑法的谦抑性决定了刑法的最后性与保障性，也即，仅当其他法律规范不能达到保障法益目的时，才能引入刑法规范。如果刑法规范过早介入社会生活，就会背离刑法的谦抑性，并会损害社会主体的合法权利。在行政法制还不完善的情况下，直接动用刑罚的力量，则属于舍本逐末，进而会造成罪名过滥，且刑罚效益低下。对付所谓"风险社会"带来的问题，即应首先通过完善行政法制来应对，而刑事法制则应侧身其后，不能直接充当调整新型社会关系的主力。[2]由此，在刑事立法维度，应恪守法律体系内各部门法之

---

[1] 参见孙国祥："构成要素行政性标准的过罪化风险与防范"，载《法学》2017年第9期。

[2] 参见时延安："刑法立法模式的选择及 对犯罪圈扩张的控制"，载《法学杂志》2013年第4期。

间的保障关系,在危害行为经过其他部门法调整之前,刑法就应该保持中立态度,易言之,对危害行为不能未经其他部门法调整而直接上升为犯罪行为。尤其是对于行政犯,应该是行政法当中明文规定了附属刑法行为,才能作为刑法规制的对象。不过,从近年来的刑事立法看,立法主体似乎没有严格遵循刑法与行政法之间的保障法关系。比如,《中华人民共和国刑法修正案(八)》中关于代替考试罪的规定,对于代替他人参加国家类考试的行为人,直接以代替考试罪定罪量刑。但是,在行政法规当中却没有关于代替考试行为的行政处罚规定,也即,对于代替他人考试的行为,行政法并没有将其纳入到行政违法的处罚范畴。至此可以明白,对于一个行政法上都无意惩处的替考行为,刑法却选择直接面对代替考试行为。对此,从刑事政策角度看,代替考试行为入罪虽然有利于惩治和抑制近年来日益泛滥的替考行为,但从刑法谦抑性角度看,代替考试罪却有背离刑法谦抑性的嫌疑。刑罚的界限应该是内缩的,而不是外张的,而刑罚该是国家为完成其保护法益与维护法秩序的任务时的"最后手段"(Ultima ratio)。能够不使用刑罚,而以其他手段亦能达到维护社会共同生活秩序及保护社会与个人法益之目的时,则务必放弃刑罚手段。[1] 另外,《中华人民共和国刑法修正案(九)》中出现的强制穿戴宣扬恐怖主义、极端主义服饰、标志罪,也是在刑事立法中贯彻严厉打击恐怖主义犯罪的政策结果。质言之,行政法上并没有对强制穿戴宣扬恐怖主义、极端主义服饰、标志行为作出处罚的规定,却被立法主体直接规定在刑法规范当中,由此,该刑事立法规定不符合犯罪行为二次违法的属性,与刑法谦抑性相背离。

四、犯罪行为应具有客观真实性

刑法的目的是惩处犯罪、保障人权,尤其是惩处犯罪的层面,要求司法主体认真对待犯罪行为。刑法是社会治理的法律规则,是保障公民权利的最后屏障,鉴于刑法自身的严厉性和严格性,司法主体需要慎重和理性对待犯罪行为。于是,在刑事诉讼法上,要求做到事实清楚、证据确凿、罪疑从无,避免将无辜的社会主体以犯罪人进行处理,换言之,在刑事司法实践中,即使放纵犯罪行为人,也不能姑息冤假错案。不过,在司法实践中,司法主体

---

[1] 转引自田宏杰:"行政犯的法律属性及其责任——兼及定罪机制重构",载《法学家》2013年第3期。

对犯罪事实的客观性并未给予足够重视。比如，《中华人民共和国道路交通安全法实施条例》第92条规定：发生交通事故后当事人逃逸的，逃逸的当事人承担全部责任。也即，在发生交通事故后，如果行为人交通肇事后逃逸的，则推定肇事逃逸人承担全部责任。对于该推定责任，行政部门需制作交通事故责任认定书，并作为处罚交通肇事主体的法律依据。但是，需要明确的是，这里的全部责任只是行政责任，并且是推定责任，而这不符合刑法上的证据要求。质言之，在刑法上应该适用存疑时有利于被告人的原则与无罪推定原则，不能将行政责任的认定结果直接当作刑事处罚的事实根据。但从实践上看，对于该行政法上推定责任，司法主体在处理交通肇事行为时往往直接采纳，并作为交通肇事罪的定罪依据。鉴于行政法与刑法的价值取向与内在属性存在不同，为了执法效率与秩序管理需求，可以在行政法中规定推定责任，并作为处理交通事故的法律依据。但是，在刑事司法实践上，追求案件的客观事实与确凿证据则是刑法的任务与要求，因此，罪疑从无其实就是案件客观真实性的刑法反映，在证据法上则表现为事实清楚和证据确凿。由此，行政法规上的推定责任不应该成为司法主体处理刑事案件的证据或标准。对于这个问题，有学者曾撰文指出，刑事司法人员应当意识到，交警部门只是根据交通运输管理法规认定责任。在刑法上，只有当伤亡结果能够归属于行为人的违法行为时，才可能认定为交通肇事罪；而交通肇事罪中的伤亡结果必须由违反规范保护目的的行为所引起。例如，《中华人民共和国道路交通安全法实施条例》第92条规定：发生交通事故后当事人逃逸的，逃逸的当事人承担全部责任。但是，这里的全部责任只是行政责任，即使因为行为人逃逸导致事实不清，在刑法上也必须适用存疑时有利于被告人的原则，不能将行政责任的法律根据直接当作刑事责任的法律根据。[1]质言之，在行政行为中，行政主体出具的处罚决定书，只是对行政不法事实作出的法律认定，而不是对行为人犯罪事实作出的认定。因此，行政处罚决定书只能作为追究行为人行政责任的法律依据，不能作为司法主体认定犯罪的标准。

在证券犯罪领域，某种行为是否构成内幕交易、泄露内幕信息或利用未公开信息交易罪，基本上取决于证券监督管理部门的行政认定书或由其出具

---

〔1〕 参见张明楷："避免将行政违法认定为刑事犯罪：理念、方法与路径"，载《中国法学》2017年第4期。

的书面意见。但是，行政主管部门出具的认定函或意见书，只可以作为行政主体进行行政处罚的依据，并不能作为司法主体指控犯罪行为的事实依据。因此，在上述各种场合做出的行政意见书或处罚决定书，司法主体需要进行独立判断，行政部门根据行政法规做出的处理结论是否符合刑法的需要和规定，既要注意刑法条文是否存在不同于行政法的规定，也要善于根据刑法的指导原理得出妥当结论；不得将行政责任的认定结论与根据直接作为刑事责任的认定结论与根据。[1]

在社会风险多发的背景下，刑法干预早期化已经成为一个现实问题，不断引起理论界与实务界的关注。作为社会治理的最后保障法，刑法对犯罪行为的处理应该保持克制，不应该成为治理犯罪的主要手段。但是，从刑事立法上看，刑法干预早期化已经成为一种刑事立法现象，诸如抽象危险犯、预备行为实行化、共犯行为正犯化等在刑事立法中开始出现；从刑事司法上看，法益保护提前化也开始成为一种司法趋向，比如，过失共同犯罪、中立帮助行为、积极的一般预防等越来越引起司法主体的关注；从刑法理论上看，倡导风险刑法、安全刑法、积极立法主义、功能主义刑法解释、积极刑罚主义的观点也不断出现。对于上述正在发生的刑事处罚早期化现象，刑法理论不能视而不见，更不能置之不理，而是应该积极思考和应对，在认可其积极性和正向社会功能的同时，更需对其隐含的消极方面有足够警惕，并需构建科学的观点与理念进行应对。

从国外理论研究看，关于行政违法与刑事违法关系的研究主要是沿着两种路径展开的：一种是德国的理论进路，主要分为质的差异说、量的差异说和质量差异说；一种是日本的理论进路，主要分为违法一元论和违法多元论。分析两种不同理论进路可知，违法一元论基本与量的差异说相似，违法多元论则与质的差异说相近，质量差异说则是质的差异说与量的差异说的折中。根据质量差异说理论，既要考察危害行为的法律属性，还要考虑危害行为的程度，并最终得出危害行为构成行政违法还是刑事违法的判断。从国内的理论研究状况看，在行政违法与刑事违法竞合关系的处理上，学者多主张德国的理论进路，并从上述三种不同立场对存在问题和解决路径进行分析和诠释。

---

[1] 参见张明楷："避免将行政违法认定为刑事犯罪：理念、方法与路径"，载《中国法学》2017年第4期。

当然，在刑法理论上，也有学者在研究行政违法与刑事违法竞合关系时，从解释论和构成要件等维度进行理论展开，进而对行政违法与刑事违法的其他关系进行讨论，比如，刑法补充性、行政责任认定的证据效力、刑事优先性、刑事立法科学性、自由保障、犯罪预防等刑法上的基本理论问题。

从理论研究内容看，学界在探讨行政违法与刑事违法的关系时，基本集中在以下几个方面：行政违法与刑事违法竞合关系处理、刑事立法与犯罪的二次违法原理、行政责任认定的证据效力及刑事处罚优先性等，同时，这些问题也基本是司法实践在刑法理论上的反映和表征。

第五节　行政违法与刑事违法的关系

近年来，行政违法与刑事违法的关系一直是理论界关注的热点话题，实践上不断出现的有争议的司法个案，也在持续为理论研究提供素材和动力。诚然，理论层面的探讨也进一步加深了学界对二者关系的认知。具体来看，行政违法与刑事违法的关系梳理可从以下几个方面展开。

一、行政违法与刑事违法规范竞合

梳理并分析刑法分则中的行政犯可知，诸多行政犯条款在罪状描述中并未给出明确的情节、数额等规定，基本与行政法条款处于相互竞合的状态。从刑法规范稳定性来看，这种立法模式较为合理，既可以保证刑法条文长期稳定，又可以赋予司法主体更多的裁量权。但是，刑法规范有效性则会经受考验和挑战，司法主体滥用裁量权的机会也会相对增加。比如，刑法分则中的寻衅滋事罪、破坏交通工具罪、伪造货币罪等，就上述罪名而言，属于典型的行为犯或危险犯，立法主体根据行政处罚条款将上述严重的危害行为纳入到刑事规范中，却未对罪状描述添加任何有效的区分要素，致使实践上区分行政违法与刑事违法存在困难。

张美华伪造居民身份证案就是一个典型案例。行为人是在客观上无法补办身份证，又不知道可以申办临时身份证的情况下，以本人的照片、真实的姓名、身份证编码等伪造了本人的居民身份证，后来因持伪造的居民身份证办理银行卡业务案发。检察院以被告人张美华犯伪造身份证件罪，向法院提起公诉。一审法院经审理认为，被告人张美华伪造居民身份证的行为违反了《中华人民共和国居民身份证条例》有关规定，但情节显著轻微，危害不大，不能认为是犯罪，故判决宣告被告人张美华无罪。检察院向二审法院提出抗诉。二审法院认为，张美华伪造居民身份证虽然违法，但未对社会造成严重危害，属于情节显著轻微危害不大，不构成犯罪。从该案的发生过程看，公诉主体与裁判主体对张美华的伪造身份证行为定性分歧较大，形式上看是因为司法主体对伪造身份证的危害行为量的认识不同，实质上是由于在立法上行政违法与刑事违法的规范竞合有关，致使司法主体对该案中伪造身份证行为的法律属性认识存在不同。从刑法分则中的其他罪名来看，行政违法与刑事违法竞合的现象比较多见，这对行政执法与刑事司法造成一定不便，需要理论上的认真分析和研究。

二、行政处罚缺位与刑事处罚越位

行政法是前置法，刑法是保护法，二者是保障与被保障的关系。反映在立法上，仅当行政法对某种行为做了违法规定，才能在刑法上对该行为做出刑事处罚的规定。换言之，如果行政法未对某种危害行为予以立法认定，刑事立法原则上不能做相应规定，否则，就会混淆行政处罚与刑事处罚之间的保护关系。

如果在行政立法缺位时，刑事处罚就开始越位惩治某种行为，就会背离行政处罚与刑事处罚之间的位阶关系。但是，近年来有的刑事立法并没有遵循这一关系属性，擅自将行政法尚未规范的行为直接纳入刑事立法当中，比如，《中华人民共和国刑法修正案（九）》规定的代替考试罪。就代替考试而言，行政法没有给予明确的处罚规定，刑法在缺乏行政规制的前提下将其直接予以刑事处罚，这显然与行政犯的二次违法性原理不符，因比，对代替考试的刑事处罚显然处于越位状态，不符合刑法谦抑性和保障性的精神。再则，准备实施恐怖活动罪也是在行政处罚缺位的情况下，刑事立法就开始关注和介入了。从《中华人民共和国反恐怖主义法》规定看，对刑法中"其他恐怖主义犯罪行为"都有前提性规定，唯独准备实施恐怖活动罪在《中华人民共和国反恐怖主义法》中找不到相应的前置性规定。再则，在高利贷行为被司法解释入罪之前，理论上有人曾主张，先以中国人民银行《关于取缔地下钱庄及打击高利贷行为的通知》第 2 条规定为标准进行界定,"民间个人借贷利率由借贷双方协商确定,但双方协商的利率不得超过中国人民银行公布的金融机构同期、同档次贷款利率(不含浮动)的 4 倍。超过上述标准的,应界定为高利借贷行为",进而根据刑法兜底条款"其他严重扰乱市场秩序的行为"直接认定为非法经营罪。但该中国人民银行的规定不属于刑法中"国家规定",行为人向特定个人实施的高利贷行为,由于行政前置法"国家规定"缺失,其行为也就失去了认定为非法经营罪的客观基础。[1]

就司法层面而言,行政处罚并不是刑事处罚的必然前提,也即,即使执法主体尚未对危害行为作出行政处罚,刑法规范也可以依法介入,这并不违反刑法保障性的内涵,一定意义上,这也是刑事优先的司法体现。但是,这种情况仅限于体现在刑事司法过程中,刑事立法则应该严格遵循保障法、二次法的特性,尤其是在行政处罚立法缺位的情况下,刑事立法主体原则上是不能进行越位立法。对于刑事立法过早干预本属于行政法规范调整的行为,从司法层面需要给予积极应对和调整,以避免刑法过度干预带来的消极后果。具言之,在行为的犯罪构成判断上,除了构成要件之外,还要考虑危害行为的法益侵害性和刑法谦抑性。正如有的学者指出的:"当刑法立法把本属于行政法调整的对象转入刑法调整的对象时,必须强化'法益保护+刑法的谦抑性+后果考察'的正当性根据原则。法益论并不是犯罪化的唯一根据,在法益论之外,刑法的谦抑性与后果考察都是犯罪化根据十分重要的衡量维度。只有通过三重过滤,才能为刑法上的犯罪化设定合理边界"[2]。由此,无论社会形态或社会属性是否发生大的变化,在刑事立法上都应该坚持刑法保障性,以保证刑事立法的合理性与科学性。

三、行政处罚就位与刑事处罚错位

执法主体根据行为人违法情况做出违法认定和行政处罚,是行政机关的权力和职责。鉴于行政法追求秩序与效率的意旨明显,因此,在事实认定上往往具有特殊性和部门法属性。比如,为了尽快恢复社会秩序的正常运行,

---

〔1〕 参见孙国祥:"经济犯罪违法性判断具有从属性和独立性",载《检察日报》2017 年 10 月 16 日,第 3 版。

〔2〕 姜涛:"社会风险的刑法调控及其模式改造",载《中国社会科学》2019 年第 7 期。

行政主体对交通事故的处理需要体现及时性、有效性,以保障公共交通秩序的畅通和安全,鉴于此,行政规范要求执法主体在短时间内完成事故处理,不会因为寻求事实真相而延迟事故的处理。于是,在行政交通事故处理上,执法主体可以基于行政推定而对行为人予以责任认定和处罚。

在刑法层面上,立法意旨体现的是真实和公正,司法程序应该寻求、还原客观和真相,司法判决应该充满正义和公平,罪刑法定和责任主义是刑法的基本原则。不过,在实践上,行政主体出具的交通事故责任认定书往往被司法主体直接采信,成为交通肇事罪定性的事实证据。但是,根据刑法和行政法的不同属性与目的,当行政处罚就位时,刑事处罚应避免错位,应科学处理行政处罚与刑事处罚之间的关系,防止因不当采用行政责任认定书而导致刑事处罚的偏离和脱逸。对刑法的定位明显区别于行政法,前者是一种针对有责之不法行为的惩罚法,而后者是一种预防性的秩序管制法。[1]也即,因为行政法强调合目的性,而不注重法律稳定性,故可能为了规制目的而扩张制裁范围。相反,刑法必须以安定性为首导原则,不能随意扩张处罚范围。类似情形还出现在假药的认定和处理上,比如,当行政主体将未经国家批准进口的药品认定为假药并处罚时,但却对药品的救治功能未给予应有的重视,也即,药品的良好功效和便宜的价格让患者看到了生活的希望。显然,如果司法主体采信行政主体关于假药的认定结果,并对行为人以非法销售假药罪处罚的,则会与刑事立法的精神格格不入。刑法中销售假药罪固然也具有对国家药品监管秩序的侵害性,属于破坏"市场秩序"犯罪,但销售假药罪的法益主要不是对市场秩序的侵害,而是个人法益——公民的生命和健康安全的侵犯,即其"不仅侵害了正常的药品生产、销售监管秩序,而且危及不特定多数人的生命健康"。[2]质言之,当行政处罚已经就位,且行政责任认定已经明确时,司法主体应该慎重考量行政认定结果,需根据刑事立法的原则和精神进行科学衡量和综合判断,确保刑事处罚不会错位。当下,基于社会风险治理与秩序保护的立法宗旨,犯罪圈的立法扩张成为一种立法现象,同时,对这种立法扩张应该保持理性和警惕,尤其是对行政法与刑法之间的关

---

〔1〕 参见劳东燕:"风险社会与功能主义的刑事立法观",载《法学评论》2017年第6期。

〔2〕 参见孙国祥:"经济犯罪违法性判断具有从属性和独立性",载《检察日报》2017年10月16日,第3版。

系，应该有合理认知。正如有的学者指出的，犯罪化进程中应当平衡行政权与司法权的关系。实践中，某些违法行为之所以不能得到有效遏制，主要在于行政立法的不足与执法的不力，而并非刑法的缺位。犯罪化的进程是缩小行政权而扩张司法权的进程，我们必须慎重对待行政权与司法权的关系。[1]

第六节　行政处罚与刑事处罚的界限

为了合理界分行政处罚与刑事处罚，为刑事处罚构建科学合理边界成为近年来学界持续努力的方向。不同学者基于不同的学术背景构建出了相对有效的方案，但总的来看，这些方案或多或少存在不足，并不能对合理区分行政处罚和刑事处罚提供足够的理论支撑，还需要从理论上进行深入探讨。

一、从解释论的角度进行分析

实质解释是指，在诠释刑法规范时不拘泥于规范文义，在充分考量政策需求、价值判断、利益衡量及政治评估的基础上，进行刑法文本含义的揭示和阐释。与形式解释不同，实质解释更青睐从结果到规范的反向逻辑，规范诠释中会融入更多的政策要素和规范目的。

"在自然犯与法定犯一体化的立法体例之下……对刑法分则条文必须进行实质解释，充分考虑法条的法益保护目的与法条适用的后果。对于法益侵害轻微的行为，即使其处于刑法分则条文的字面含义之内，也应当排除在犯罪之外。"[2] 根据实质解释论，在行政违法与刑事违法存在规范竞合时，可以利用实质解释进行解析和判断，将不符合刑事违法性且不具有严重社会危害性的行为排除到犯罪圈之外。实质解释论者还提出，充分利用法益观为实质解释提供合理的判断依据，具体可从两个维度展开：一是刑法规范蕴含的法益精神，一是法益能否还原为个人法益。通过分析规范的法益保护内容和种类，可以为刑法规范的干预范围提供合理的认知根据；通过考察法益内容的可还原性，可以充分了解刑法规范适用的可行性。也即，如果行为仅侵害行

---

[1] 参见袁忆："犯罪化进程中刑事立法的审慎策略"，载《光明日报》2013 年 3 月 26 日，第 11 版。

[2] 张明楷："自然犯与法定犯一体化立法体例下的实质解释"，载《法商研究》2013 年第 4 期。

政管理秩序，即使在行政法上被认为侵害了公共法益，但如果最终没有侵害个人法益的，就只是行政违法行为，而不可能构成刑事犯罪行为。

实质解释是一种法律解释理念，是从实质合理性层面诠释刑法规范文义，为刑法规范解释奠定了基调，且指明了方向。根据实质解释论，解释主体可以更好地探寻规范文义，司法主体可以更理性地适用法律条文。实质解释论还曾明确指出，对刑法规范进行实质解释可以起到切实、积极、有效的出罪效果。根据实质解释论提出的法益论，一定程度上可以为探究刑法规范的立法宗旨和规范目的提供引导，也为合理区分刑法规范的规制边界提供了理论依据。例如，《刑法》第245条第1款规定："非法搜查他人身体、住宅，或者非法侵入他人住宅的，处三年以下有期徒刑或者拘役。"《中华人民共和国治安管理处罚法》第40条第3项规定：对"非法侵入他人住宅或者非法搜查他人身体的"，处拘留与罚款。根据前述法律规定，并不是任何非法侵犯他人住宅或者非法搜查他人身体的行为，都值得科处刑罚。所以，应当根据实质合理性解释《刑法》第245条规定的构成要件，将不值得科处刑罚的非法侵入住宅与非法搜查行为排除在《刑法》第245条的构成要件之外。质言之，鉴于实质解释与刑事政策有更多牵连，通过实质解释输入的政策考量因素，会对危害行为的法律属性认知和界定产生重要的作用。至此，实质解释为司法主体分析法律行为提供了重要的方法论，更重要的是，这种方法论侧重于价值判断和利益衡量，为政策取向融入司法决断提供了合适通道。

需要关注的是，实质解释与形式解释相对应，鉴于其关注个别正义，侧重政策考量和价值判断，在规范文义解读上会更多介入法外因素。由此，在多数时候，与实质解释论坚持的出罪理念不同，根据实质解释得出的解读结论往往较形式解释在文义范围上更为宽泛，更容易突破规范文义而导致法律续造的立法效果。对此，有学者曾明确指出，实质解释论之所以不能如同自己所宣称的那样成为限制解释，是因为实质解释以后无法再作形式解释，因而形式解释被实质解释所取代，形式解释对实质解释的限制机能荡然无存，其结果是通过实质解释而将所谓刑法没有形式规定的行为解释为犯罪，这就必然使其解释结论变成扩张解释，甚至类推解释。[1]一定程度上，论者对实质解释的看法是有道理的。再则，刑法法益的模糊性和抽象性与生俱来，该

---

[1] 参见陈兴良："形式解释论的再宣示"，载《中国法学》2010年第4期。

属性还会随着风险社会理论的盛行日趋强化，尤其是随着刑事处罚早期化价值取向的凸显，法益的模糊性和抽象性会更趋明显。在行政处罚与刑事处罚的规范竞合领域，危害行为侵害的法益性质没有本质区别，仅在法益侵害的量上有所不同，因此，如果希望依托法益内容，并通过实质解释界分行政处罚与刑事处罚的想法都是不太现实的。由此，可以认为，实质解释论在行政处罚与刑事处罚竞合领域的界分上作用有限，且缺乏足够的合理性与说服力。

二、从构成要素的角度进行分析

犯罪构成除了传统四要件之外，在有些个罪中还规定了情节、数额、危害后果等影响犯罪成立的要素，又被称为情节犯、数额犯、危险犯及结果犯等。对于这里的情节、数额、结果等要素，有的学者认为属于犯罪构成要件，可以归入犯罪客观要件；有的学者认为属于犯罪成立要件，将其作为犯罪成立的决定要素；有的学者则将上述要素归入罪量内容，将其与犯罪客观要件相区分，与传统的犯罪成立要件不同。

一定意义上，当犯罪构成中规定了情节、数额、危害后果等要素时，就为司法主体判断危害行为是否构成犯罪提供了规范性标准，尤其是当立法主体或解释主体对情节、数额、后果进行细化和具体化时，司法主体在适用刑法规范时，基本不会遭遇困难和不便。行政执法行为关注的是行政管理目的，强调的是行为不法的行政规范违反性，行为只要违反了有关行政管理法规，就可以认定具有社会秩序的破坏性，通常就可以视为行政不法行为。而作为行政犯的刑事不法，注重的是行为本身对社会秩序的实质性破坏以及破坏程度。这正是行政犯的"刑法的从属性"体现，反映了在无法直接通过法益对行政不法与刑事不法进行有效界分时，体现刑事政策考量的"量的差异论"就成为不二选择。[1] 应当指出，在司法实践中，对具体行为区分行政不法与刑事不法的时候，以上情节、数额、后果等因素不是截然分离的，应当对其加以综合分析和判断，防止只强调一点而不及其余，并影响到对危害行为的合理判断。不过，关于情节、数额、后果等刑法要素不是在所有个罪条款中都会出现，尤其是在行政犯的罪状描述中，立法主体往往只是对客观方面进行规定，有时甚至采用空白罪状或引证罪状的立法模式，对此，危害行为是

---

[1] 参见孙国祥："行政犯违法性判断的从属性和独立性研究"，载《法学家》2017年第1期。

否符合犯罪构成，就需要由司法主体进行判断和裁量。违法类型被选择确立为犯罪类型后，以刑法但书的规定，同时以"情节严重""情节恶劣"等作为分则犯罪构成之外的罪量限制要求，再辅之以司法解释等其他方式对分则各罪的具体罪量进行设定与权衡把握，以最终实现违法与犯罪的区分。[1]鉴于没有具体的可供借鉴的规范性标准，司法主体在规范适用上就会遭遇不便，这往往会导致两种结果出现：或者司法主体不当适用法律条款，或者适用结果引起社会主体不满。易言之，从现有的行政犯条文看，关于客观行为的描述与前置行政法基本相同，且未从刑事立法层面进行具体和细化，根据上述情节、数额、危害结果等犯罪要素进行考虑，往往较难实现司法认定之目的，比如，寻衅滋事罪、非法侵入住宅罪、非法搜查罪等。张美华不慎遗失身份证后，为购买飞机票，遂以本人照片和真实姓名、身份证号等让他人伪造了本身的身份证，并用于乘坐飞机、应聘工作、申领银行卡等。案发后，一审法院认为，张美华犯罪情节显著轻微不构成犯罪，检察院则认为其构成了伪造居民身份证罪并提起抗诉，被二审法院驳回。《刑法》第280条第3款规定，伪造、变造居民身份证罪，是指伪造、变造居民身份证的行为。由此，该罪是行为犯，行为人只要有实施伪造居民身份证的行为即可构成犯罪，不要求任何物质性的危害后果或犯罪情节，司法解释也未对本罪的入罪标准予以具体细化和明确。因此，如果依照上述论者提出的，依照情节、数额等要素区分行政处罚和刑事处罚的做法显然不妥，并不能对案例中行为人伪造身份证的行为定性有合理认知。

三、从立法体系的角度进行分析

从行政违法与刑事违法的关系看，行政责任认定不是刑事处罚的依据、行政处罚不是刑事处罚的前提及行政性立法不应缺位，基本是当下理论界对刑事处罚与行政处罚之间关系的主流判断。关于刑事违法与行政违法之间的区分，质量差异论也是理论界多数学者坚持的观点。

总的来看，理论上的四个层面为界分行政违法与刑事违法之间的关系提供了基本合理的分析框架，对于解决诸多违法行为的法律属性界定问题具有

---

[1] 参见田宏杰："行政犯的法律属性及其责任——兼及定罪机制的重构"，载《法学家》2013年第3期。

重要意义。对此,德国学者罗克辛教授指出,在对违反秩序行为与犯罪行为进行道德上无价值性的判断时,仅仅涉及程度上轻重缓急的比较,然而这里存在一个可以将数量转变为质量的界限,即仅仅将一个谋杀犯作为违反秩序行为加以惩罚是不可想象的。因此,在对二者的界限加以划分时,应更好把握一种质量与数量相结合的思考模式。国内也有学者持同样立场:行政犯的刑事违法性判断多以"量"的差异作为主要依据,即刑事违法的判断多从属于行政违法性,而对侵害法益性质模糊或者已经渗透到刑法核心领域的行政不法行为,则需站在"质"的立场加以分析。[1] 不过,同时也要看到,质量差异论并不像论者描述的那么完美,在实践上的作用也没有期望的那么奇特。根据理论分析,无论是质的差异论还是量的差异论,无疑都具有明显的缺憾,不能合理有效解决行政违法与刑事违法的竞合问题,只是不同学者基于不同立场的理论总结和价值判断。质的差异论坚持从法益侵害属性不同入手,坚持行政违法与刑事违法属于不同的法律定位和立法属性,即二者在本质上存在差异。不同法领域立法旨趣的差异与作为评价对象行为的多面性,共同决定了对刑事违法性可以作相对判断。[2] 量的差异论则从危害性程度不同展开,认为刑事违法与行政违法仅在危害的量上不同,即行政违法与刑事违法均涉及相同法益侵害的内容,仅是刑事违法相比较于行政违法具有更大的社会危害性。显然,质量差异论属于折中论,将质的区别论与量的区别论合二为一,坚称行政违法与刑事违法在质与量上都有不同。对此,我们认为,论者的观点没有理论上的不足和缺陷,但对解决行政违法与刑事违法的竞合问题则于事无补。无论是质的差异论还是量的差异论,都做不到合理区分刑事违法与行政违法,即使将两者予以融合,也不能引发新的化学反应,并不能实现合理界分行政违法与刑事违法的目的。例如,对于从事非法经营的行为,其所具有的行政违法性和刑事违法性除了在"量",即社会危害性的程度方面存在差异之外,在行为本质上并不存在任何差异。从立法上看,一些行政犯在行为方式描述上与行政违法并没有实质区别,依托质量差异论进行分析并不能得出合理结论,并不能为界分行政违法与刑事违法提供合理的论证,依然会出现刑事处罚不当干预行政违法的情形产生,进而导致挤压行政处罚发

---

〔1〕 参见孙国祥:"行政犯违法性判断的从属性和独立性研究",载《法学家》2017年第1期。
〔2〕 参见张明楷:《刑法分则的解释原理》(下),中国人民大学出版社2011年版,第780页。

挥作用的空间，并将对公民合法权利形成相应的风险和威胁。

上述内容基本反映了理论界关于刑事违法与行政违法的三种代表性观点，每种观点都存在合理性不足的问题，不能实现理论设计的初衷和效果，对此，应客观和理性看待。质言之，就行政违法与违法处罚的竞合关系看，目前依然找不到一套行之有效且合理的方法进行区分，只能将决定权交于司法主体进行裁量，不过，这个过程显然充满司法擅断的风险，实践上屡屡出现为理论界质疑和批判的个案裁判就是表征。既然理论界不能为界分行政违法与刑事违法提供合理标准，寄希望于司法主体完成该项任务显然是较为勉强的。至此，与其寻找一个并不现实的标准，不如回到实践当中，正确看待行政违法与刑事违法之间的竞合关系，并努力为规范行政犯的司法适用设计更为合理的路径，以最大程度降低其对行政处罚的冲击和替代。

第七节　行政犯司法适用的路径分析

行政违法与刑事违法存在规范竞合，这本属于立法问题，在立法主体没有对该问题做出合理回应之前，司法主体在行政犯的司法裁量上就会存在困难。对此，刑法理论应该积极面对和回应，努力为行政犯的司法适用提供合理路径和方案，尽量避免因刑法介入过早而损害行政处罚的适用空间。实质上，行政犯的规范运用属于解释论范畴，还应该回到解释学领域探讨问题对策，以构建合理有效的行政法规范适用路径。

一、坚持文义解释并通过目的解释发现规范文义

文义解释是通过文义解读诠释规范内涵的，规范文义决定了刑法规范指涉范围，因此，文义解释是规范文义发现的起点和终点。形式法治的根本要求就是坚持形式理性，通过探寻规范的文义内涵形塑法治语言，据此构成对实质解释的反对，并藉此实现法治社会的形式价值和司法平等。近年来，虽然我国经历风险社会理论的冲击，但对社会形态和法治阶段还应该保持理性认识，理论界不应该过度解读和回应风险社会的概念，而是应该根据我国的法治建设进程，合理认识当下风险多发的社会形态。尤其是在需要刑事法律发挥作用的地方，司法主体更需保持谨慎的态度，警惕因行政犯的适用过度

而过早干预社会关系,进而导致刑法适用的工具化。

我国的社会主义法治建设还在路上,形式法治还是社会主义法治建设的重要价值导向,因此,还需要继续强化文义解释在司法过程中的作用,而不是过度讨论和采纳实质解释、功能主义解释的观点,以推动社会主义法治建设的稳步发展。通过强化文义解释,可以将规范内涵阐释限制在文义射程范围之内,最大程度确保规范适用符合刑法基本原则和精神,防止刑事处罚不当介入行政处罚的领域。在风险共生的社会,本身就存在刑法处罚前置的积极主义立法实践,对其可能产生的刑法制度性风险也应该有理性认知。刑法体系向预防目的的调整,乃至安全刑法的日益崛起,其本质在于用自由换安全……由于偏重预防和管理,现代刑法本身就蕴含着摧毁自由的巨大危险。[1]不过,考虑立法规范可知,在部分刑法条文中,刑法与行政法在有些规范用语上并没有区别,比如,枪支、假药、寻衅滋事、伪造、非法搜查等。如果只从文义层面进行解读,确实不能有效区分行政处罚与刑事处罚,比如,行政法规中的假药和刑法中的假药在内涵上基本没有区别,刑法规范也是根据行政法上的假药认定标准,对生产销售假药的犯罪行为进行定性分析的,但是,这会导致观念误导和法律适用不当。易言之,销售假药的行为符合行政违法,也可能构成刑事违法。不过,行政法上的假药内涵和刑法上的假药内涵应该不完全相同。因此,应该根据法律规范的保护目的,探寻和分析不同法律规范下假药的内涵,这就需要从目的解释出发揣度和诠释假药的文义。比如,根据《中华人民共和国药品管理法》(2015年)第48条的规定,依法必须经过批准而未经批准生产、进口的药品,以假药论处。但是,危害患者生命健康的假药与未经批准进口的合格药品(也被认定为假药)是无法相提并论的,销售前一种假药的行为是典型的自然犯,将销售后一种"假药"的行为给予相同的刑罚处罚明显不当。规则及其他各种形式的法一旦被创设,则应当根据其服务的目标被解释、阐述和适用。[2]这种情况在行政法与刑法的其他衔接领域也同样存在,比如,寻衅滋事、伪造、非法搜查等,对前述规范词语文义的探寻离不开规范目的发现。当然,有个问题需要明确,在利

---

[1] 参见劳东燕:"风险社会与变动中的刑法理论",载《中外法学》2014年第1期。
[2] 参见[美]罗伯特·S.萨默斯:《美国实用工具主义法学》,柯华庆译,中国法制出版社2010年版,第3页。

用目的解释探寻规范文义的过程中，目的是工具，文义是目的，两者之间的关系是清晰的。质言之，通过目的解释是为了发现文义而不是创造文义，是为了解释规范而不是为了规范续造。

二、引入比例原则检视文义发现是否符合立法精神

比例原则最早产生于德国，德国在法释义学上的贡献很大，使该原则不再是抽象的法律原则，而是具有了规范化性质，并得以进入司法层面。对该原则的最著名、也是最通常的阐述为"三阶理论"，也称三项"构成原则"，即手段的妥当性、必要性和法益相称性原则。

根据妥当性原则，行政法规要求所采取的手段能够达到所追求的目的。对行政处罚与刑事处罚竞合的领域，如果适用行政处罚即可达到规范保护目的，就不需要适用刑法进行规范，即符合妥当性原则。比如，刑法分则中的伪造、变造、买卖身份证件罪，非法侵入住宅罪，非法搜查罪等。比较行政法与刑法两者的相应条文可知，两者在上述各行为的客观表述上并没有实质性区别，也即，立法上没有为区分行政违法与刑事犯罪提供可以辨析的标准，而是将符合性判断交给司法主体进行考虑。就伪造身份证件罪而言，刑法规范保护的内容不仅包括有权主体制作证件的权力秩序，还包括有效抑制因伪造证件而实施的违法行为。因此，如果行为人购买伪造的身份证件只是为了方便生活，而不是为了实施违法犯罪行为，且伪造身份证件的数量有限，根据妥当性原则，显然适用行政处罚即可，并不需要适用刑法进行规制。再如，面对实践中虚开发票的现象，《中华人民共和国刑法修正案（八）》突破了相对克制的立法观念，新增了虚开发票罪和持有伪造的发票罪。当然，谁都无法否认，一定程度上虚假发票在当下是一个严重的社会问题，需要对其进行严厉打击。但发票制度本身就是一种特权制度，是市场经济改革的对象，而且，该问题的形成原因复杂，国家以非刑法措施规制也并非不可能解决。[1]

必要性是从"经验的因果律"来考虑诸种手段之间的选择问题，也就是要从以往的经验与学识的累积，对所追求的目的和所采取的手段之间的相当比例进行判断，保证所要采取的手段在诸种可供选择的手段中最温和、侵害最小。根据行政法上的必要性原则，当行政处罚与刑事处罚之间产生竞合的

---

[1] 转引自何荣功："社会治理'过度刑法化'的法哲学批判"，载《中外法学》2015年第2期。

时候,应该选择最温和的处罚手段,这种处罚原则与刑法必要性也是一致的。易言之,如果用行政处罚能达到规范目的,就没有必要使用刑法规范。在司法实践上,当行为人醉酒驾车已经达到行政规范的法定标准,但是,如果综合考虑驾车时间、驾车路段、生理状况等因素,醉驾行为根本不具有危害公共安全的可能,就不需要适用危险驾驶罪进行刑事处罚,根据行政法规进行规范就可以达到规制目的。总之,在行政法规足以抑制某种行政违法行为时,就不应当适用刑法进行规制;在行政法规并不充分时,如果能够立即完善行政处罚手段,也不应当运用刑法手段;即使在由于行政规制手段不完善而采用刑法手段时,也应当注重行政规制手段的完善,并逐步放弃刑法手段的干预。

相称性要求,以公权力对人权的"干涉份量"来断定行为合法与否,要求在宪法的价值秩序内,对行为的实际利益与公民付出的相应损害之间进行"利益衡量"。根据相称性要求,违法行为与处罚结果之间应该在程度上是相称的或者适应的,如果两者不相称,就会导致昂贵之刑。也即,如果行为的危害程度达不到刑法意义上的严重社会危害性,就应该考虑行政处罚,而不能用刑事处罚替代行政处罚。由此,在对危害行为考虑刑事处罚时,就需要慎重考虑危害程度与行为属性之间的对应关系,否则,就会导致刑事处罚代替行政处罚,或者行政处罚替代刑事处罚,而这都不符合刑法的精神与法治的内涵。鉴于公安部门将枪支的标准定为枪口比动能大于等于1.8焦耳/平方厘米[1],因此,在实践上,摆摊射击气球的枪支发射弹丸的枪口比动能大于等于1.8焦耳/平方厘米而被司法主体认定为非法持有枪支罪的案例时有发生[2]。在类似案件中,除了要参考行政法规的认定标准,还需要对非法持有枪支的危害性与判处的刑罚之间进行衡量,判断两者之间是否相称或者适应。从社会层面看,对前述问题的看法基本一致,也即,对于摆设射击游艺摊位中的枪支,由于根本不具有使人的生命、身体安全遭受侵害的危险性,因此,对其不应该处

---

[1] 2001年《公安机关涉案枪支弹药性能鉴定工作规定》,其中第3条规定:"对于不能发射制式(含军用、民用)枪支子弹的非制式枪支,按下列标准鉴定:将枪口置于距厚度为25.4mm的干燥松木板1米处射击,弹头穿透该松木板时,即可认为足以致人死亡;弹头或弹片卡在松木板上的,即可认为足以致人伤害。具有以上两种情形之一的,即可认定为枪支。"这一标准在随后几年逐渐变化,到了2010年12月,公安部对《公安机关涉案枪支弹药性能鉴定工作规定》进行了修订:当所发射弹丸的枪口比动能大于等于1.8焦耳/平方厘米时,一律认定为枪支。

[2] 参见李铁柱:"23起气球射击摆摊案17人获缓刑",载《北京青年报》2017年1月1日,第A08版。

以刑事处罚,依照行政法规给予行政处罚就足以达到惩罚行为人的目的。因此,在类似案件中,判处行为人构成非法持有枪支罪,有违背相称性原则之嫌。

三、根据合宪性原则判断文义解读结果是否违法

从司法角度看,司法主体在援引刑法规范裁量危害行为是否侵害法益时,需要对刑法诠释和适用进行合宪性分析。宪法是根本法,是法律体系的制度和价值基础,是其他法律法规的规范依据,也是部门法适用的根本保障。由此,从宪法层面思考刑罚权的合法性与边界问题,无疑具有合理性。将刑法学的重要理论置于宪法教义学的观察之下,并在刑法的规范与学理现状基础上,思考国家刑罚权的界限问题。在尊重刑法学既有学理的前提下探讨刑法体系的合宪性调适,并寻找刑法学和宪法学的沟通渠道,以形成整体法教义学的体系融贯。[1] 在司法实践中,司法主体不论是通过解读法律规范形成的司法解释,还是根据规范适用形成的个案结果,都需要符合宪法的条文、宗旨和精神。尤其是在社会转型向纵深推进之际,刑事立法积极主义日趋高涨,包括活性化立法、预防性立法、民生性立法等价值取向明显,更加需要从宪法层面评价立法行为,以确保刑事立法的合宪性。具体到刑法层面,在我国植根未深的罪刑法定主义还面临着诸多挑战,包括刑法明确性的不足、口袋罪的存在、刑法解释的开放性,等等。[2] 在此情况下,重视法律规范的形式理性,谨慎对待政策、利益、价值等法外因素,符合立宪主义精神与宪法的基本原则。

从刑法规范解释的维度看,有权解释主体在进行司法解释时,有时并未做充分的合宪性考量,会将行政违法行为纳入到刑法规制范畴,该种解释的结果往往与公民的基本权利保障不相符合,从而违背了宪法的基本规定。比如,2013 年 9 月 6 日公布的《关于办理利用信息网络实施诽谤等刑事案件适用法律若干问题的解释》,同一诽谤信息实际被点击、浏览次数达到 5000 次以上,或者被转发次数达到 500 次以上的,应当认定为《刑法》第 246 条第 1 款规定的"情节严重"。不过,根据《中华人民共和国宪法》第 35 条规定:

---

〔1〕 参见雷磊:"融贯性与法律体系的建构——兼论当代中国法律体系的融贯化",载《法学家》2012 年第 2 期。

〔2〕 转引自张翔:"刑法体系的完全性调控——以李斯特鸿沟为视角",载《法学研究》2016 年第 4 期。

中华人民共和国公民有言论、出版、集会、结社、游行、示威的自由。也即，公民享有宪法上的言论自由，这种自由包括现实当中的言论自由和虚拟世界中的言论自由。在网络上进行的信息点击、浏览和转发是虚拟世界中的言论自由，不应该被随意限制和禁止，否则就可能会违背公民权利的合宪性保护精神和宗旨。言论自由乃是源自对个人自主存在尊严的肯认，是为了保障个人之自主及自尊之目的而设；而非因赋予个人该权利有助于他人利益之追求……相反的，有时为了维护个人之言论自由权，必须要忍痛牺牲一般社会利益。[1] 根据论者的观点，保障公民权利应该是立法当中应该被重要考虑的因素，不能因为社会利益而擅自限制公民权利。显然，上述司法解释并没有严格遵循宪法规定的公民言论自由，而是通过司法解释将虚拟空间中的言论自由权进行法律限制。基于此，在实践上，对类似的信息点击、浏览、转发行为，司法主体应给予充分、合理的合宪性考量，不能肆意将其纳入到刑法规制范畴进行处理。也即，如果对某个法益的保护与宪法相抵触，就不能将侵害这种法益的行为规定为犯罪。正如有的学者所言：特别应当注意的是，不能将行使宪法所规定的基本权利的行为规定为犯罪，即使这种行为存在一定程序上的瑕疵，也不能将其规定为犯罪。[2]

近年来，行政违法与刑事违法之间的关系一直是理论界关注的热点话题，不但关系到司法实践上如何适用法律规范，还关系到如何处理行政违法与刑事违法之间的竞合关系，也是刑事处罚早期化理论中的重要内容。虽然不断有学者对行政违法的犯罪化问题进行分析，希望为合理界分二者的关系构建机制，但目前看来，实际效果并不是很理想，行政违法与刑事违法之间的竞合关系依然未得到妥善解决，刑行关系仍然是刑法理论上重点探讨的话题。随着风险社会概念的盛行，刑事处罚早期化成为理论界热议的话题，也成为考验刑事违法与行政违法边界如何合理厘定的问题。对此，理论上应该继续深化行政犯适用范围的研究，为合理界分刑事违法与行政违法提供有效、合理的标准，这是具有时代意义的理论诉求，也是解决问题的理论方向。文中为界分刑事违法与行政违法提出了一些框架和基础，但总体来看，还有继续深化的空间，还需要理论界继续投入精力进行研究。

---

〔1〕 参见刘艳红："网络时代言论自由的刑法边界"，载《中国社会科学》2016年第10期。

〔2〕 参见张明楷："法益保护与比例原则"，载《中国社会科学》2017年第7期。

第七章
刑事处罚早期化与前置法律规定

鉴于行政犯二次性和保障性的法律属性,在相应的行政犯立法条款中,前置法律规定就成为行政犯罪状中较为常见的立法描述。但是,分析刑法条款中的行政犯规定可知,法律规定的表述方式是多元化的,因此,如何看待法律规定不同表述、如何解读和理解行政犯中的前置法律规定,常常法对司法主体适用相应的行政犯条款产生重要影响。当然,对前置法律规定的不同理解也是刑法干预社会生活程度的判断指标。质言之,如果对前置法律规定做广义理解,则刑法的干预和介入就会呈现积极主义的姿态。比如,近年来司法实践上出现的热点案例,像陆勇销售假药案、王立军非法经营案、赵春华非法持有枪支案等,在社会上相继引起广泛影响和关注,对上述行为的司法定性,也在理论界与实务界产生较大争议,一定程度上,也成为判断刑法是否积极干预社会关系的重要案例素材。

通过分析可知,上述案件之所以成为司法焦点,不但与行政犯的罪状构造有密切关系,与刑事处罚早期化的法律概念也联系紧密,司法主体能否对行政犯中的法律规定准确解读与科学适用,关系到刑事处罚的合理性与合法性问题。也即,对行为主体的法律认识错误是否能给予合理界定,往往成为判断刑法介入合理性的重要依据。比如,陆勇因为销售假药被司法机关逮捕、起诉和审判,直至最后检察机关撤回起诉。在该司法流程中,司法主体援引的假药标准是国务院的行政规范的规定。像前文提到的,根据《中华人民共和国药品管理法》的规定,必须应经批准而未经批准生产、进口,或者依照本法必须检验而未经检验即销售的属于假药。对此,需要关注的是,司法主体能否直接将行政规范作为刑事司法裁判的法律依据。也即,刑法的边界是否可以由行政机关划定,对于行政法上的相应标准,司法主体承担起什么样的审查、校验和检视的义务。易言之,司法主体应如何解读和认知行政法规、行政法规能否作为司法主体的裁判依据,都是司法实践上经常引起关注的话题,同时,也引申出刑法理论中较为共性的问题,比如,行政犯中法律规定的内涵、法律认识错误、行刑衔接等传统的刑法理论问题。当然,上述问题虽然是行政犯的解读和司法适用问题,深层次上反映的则是刑法介入行政行为的界限问题,并且从当下的实际情况看,刑法的积极介入往往会成为行政犯司法适用的重要推手,对此,则需要结合刑事处罚早期化的背景和内容进行分析和研究。

第一节 前置法律规定内涵分析

在刑法分则当中,有部分刑法条款的罪状并未明确规定客观方面,比如,行为手段、行为方式、行为对象、行为时间与地点等,需要通过刑法规范的指引,寻找和发现相应的行政规范,借以补充刑法条款内涵的不足,为司法主体对危害行为分析定性提供法律依据。对于大量的行政犯来说,刑法对构成要件的描述与价值判断的联系过于微弱,仅凭它尚不足以为推定行为的法律属性提供充分的基础,只有结合相关的禁止性或命令性的前置行政法规范,才能使人们认识到行为的违法性。由此,该刑法规范的指引内容重要性不言而喻,需要对其做认真梳理和分析。

一、前置法律规定梳理

梳理刑法分则条款可知,立法主体在诸多刑法分则个罪条款中都采取类似法律规定的立法表述,在具体立法形式上表现为多元化,需要从理论层面对分则中的部分条文做较为详细的考察、分析和梳理,为下文内容研究的展开提供充足的分析样本与坚实的实证基础。

(一)法律规定类型梳理

第一,依照法律规定。生产、销售、提供假药罪,此处所称假药,是指依照《中华人民共和国药品管理法》的规定属于假药和按假药处理的药品、非药品。

第二,违反国家规定。非法经营罪规定,违反国家规定,有下列非法经营行为之一,扰乱市场秩序,情节严重的……。

第三,违反规定。违规出具金融票证罪规定,银行或者其他金融机构的工作人员违反规定,为他人出具信用证或者其他保函、票据、存单、资信证明,情节严重的。

第四,违反管理法规。非法转让、倒卖土地使用权罪规定,以牟利为目的,违反土地管理法规,非法转让、倒卖土地使用权,情节严重的。

第五,违反管理规定。危险物品肇事罪规定,违反爆炸性、易燃性、放射性、毒害性、腐蚀性物品的管理规定,在生产、储存、运输、使用中发生重大事故,造成严重后果的。

第六,违反规章制度。重大飞行事故罪规定,航空人员违反规章制度,致使发生重大飞行事故,造成严重后果的。

(二)法律规定特征分析

通过梳理部分刑法条款可知,行政犯罪状中的前置法律规定在具体类型上呈现多元化趋向,在不同刑法条款的罪状中,法律规定的表现形式也有不同,并且,在刑法章节中的分布、法律规定制定主体、法律规定的规范效力等方面都具有不同特征,具体表现为以下几个方面:

首先,含有法律规定的刑法条款,主要与社会法益、国家法益等有关,分布范围也相对集中,主要集中在第二章危害公共安全罪、第三章破坏社会主义市场经济秩序罪、第六章妨害社会管理秩序罪等分则的部分章节当中,之所以如此,与行政犯的保护法益基本属于国家利益或者社会利益等法益类型有关。

其次,法律规定的类型具有多元化特点,具体包括,法律规定、国家规定、管理法规、规定、管理规定、规章制度等不同类型。从法律规定的类型看,立法主体在刑法条文设计上,对行政犯的规制范围基本是持开放态度,希望行政法的干预范围更加广泛,借以应对日趋严重的社会风险,侧重刑法秩序机能保护的方面非常明显。

再次,行政规范的制定主体涵盖不同层次,具体有行政法规制定主体、地方性法规制定主体、行政规章制定主体等不同种类。规范制度主体的不同,决定了行政规范的效力位阶不同,同时表征出立法主体在法益保护范围态度上的不同关切,是刑事政策对刑事立法的外在影响,也是刑事立法对社会风险治理的内在诉求。

最后，不同立法主体制定的行政规范具有不同的法律效力，在法律有效性的位序上也有区别，但是，不论法律规定的行政规范效力等级如何，在司法实践中，通常都可以作为司法主体进行刑事案件裁量的规范依据。也即，不论行政规范的立法主体层级如何，都可以成为补充刑法引证罪状的法律渊源。

二、前置法律规定内涵解析

根据前文可知，行政犯中的前置法律规定类型基本有六种，包括国家规定、法律规定、规定、管理法规、管理规定、管理制度等。从法律规定的制定主体看，有全国人民代表大会及其常委会、国务院、国务院下属部委机构、地方人民代表大会及其常委会、地方人民政府及政府机构等。在实践中，在刑事责任事故的查处上，企业内部的规章制度有时候也会被视为规范的组成部分。

《刑法》第96条规定，本法所称违反国家规定，是指违反全国人民代表大会及其常委会制定的法律和决定，国务院制定的行政法规、规定的行政措施、发布的决定和命令。从该定义看，国家规定是从狭义的角度进行展开的，也即，国家规定是指，全国人民代表大会及其常委会制定的法律和决定，还有国务院制定的法规和规定。2011年4月8日，最高人民法院《关于准确理解和适用刑法中"国家规定"的有关问题的通知》指出，《刑法》第96条中"国务院规定的行政措施"应当由国务院决定，通常以行政法规或者国务院制发文件的形式加以规定。以国务院办公厅名义制发的文件，符合以下条件的，亦应视为刑法中的"国家规定"：（1）有明确的法律依据或者同相关行政法规不相抵触；（2）经国务院常务会议讨论通过或者经国务院批准；（3）在国务院公报上公开发布。由此，行政犯中的法律规定通常应该有两个部分组成，第一种是全国人民代表大会及其常委会制定的法律和决定，第二种是国务院制定的法规和规定等规范性文件。实践上，对于国务院下属的各个机构或部门下发的规范性文件，则不认为属于法律规定的范畴。也即，各个部门的行政规章不属于法律规定，对此，在行政犯的司法认定中，应该给予明确区分和限定，防止行政犯条文的肆意解释和适用扩大。

刑法分则涉及国家规定的刑法条款比较多，理论上对国家规定的界定范围也比较清晰，司法实践上的适用分歧不大。另外，在行政犯当中，涉及的法律规定除了国家规定之外，其他都属于非国家规定。非国家规定立法模式相对典型，在刑法分则中分布较为广泛，主要是由地方人民代表大会制定的法规、地方政府部门制定的规范等组成，比如，管理法规、规章制度、规定、管理规定等，这些法律形式与国家规定有一定区别，不能成为某些犯罪构成行政犯的前置法律规范，比如，非法经营罪罪状中明确要求，构成该罪就需要违背前置法律规定。比如，中国人民银行《关于取缔地下钱庄及打击高利贷行为的通知》第2条规定：民间个人借贷利率由借贷双方协商确定，但双方协商的利率不得超过中国人民银行公布的金融机构同期、同档次贷款利率（不含浮动）的4倍。超过上述利率标准的，应界定为高利借贷行为。显然，该中国人民银行的规定是行政部门的通知，并不属于刑法中的"国家规定"范畴，该行为不能成为非法经营罪的前置法基础。但是，实践上有司法机关竟然以此为依据，根据刑法中的"兜底条款"即"其他严重扰乱市场秩序的行为"，将高利贷行为直接认定为非法经营罪。

对前置法律规定的不当解读在司法实践上并不鲜见，归根结底是由于司法主体对行政犯中的前置法律规定内涵没有清晰认知，最终导致在行政犯的司法适用上出现偏差。比如，A信息技术有限公司因利用互联网平台帮助B文化科技有限公司代为销售双色球、大乐透、3D等体育彩票、福利彩票，被公安机关以涉嫌非法经营罪立案侦查。公安机关的一个重要理由是，A信息技术有限公司的行为，违反了财政部等公布的《关于综合治理擅自利用互联网销售彩票行为的公告》。但是，该公告只是部门规章，不属于国家规定。根据《彩票管理条例》第15条的规定，彩票发行机构、彩票销售机构可以委托单位、个人代理销售彩票。据此，就不能认定A信息技术有限公司的行为违反了国家规定。[1]

从空白罪状在刑法分则中的分布看，在危害公共安全罪中，工程重大安全事故罪罪状表述为"违反国家规定"，交通肇事罪、消防责任事故罪罪状表述为"违反法规"，其余条款对前置法规的位阶并没有过高要求，一般表述为规章、制度、规定等形式。对此，需要考虑的是，与刑法构成两法衔接的法律

---

[1] 参见张明楷："正确适用空白刑法的补充规范"，载《人民法院报》2019年8月8日，第5版。

规定属于哪个层级的行政立法？还是任何层次的行政规范都可以构成刑法规范前置规范？《刑法》是全国人民代表大会制定的基本法律规范，在法律体系与法律效力上都具有重要地位，因此，构成其前置法律规范，且能作为司法主体援引的法律规范，应该在法律效力的层级上具有趋同性，不应该差别太大，否则，就会有损刑法规范的严肃性，也不利于体现刑法适用的严格性。

《中华人民共和国行政处罚法》第10条第2款规定：限制人身自由的行政处罚，只能由法律设定。由此，涉及公民人身自由的法律规范应该是法律法规，制定主体应该是全国人民代表大会或国务院。刑法规范适用往往与公民的人身权利、财产权利密切相关，作为刑法规范的前置条款，行政规范制定主体也应该是全国人民代表大会或国务院，才符合保障公民人身权利的宗旨和精神。易言之，两法衔接中的行政法规应该局限于法律规定，其他层级的行政规范不应该肆意进入刑事立法主体的视野。另外，从罪刑法定原则看，地方人民代表大会制定的地方性法规、国务院各部委和地方政府制定的行政规章，由于制定主体不是全国人民代表大会和国务院，不能将其列入国家规定的范围。因此，对于刑法中的空白罪状，在界定其行政规范依据时，不能超越国家规定的范围，唯此，才可以保证刑事立法的科学性与合理性，才能确保两法衔接的有效性，公民权利的刑事立法保障才更为科学、合理。由此，行政犯中的法律规定应该是指全国人民代表大会制定的法律、国务院制定的行政法规，从这个意义上看，法律规定的范围与刑法总则界定的国家规定在内涵上是一致的。相应的，国务院各部委、地方人民代表大会颁发的行政规章、地方性法规不属于法律规定的范畴，对行政犯的认定和刑罚适用不应该产生影响。也即，"部门规章、地方性法规、地方政府规章，以及其他规范性文件，都不能直接作为认定行为人是否违反国家规定从而是否构成犯罪的依据"[1]。不过，在司法实践中，为了达到规制危害行为之目的，司法主体往往会有意无意突破法律规定的范围和内涵，将行政规章、地方性法规等非法律规定形式作为刑法规范的诠释依据。当然，如果刑法条款中有明确规定或者立法解释明确指出，需要根据行政规章、地方性法规或部门规章对某种行

---

[1] 于志强、郭旨龙："违反国家规定，的时代困境与未来方向——以非法经营罪为切入点进行规范体系的审视"，载《江汉论坛》2015年第6期。

为或范围进行认定，则另当别论。易言之，司法主体应根据刑法条文的具体规定进行解读和适用。

还需要明确的是，非法经营罪涉及的规制对象一般都属于法律特许经营范围，由此，对于那些被法律明文禁止的行为、普通的违法经营的行为，或者是法律未明确认定为合法的经营行为，由于不符合非法经营罪的法益指向，所以不应该构成非法经营罪。比如，《中华人民共和国烟草专卖法》中主要有关于烟草特许经营的内容和资格规定，其所针对的当然是合法的烟草行业，也就是真烟草的买卖行为，而假烟草属于违禁品，自然不涉及专卖的问题，也不涉及特许经营的问题。因此，对于买卖假烟草的行为应该探讨其构成其他个罪的可能性，而不应该构成非法经营罪。我们认为，对于烟草买卖与非法经营罪之间关系的理解和解读可以推及到其他行业当中去。正如有的学者谈到的：非法经营罪中的非法经营行为只能是有合法化可能的违规经营行为，那些不涉及"特许经营"的普通的违规经营或者根本不可能被特许经营的法律完全禁止的经营行为等与非法经营罪的保护法益无关的行为，都不属于非法经营罪中的"其他非法经营行为"。[1]据此，司法实践上发生的高利贷、传销、刷单炒信等行为，显然不符合非法经营罪的犯罪构成，不能依照非法经营罪定罪处罚。但是，司法主体显然并没有从非法经营罪的规制范围考虑入罪问题，而是不断扩大该罪名的成立范围，从司法解释、个案判决等不同方式将前述行为纳入到非法经营罪的规制范畴。

三、前置法律规定实践适用

"违反国家规定，有下列经营行为之一，扰乱市场秩序，情节严重的……"这里的国家规定是指全国人民代表大会及其常委会制定的法律和决定、国务院制定的行政法规、规定的行政措施、发布的决定和命令，而地方人大制定的地方性法规、国务院行政部门制定的行政规章则不能涵盖在内。也即，非法经营罪属于行政犯，其是以违反国家规定为构成犯罪的逻辑前提的。但是，在实践当中，该罪名的规制范围一再扩大，不断有新的司法解释公布，扩大非法经营罪的涵摄范围，将诸如传销、有偿删帖、违法发行彩票、非法生产、销售具有退币、退分、退钢珠等赌博功能的电子游戏设施设备或者其专用软

---

[1] 参见于改之、吕小红："比例原则的刑法适用及其展开"，载《现代法学》2018年第4期。

件等行为，都解释到非法经营罪的规制范畴当中，致使非法经营罪的口袋罪特征一再凸显。

非法经营罪的内涵之所以持续扩大，与该罪名的立法模式有一定关系，与司法解释主体擅自突破非法经营罪中的法律规定也有密切关系。2011年4月8日，最高人民法院《关于准确理解和适用刑法中"国家规定"的有关问题的通知》第1条将国务院办公厅制发的文件在满足一定条件下也视为"国家规定"，这为非法经营罪概括性规定的司法扩张提供了一个不合理的法律依据。还有，司法解释或者司法判决过程中的法律依据不够科学和规范，比如，有的司法判决直接援引民政部的《中国福利彩票发行与销售管理暂行办法》、原文化部《关于电子游戏经营场所专项治理工作有关问题的通知》等部门规章，有的司法解释则引入《关于开展"网络敲诈和有偿删帖"专项整治工作的通知》部门规章。换言之，上述国务院部委的行政规章成为司法主体解读非法经营罪或者司法判决的规范依据，突破了国家规定的法定内涵。不过，非法经营罪明确规定，违反国家规定是该罪的构成要素，是罪名成立的规范判断标准。所以，有权解释主体在对非法经营罪进行解读时应该清楚，唯有法律和行政法规才能成为解释主体的规范依据，各部委出台的规范和规定不应该成为司法主体解读和适用非法经营罪的根据。也即，在法律适用层面，司法主体应围绕刑法目的对构成要件要素进行实质解释；在刑事审判当中，当行政行为成为刑事诉讼的先决问题时，需要对行政行为进行实质的司法审查。[1] 通过行政行为进行实质审查，以判断是否需要在司法裁量中进行修正或采用。

代替考试罪规定，代替他人或者让他人代替自己参加法律规定的国家考试的，处拘役或者管制，并处或者单处罚金。不过，我国法律并没有明文规定"国家考试"的范围，只能通过立法精神和法律目的界定国家考试的内容和范围。《中华人民共和国教育法》第21条规定：国家实行国家教育考试制度，国家教育考试种类由国务院教育行政部门确定。据不完全统计，我国现有的各类国家考试多达百余种，不过，代替考试罪的犯罪范围则相对严格，不可能将所有的国家考试都作为刑法规制对象，根本原因在于，代替考试罪的立法精神表明需要严格控制该罪名的成立范围。同时，也说明立法者使用

---

[1] 参见简爱："我国行政犯定罪模式之反思"，载《政治与法律》2018年第11期。

刑法调整国家考试秩序时，还是持比较谨慎的态度，纳入刑法评价体系的国家考试应限于法律规定的特殊类型。从上文可以看出，立法者无意将所有的国家考试都纳入刑法保护范围，因此，特别强调国家考试的法律依据。也即，刑法所保护的考试设定权应属于全国人民代表大会及其常务委员会、国务院。据此，根据我国目前的立法状况可知，如职称考试、驾驶证考试、研究生考试、司法考试、注册会计师考试、高等教育考试、公务员考试等，都是属于律规定的国家考试类型范围。

根据国务院部门规章设立的各种考试，如大学生四、六级英语考试、计算机等级考试、普通话考试以及各种资格证考试等，尽管这些考试规模很大，影响也很广，但实际上因没有法律上的依据，不能纳入到代替考试罪的规制范围之内。正如有的学者指出的：《中华人民共和国刑法修正案（九）》将"国家考试"严格限定在"法律规定"范围内，就意味着涉考类犯罪中的"国家考试"应以具有全国性重大影响的统一考试为边界，要将层次较低的绝大多数所谓国家考试排除在刑法评价体系之外。但是，在司法实践上，司法主体并不能完全坚守立法精神，有时会突破国家规定的内涵进行解读，导致在考试性质认定与考试种类辨析上出现偏差，致使有些司法裁判的合法性与合理性遭受质疑。

2016年10月，苏州经贸职业技术学院考点举行注册安全工程师执业资格考试。考试当天上午10时，工作人员在考场巡查时发现一名考生提供的身份证为假证，该工作人员立即报案处理。苏州高新区法院于2017年4月初，对该起代替考试犯罪案件作出一审宣判，考生陆某和"枪手"黄某因犯代替考试罪，均被判处拘役二个月、缓刑三个月，并各处罚金二千元。其实，注册安全工程师执业资格考试是根据原人事部、原国家安全生产监督管理局于2002年印发的《注册安全工程师执业资格制度暂行规定》设置的考试类型，《注册安全工程师执业资格制度暂行规定》的制定主体是原人事部与原国家安全生产监督管理局，两者都是国务院的下属部门，因此，其颁发的《注册安全工程师执业资格制度暂行规定》是部门规章，而非法律规定，根据该规章设置的考试类型不能纳入到国家考试范围。由此，在本案中，司法主体依据代替考试罪进行定罪量刑，显然存在合法性问题。

根据上文分析可知，对于行政犯中的法律规定，虽然从法律层面给出了明确解读和界定，但在司法实践上，依然存在诸多不当解读和不当适用的情形,导致行政犯的司法适用出现偏差,致使刑法过早介入行政关系领域,也间接导致刑法上诸如非法经营罪等的口袋化特征更趋明显。对此,司法主体应该有清醒认识,应积极避免相关罪名的口袋化持续发展,不但要对行政犯中的法律规定内涵有合理认知,对行政犯的司法适用也应该保持理性。"出于国家行政管理目的,虽然'法的秩序与形成任务要求所有行政行为受到法的拘束',但是这并不意味着所有可能受到法的拘束的行为都构成刑法上的法定犯。要赋予行政违法行为犯罪化的正当性,必须在刑法教义学的范围内进行解释操作。"[1]论者准确指出了行政犯在当下司法实践中存在的问题,并为有效解决行政犯不当适用提供了相应对策,也即,通过在刑法教义学范畴内解读行政犯条款,以达到合理适用行政犯条款之目的。

第二节 前置法律规定认识评析

鉴于实践上不断发生关于法律认识问题的热点案例,致使理论界对法律认识错误问题持续反思,加之国内外的刑法理论与立法规定对该问题持有不同态度,进一步推动了理论界在该问题上的争议深化。由此,关于行政犯中法律认识错误问题尤其显得复杂,需要在新的时代背景下给予认真关注。"一方面,大幅高频的法定犯立法越来越难以为普通人及时认知,'不知法者不免责'的传统观念与责任主义发生了大面积的冲突。另一方面,法定犯的增多表明刑法规制的任务日益加重,刑事政策上也不允许追求'不知法者不为罪'的理想图景。"[2]由于理论界对该问题存在较大的认识分歧,导致实务上的行为定性也存在合理性问题。比如,有学者认为,法律认识错误是指刑法规范认识错误,有学者则认为,法律认识错误是指针对所有的法律认识错误。其实,该部分是以行政犯中的法律规定为对象展开研究的,法律认识错误是针对前置法律规范进行言说的,也即,是以违法规定中的法律规定为研究对象的。

一、违法性认识的理论分歧

犯罪构成是否需要违法性认识,有违法性认识不要说与违法性认识必要

---

[1] 刘艳红:"'法益性的欠缺'与法定犯的出罪——以行政要素的双重限缩解释为路径",载《比较法研究》2019年第1期。
[2] 车浩:"法定犯时代的违法性认识错误",载《清华法学》2015年第4期。

说；关于违法性认识如何判断，有危害性说与反价值性说；关于违法性认识在犯罪构成中的位置，有故意说与责任说。如何看待上述观点上的分歧，不仅是刑法理论问题，对司法实践也具有重要的指引意义，须从教义学层面进行深入探讨。

第一，违法性认识不要说与违法性认识必要说。违法性认识不要说是基于刑事实证学派的社会防卫论演化而来，为我国传统刑法理论所坚持。总的来看，违法性认识不要说与刑法理论、时代背景以及立法特征有一定关系。不过，随着社会政策的转型、价值多元化的发展与法律主体形象的转变，尤其是权利保障在法治建设中的价值凸显，违法性认识不要说在刑法理论中的地位日趋式微，在司法实践中也开始受到批驳和指责。相反，违法性认识必要说越来越被理论界所接受和倡导。正如有的学者指出的："对于法定犯与自然犯的责任内容应作不同的把握，在认定法定犯时，尤其要注意故意与违法性认识的特殊性"[1]。

德国刑法学家耶赛克教授曾经指出，只有能够认识到自身行为是被法律禁止的人，才是有责的行为主体。《德国刑法典》第17条规定，行为人行为时没有认识其违法性，如该认识错误不可避免，则对其行为不负责任。如该错误认识可以避免，则对其行为依第44条第1款减轻其刑罚。《法国刑法典》第122-3条规定，证明自己系由于其无力避免的对法律的某种误解，认为可以合法完成其行为的人，不负刑事责任。相反，有的国家则对违法性认识错误作为从轻或减轻的理由进行规定。《日本刑法典》第38条第3款规定：不得因不知法律而认为没有犯罪的故意，但根据情节可以减轻刑罚。1974年的《日本改正刑法草案》第21条则规定：虽不知法律，也不得认为无故意，但根据情节可以减轻其刑。不知自己的行为为法律所不允许而犯者，就其有相当的理由时，不罚。也即，日本的刑法规定体现了对违法性认识的立法变更。违法性认识除了在立法上经历了从减轻处罚到不罚的立场变更，日本刑法界的主流理论也是将违法性认识错误视为免责事由。《意大利刑法典》第5条规定：任何人不得以刑事法律的不知为理由要求宽宥。但这一规定被意大利宪法法院1988年第364号判决宣布为部分违宪。根据该判决，在行为人尽最大努力仍不可能得到对法律规定的正确理解的情况下，行为人不知道法律的具

---

[1] 阮齐林："刑事司法应坚持罪责实质评价"，载《中国法学》2017年第4期。

体规定，也可以作为排除犯罪的理由。[1] 根据上述不同国家的刑法规定看，立法者在违法性认识错误的看法上存在不同，由此导致在法律认识错误上存在不同的立法规定，并对各个国家的司法实践造成一定影响。

近年来，随着国际刑法理论交流的日益频繁，德日刑法理论中关于违法性认识的重要性日益得到国内学者的认可和接受。更有甚者，作为现代刑法理论的标志性概念，责任主义在解构违法性认识不要说的过程中功不可没。根据责任主义，行为人先有认识，才有行为故意，才具备承担责任的主观基础。缺乏违法性认识，不能构成犯罪故意，不能赋予刑事责任，否则，就背离了现代刑法理论中的权利保障观念与合宪性精神诉求，有明显的国家威权主义之嫌。基于所有国民都具有绝对的知法义务这一威权主义的拟制已经受到广泛质疑，所谓的分配标准或者界线划分实际上转化为以下问题：即国家在何种情形下才允许将不知法的风险置于个人身上？责任主义的宗旨在于，通过对国家刑罚权施加限制为惩罚的正当化提供依据，而保护个人自治。正是借助于包括错误类抗辩事由在内的排除犯罪事由体系，刑事领域内的个人自由才能得到切实保障。这意味着，对法律错误抗辩事由的承认或否定不应该被认为是一个独立的问题，而是涉及刑事责任的综合性问题。

违法性认识必要说遭遇质疑，一定程度上与在诠释激情犯、政治犯、信仰犯等犯罪类型中的不便与尴尬也有关。在上述犯罪类型中，要求行为人具有违法性认识在传统理论上略显牵强。理论上，对严格故意说的通常批评是：一方面，不能说明规范意识被消磨的常习犯加重责任的根据；也不能说明行为时没有违法性意识的激情犯和确信犯的可罚性；也使得对大量缺乏过失犯规定的行政犯成为不可罚，难以达成行政取缔的目的。不过，经过认真分析可知，激情犯、政治犯与违法性认识没有根本冲突，行为人不论是因为激情犯罪还是源于信仰犯罪，行为主体对行为的违法性都是明知的，也是客观存在的，只是司法主体在违法性认识的判断方式上与普通犯罪存在不同。"在激情犯或者瞬间犯罪的场合，违法性认识可能无法以清晰的文字、完整的语句展现出来，或许只能处于行为人注意力光照范围以外的昏暗地带，但这绝不会妨碍它的现实存在。"[2] 由此，激情犯并非没有违法性认识，只是没有其

---

[1] 参见陈忠林：《意大利刑法纲要》，中国人民大学出版社1999年版，第121页。
[2] 陈璇："责任原则、预防政策与违法性认识"，载《清华法学》2018年第5期。

他的故意犯罪那么明显；政治犯也有违法性认识，只是基于行为人的立场，其通常不承认是违法而已。

第二，故意说与责任说。陈兴良教授提出违法性认识必要说的主张，并强调违法性认识是故意的内容，是故意的规范要素。[1] 故意说认为，违法性认识属于故意的内容，也即，如果行为人主观上没有违法性认识，或者行为人发生违法认识错误，则不符合主观故意，不能构成故意犯罪，只能对危害行为作过失犯罪判断或者作无罪处理。故意说对于解决实践上违法性认识问题具有重要价值，对责任主义的发展具有重要意义，在刑法理论中的作用重大。不过，故意说面临的问题也很明显，比如，违法性认识是规范性判断，犯罪故意则是事实性判断，如何平衡两者之间的冲突一直是理论上争论不休的话题。在我国传统的四要件犯罪构成体系中，解决违法性认识问题似乎显得不够从容。比如，根据犯罪故意理论，有直接故意与间接故意两种类型，认识要素与意志要素都不包括违法性认识。再则，如果将违法性认识纳入故意范畴，当行为人实施危害行为却出现违法性认识错误时，会面临不能给予刑事处罚的状况。由此，通过故意说解决违法性认识问题并不妥当。

为了解决故意说存在的问题，责任说应运而生。德国刑法理论将违法性认识视为独立的责任要素。"在违法性认识错误能否以及如何归责的问题上，必须要同时考虑有效遏制个人可能对法的冷淡，通过归责建立和维护一般预防的效果。"[2] 责任说在国内理论界有一定市场。周光权教授赞成责任说，并主张违法性认识可能性理论。故意犯的成立，要求有违法性认识，至少要有违法性认识的可能性，违法性认识是故意、过失之外独立的责任要素。[3] 对此，张明楷教授也有类似的看法，违法性认识的可能性，是故意与过失之外的独立的责任要素，而且是故意犯与过失犯都必须具备的责任要素；缺乏违法性认识的可能性，意味着没有责任，因而也可谓责任阻却事由。[4] 责任说认为，为了妥善处理违法性认识问题，需要改造我国传统的犯罪构成，代之以三阶层犯罪构成体系。根据三阶层犯罪构成理论，将违法认识可能性置于有责性当中，并根据违法性认识可能性的有无，作为行为人责任有无及责

---

[1] 参见陈兴良："违法性认识研究"，载《中国法学》2005年第4期。
[2] Neumann/Schroth, Neuere Theorien von Kriminalität and Strafe, 1980, S. 34.
[3] 参见周光权："违法性认识不是故意的要素"，载《中国法学》2006年第1期。
[4] 参见张明楷：《刑法学》，法律出版社2003年版，第302页。

任大小的认定依据。也即,如果没有违法认识可能性,则阻却刑事责任;如果违法认识可能性小,则减少刑事责任。总的来看,违法性认识可能性是在违法性认识基础上的发展,对于违法认识判断及责任认定具有积极意义。不过,责任说理论没有明确区分违法性认识与违法认识可能性的刑事责任,致使有明显违法认识与可能违法认识在责任承担上没有区别,这显然是不妥当的。对此,有学者明确指出:现实的违法性认识与潜在的违法性认识所体现的可谴责性具有本质性的差异。因此,将两者不加区分,都以故意犯论处的做法,并不符合责任原则中罪责刑相适应的精神。[1] 解决问题的办法则是,应该根据行为主体违法性认识程度,在故意或过失的罪过上进行区分,以做到更好地贯彻责任主义原则。

第三,反条理性说与反价值性说。一旦行为人认识到了行为的"反条理性""反道义规范性""反法规范性",将行为人的这种认识解读为不具有违反法律、刑法、可罚的刑法违反的可能性是很困难的。比如,日本学者泷川幸臣认为违法性就是反条理的认识,小野清一郎则以国民道义违反的意识为违反性认识的内容。[2] 普通公民对制定法的认识来源于教育、宣传等多种方式。通过这些方式,公民内心形成了"法"这种观念,然而,具体指导行为人行为的规则来自日常生活的观察与实践,即实践中的规则被大众归类于"法"的形象。一旦行为人事实上认识到自己的行为是日常生活的条理所不容许的,很难将这种情形排除出具有违法性认识可能性的范围。根据行为的反价值性理论,学者希望通过价值衡量解决违法性认识问题。行为的这种反价值性既是法律规范形成的源头和基础,又非常贴近外行人的生活和意识,故它可以成为求取法律语言与外行民众认知之最大公约数的工具,从而也就可以成为联通二者的桥梁。"将违法性认识理解为与民众的基本价值评价发生根本性冲突的'一般的法律意识',在一般大众看来对行为人进行非难是天经地义、理所当然的,才符合公平正义的刑法理念。"[3] 违法性认识不但是规范性问题,也是价值判断问题,因此,学者构建反价值性标准判断违法性认识问题,正是看准了违法性认识的价值属性,这应该是一个较为科学、合理的

---

[1] 参见陈璇:"责任原则、预防政策与违法性认识",载《清华法学》2018年第5期。
[2] 参见马克昌:《比较刑法原理——外国刑法学总论》,武汉大学出版社2002年版,第486页。
[3] 李永升、徐兴华:"违法性认识之'法'的内涵解读",载《西部法学评论》2012年第1期。

路径。对比上述两种观点可以知道，认识到行为的危害性是事实判断，认识到行为的反价值性是规范分析，前者与违法性认识无关，后者与违法性认识一致。因此，学者通过行为的反价值性推出行为人的危害性认识，具有相当的合理性。

二、违法性认识的体系定位

根据现代刑法的责任主义理论，行为如果构成犯罪，行为人应具备违法性认识的主观要素。传统的刑法理论与司法实践采取违法性认识不要说，有其特殊的社会背景和立法技术考量，随着社会的发展，法治观念逐渐深入人心，刑法条文及与之相关的行政法规都开始为社会民众所熟悉，不需要过多担忧刑法规制、刑法预防等效力问题。从德日的刑法理论看，也广泛存在法律认识错误阻却犯罪或者减免刑事责任的观点，并反映在德日的刑法规定当中。基于此，需要将违法性认识纳入主观认识范畴，并作为危害行为构成犯罪的必备要素。

我国的四要件犯罪构成本身就是集客观评价、主观评价、事实评价、规范评价为一体的平面式犯罪论体系，虽然在逻辑关系上不如三阶层犯罪论体系清晰，但规范评价和价值判断依然存在。因此，在犯罪构成中，考虑违法性认识这个规范判断问题，有足够的理论基础与体系支持。基于此，有学者提出改造我国犯罪构成，引入三阶层犯罪构成体系，以解决违法性认识的定位安排问题，并非合理选择。从德日的阶层论犯罪体系看，也有人认为，犯罪构成是违法有责类型，符合性要件具有主观判断与规范要素，甚至在有责性阶段仅保留预防必要性要素，将有责性中的主观要素置于符合性中进行判断。构成要件是违法类型，又是责任类型，是违法有责行为的类型，又是其法律的定型。在此意义上，它是不法（行为）类型，又是犯罪类型，并且不是单纯将违法性类型化，而是也将道义责任类型化。由此，违法有责类型在犯罪构成的判断机制与要素结构上，与我国平面式的犯罪构成有一定契合性。至于有学者提出的，将违法性认识置于故意内涵中，并不利于对激情犯、政治犯及确信犯的认定，对此，根据前文分析，并不是理性的判断。正如有学者指出的：违法性认识只是对法律规范的一种认知，而不是对法律规范的信仰；它的具备只要求行为人知其行为受到法律禁止即可，并不要求他对法律的价值追求也表示衷心认同。所以，主张通过改造我国犯罪构成体系，将违法性认识纳入到有责性中的观点有待商榷。[1]

在我国的刑法规定中，故意的成立要求行为人明知自己的行为会发生危害社会的结果，即对行为的社会危害性有认识，这足以表明我国刑法是把违法性认识放在故意结构之中来处理的。至此，我们可以得出结论，违法性认识是犯罪故意的构成要素。违法性认识首先应当作为犯罪故意的规范评价要素加以讨论，这是违法性认识错误阻却责任的逻辑前提。有学者曾指出：实施了符合构成要件的违法行为的行为人，如果不具有违法性认识的可能性时，就不能对其进行法的非难。例如，在行为人没有认识到野花、野草是国家重点保护植物的情况下，就不能期待行为人不采摘。[2] 对此，也有学者更为明确地指出，违法认识错误问题解决的关键不是犯罪论体系的改造，而是在既有犯罪论机制下构建合理的制度技术或裁量机制。"违法性认识问题在我国现行刑法体系中的解决前景的确令人担忧，但不是因为传统犯罪论体系的平面性使得违法性认识无法成为独立的责任要素，而恰恰是由于在这一领域缺乏能够维护个体正义的制度技术或裁量机制。"[3] 论者的观点具有一定合理性，并为我国如何解决违法性认识问题提供了思路。

三、违法性认识的判断机制

在理论上，接受违法性认识作为主观要素不难，但在司法实践上，如何构建违法性认识的判断标准则成为新的问题，如果标准构建不当，则不能对主观认识与危害行为做出准确的司法定性，并进而会影响到危害行为的法律属性判断。

行为人是否有违法认识是个主观问题，并需通过客观层面或者间接证据进行推定。对于违法性认识的认定，离不开依靠间接证据进行推论的方法。实质上，就大部分刑事案件而言，只要根据客观要素就可以推定行为人是否具有违法性认识，只有在少数刑事案件中，才需要专门考虑行为人是否认识

---

[1] 参见陈璇："责任原则、预防政策与违法性认识"，载《清华法学》2018 年第 5 期。

[2] 参见张明楷："避免将行政违法认定为刑事犯罪：理念、方法与路径"，载《中国法学》2017 年第 4 期。

[3] 劳东燕："责任主义与违法性认识问题"，《中国法学》2008 年第 3 期。

到行为违法性。在此，需对那些影响主观认识的客观要素进行具体的梳理和分析，以判断法律认识错误是否具有充足的合理性。"既然责任体现的是反规范的人格态度，进行非难评价的关键便在于确定是否存在这种人格态度。具体而言，是要看行为人是否本来有机会查明真相，但却完全不作努力或者努力非常不充分，也即认识错误的发生是否具有合理性或不可避免性。"[1]具体来看，主要体现为以下几个方面：第一，行为人的熟人群体对法律规范是否认知。如果行为人周边的群体对法律规范都较为熟悉，鉴于行为人属于群体成员，则可推定行为人也应该认识和熟悉法律规范；第二，行为人是否具备特定的专业知识。行为人因具备特定的专业知识，决定其应该负有高于一般社会主体的注意义务。也即，如果行为人具有特定的专业知识，如果实施相关的违法行为，则可推定行为人认识法律规范；第三，相应的法律规范是否实行一段时间。如果法律规范已经实施一段时间，且一般社会主体都知晓该法律内容，则可推定行为人认识法律。第四，行为人是否征求过法律专家、执法主体、法律服务主体等人员的意见，在得到行为合法的答案之后而实施的，如果行为是违法的，则应认定行为人不熟悉法律。

在司法实践当中，行政犯的违法性认识往往根据法律推定做出，是基于客观知识推定主观内容。至于法定犯，尤其是发生在各个经济领域的经济犯罪，主体均为从事各特定行业的业内人士，其违法性认识也可直接推定，除非在极个别情形中可以存在反证。不过，这种法律推定的不足也很明显，会出现推定结果与客观现实不符的状况，对此，需要给予相应关注，并采取专门的措施，以最大程度避免因推定导致的主观认识错误。因此，在涉及"违反国家规定"的具体犯罪构成上，如果行为人提出不具备违法性认识的合理辩解，司法机关就有义务进行查证落实，不能仅以其行为的社会危害性而客观归罪。具体解决办法则是，在程序上赋予行为人对推定进行辩驳的权利。也即，如果行为人能对法律认识错误提出合理的理由，就可以推翻司法主体的推定结果，以此保障行为人的合法权利，最大程度避免无效推定结果的发生。不过，"对于那些身陷法律错误而仍具有惩罚必要性的被告人，司法者可能通过认定现有证据不能令人信服，认定被告人产生了法律错误，或者通过

---

[1] 劳东燕："责任主义与违法性认识问题"，载《中国法学》2008年第3期。

认定错误并非不可避免,而拒绝其有关不可避免的或合理的法律错误的抗辩"[1]。质言之,即便赋予行为人有法律推定的抗辩权利,对行为人的抗辩,司法主体依然会根据具体情况进行判断,并在判断过程中纳入政策考量、价值平衡、利益分析等因素,最后做出是否同意或采纳行为人抗辩的决定。

第三节 前置法律规定适用分析

在司法实践中,司法主体在对危害行为进行法律属性判断之前,首先需要对刑法规范中的法律规定有科学认识,对行刑衔接中出现的行政行为有明确判断,对刑法中的规范要素有合理认知。鉴于刑法与行政法存在本质不同,司法主体在对法律规定解读过程中,需坚持独立性、合理性判断,防止对行政犯的不当适用,具体可从法益侵害的统一性、法益侵害的严重性,以及刑法原则的重要性等维度进行考察,以达到对行政犯进行限缩解释的目的。法定犯构成要件里规定的事实要素,其核心为行政要素,它们并非由刑法创造出来的,而是在国家行政管理与调控中被创造出来。它们表达的不是对刑法自体恶的记载,而是对行政法律法规的保护与强调。[2] 由此,可以通过法益考察和刑法原则等要素,对行政犯中的前置法律规定进行合理解读,并予以限缩解释,以达到合理出罪之目的。

一、法益侵害一致性判断

从刑法与行政法的法益保护类型看,行政法的保护法益往往与行政管理有关,刑法的保护法益往往指向与国家法益、社会法益、个人法益有关的法益类型,根据不同法益类型之间的关系,国家法益、社会法益一般都可以具体化为个人法益。"社会的法益·国家的法益也并不是作为超个人的具有自己目的的存在,而是应该被看作是个人的生命·身体·自由·名誉·财产等各个个人的"总合"·"集合体"或者是作为这些利益的保护机构而被刑法保

---

[1] 劳东燕:"责任主义与违法性认识问题",载《中国法学》2008年第3期。
[2] 参见刘艳红:"'法益性的欠缺'与法定犯的出罪——以行政要素的双重限缩解释为路径",载《比较法研究》2019年第1期。

护。"〔1〕鉴于此，在有关行政犯的行为属性判断上，司法主体需要认真考察危害行为侵害的法益类型，才能为界定行为属性提供合理分析。行政犯所侵犯的主要法益内容，即立法者创立行政刑法的真正意图，应当透过法规、透过法秩序去寻找。

法益并非仅由刑法规范进行保护，其他法律也在不同程度上保护着各种法益类型。刑法上的法益是指值得刑法保护的利益，而非泛指一切利益。非法采伐火烧枯木违反森林法，违反行政部门对森林的管理秩序，被定性为行政违法。但是，从盗伐林木罪的保护法益来看，除了对森林资源的管理活动，还有林业的正常发展及森林资源的生态价值。从法益的内涵分析，砍伐火烧枯木主要是林业的正常发展及森林资源生态价值的更好体现，而非损害和破坏森林资源。从实践上看，司法主体会过分关注森林资源的行政管理，从而弱化森林资源生态价值的考量，致使在具体的行为法律属性上做出不当的判断。比如，2011年3月，郜某、陈某、张某、张某某等4人以1万元的价格购买了舞钢市某村集体所有的过火林木。在没有办理林木采伐许可证的情况下，郜某等4人雇人对过火林木实施了采伐。案发后，舞钢市森林公安局及时立案侦查，并对犯罪嫌疑人采取了刑事强制措施。经林业工程师技术鉴定，郜某、陈某等4人滥伐林木合19.307立方米。后舞钢市森林公安局将案件移交舞钢市检察院，由舞钢市检察院依法向舞钢市法院提起诉讼。舞钢市法院遂对郜某、陈某作出判处有期徒刑1年、缓刑1年的决定，对张某、张某某作出判处有期徒刑10个月、缓刑1年的判决。从前述案件的判决情况看，司法主体并没有理性认识采伐行为的法益侵害类型，对于采伐过火林木行为是否侵害森林的生态资源并未做认真考量，就将采伐行为认定为犯罪，显然缺乏充分的法益侵害考虑和论证。质言之，鉴于行政法与刑法的保护法益不同，在行政法上被界定为违法的砍伐枯木的行为，不一定侵害刑法保护的法益类型，因此，在刑法上就不一定能构成犯罪。

销售假药行为之所以构成行政违法，是因为销售假药违反药品市场管理秩序。但从刑法的法定刑看，销售假药罪的刑罚配置属于重刑，原因在于销售假药罪的保护法益是社会民众的身心健康和生命安全，易言之，销售假药罪会危及公共安全。于是，在实践上，当行为人销售未经行政批准的国外药

---

〔1〕 [日] 内藤谦：《刑法讲义总论》（上），有斐阁1983年版，第51~53页。

品时，其因未经行政部门的批准而违反行政法规，构成行政违法行为。但是，药物本身却因具有救死扶伤的功效，而被社会主体广泛接受。之所以如此，根本上还是源于刑法与行政法的法律属性不同，价值取向存在区别。对此，有学者曾明确指出：刑法与行政法保护的法秩序不同，从外国进口的抗癌药不属于"假药"，因为其对病人来说不仅无害，反而有益。因此，行为人的行为虽然具有行政不法性，但却不具有刑事不法性。[1] 论者的看法无疑是合理的，也是对法益内涵的准确理解。在前文中，陆勇未经批准代购印度抗癌药物的行为，虽然侵害了药物管理的行政秩序，但并未因销售假药而损害公民身体健康的法益。由此，销售假药在行政法与刑法的法益损害层面未获得统一，所以其销售行为虽然属于行政违法，却不构成刑事犯罪，归根结底，就在于行政法与刑法的法益保护内容存在区别。前置法规的体系内容、责任承担方式以及思维模式与刑法存在着一系列本质性的差别，注定了二次违法并不必然依赖于行政违法，行政违法在刑事认定中并不具有决定性。尤其是当前置法规的解释出现错误时，刑法适用更不应该一错再错。

二、法益侵害严重性考量

在司法实践中，司法主体对危害行为客观方面的认定，往往与行政法规的界定有关。尤其是在行政犯当中，有关行政行为的规定与诠释都是由行政主体进行的。在刑事司法实践中，关于行政规定和违法认定一般都可以被接受，并成为司法裁判的依据，也即，司法主体对行政规定或规范解释一般不做实质性考量，只做形式性审查。但是，必须给予关注的是，即使危害行为符合行政法的规定，如果危害行为的危害性小，也不应该纳入入刑法规制范畴，出罪路径则是刑法实质解释。"法教义学也注重实质合法性，但是，对于实质合法与违法的判断，必须恪守形式入罪实质出罪的原则；解释实质性行政要素，侧重于从探究它们的实质涵义，如并非数额达到即可构成犯罪，在法益阙如的情况下，必须构建实质出罪的渠道，如社会危害性小或者说可罚性程度低，从而不构成犯罪，最终确保刑法处罚的正当性与合理性。"[2]

---

[1] 参见孙国祥："行政犯违法性判断的从属性和独立性研究"，载《法学家》2017年第1期。

[2] 刘艳红："'法益性的欠缺'与法定犯的出罪——以行政要素的双重限缩解释为路径"，载《比较法研究》2019年第1期。

关于刑法中的非法持有枪支[1]罪中枪支的认定标准，公安部对枪支的标准曾做出过明确界定，枪口比动能达到1.8J/cm² 标准的，就是法律意义上的枪支。2001年公安部《公安机关涉案枪支弹药性能鉴定工作规定》确立的射击干燥松木板的枪支鉴定标准相衔接的。据了解，射击干燥松木板标准对应的枪口比动能在16J/cm²左右。从多年的实践来看，按照射击干燥松木板标准和《公安机关涉案枪支弹药性能鉴定工作规定》处理相关案件，未引发问题和争议。基于严格控制枪支的需要，加之射击干燥松木板标准本身存在缺陷，公安部2007年的《枪支致伤力的法庭科学鉴定判据》规定，当所发射弹丸的枪口比动能大于或等于1.8 J/cm² 时，一律认定为枪支。公安部于2008年印发的《仿真枪认定标准》，主要依据威力标准来区分枪支与仿真枪，仿真枪要求所发射金属弹丸或其他物质的枪口比动能小于1.8J/cm²（不含本数）、大于0.16J/cm²（不含本数）。

根据行政机关制定的动力标准可知，上述杀伤力标准的枪支能对人身安全的威胁极为有限，之所以规定如此低的杀伤力标准，与行政机关严格管控枪支有关，并非其危害性严重或杀伤力巨大。据专家测算，枪口比动能为1.8J/cm² 的气枪不会破损皮肤，只会伤害裸露的眼睛。但是，对于行政规范上的枪支动力标准，司法主体并未从危害程度上进行实质考察，而是根据行政规范标准界定枪支的范围。在行政法上，可以将符合上述标准的枪支视为法律意义上的枪支，但从刑法角度看，这种标准与犯罪所需要的严重社会危害性相距甚远，对此，司法主体应该给予实质审查，并对与枪支有关的罪名进行实质解释，而不应该仅仅给予形式考量，就做出行为人是否构成犯罪的判断。正如有学者指出的，完全没有法益侵害性的行为不能成为犯罪。表面上看，可以看作是形式犯的犯罪类型，也应该理解为只有在发生了危险性的

---

[1]《中华人民共和国枪支管理法》第46条对"枪支"作了定义性规定，明确"本法所称枪支，是指以火药或者压缩气体为动力，利用管状器具发射金属弹丸或者其他物质，足以致人伤亡或者丧失知觉的各种枪支。"同时，该法第4条规定，枪支管理工作由公安机关主管。由于《中华人民共和国枪支管理法》只是明确了枪支的性能特征，实践中办理相关案件，一直按照有关部门制定的枪支鉴定标准认定是否属于枪支；2014年，最高人民法院又会同最高人民检察院制定了《关于办理走私刑事案件适用法律若干问题的解释》，对走私武器、弹药罪的定罪量刑标准作了规定。由于涉枪犯罪危害公共安全，社会危害性大，相关司法解释设置了较低的入罪门槛和升档量刑标准，以彰显严厉惩治此类犯罪的立场。

场合才受到处罚。[1]由此,行政法规对枪支标准的规定并不意味着可以直接适用于刑事案件。易言之,在刑事司法实践中,还需要对枪支进行实质性判断和解释。

从2016年8月到10月12日期间,赵春华一直在天津河北区李公祠大街亲水平台附近,摆设射击摊位谋生。10月12日,赵春华被巡警抓获归案。当场查获:赵春华的摊位上摆有涉案枪形物9支及相关枪支配件、塑料弹。天津市公安局物证鉴定中心鉴定,涉案9支枪形物中的6支玩具枪的动能大于$1.8J/cm^2$,符合2010年公安部《公安机关涉案枪支弹药性能鉴定工作规定》对枪支的要求,属于能正常发射、以压缩气体为动力的枪支。在该案中,被查获的符合法律意义上的枪支,发射动力都是在法定幅度上下,按照刑法意义的枪支进行罪名认定和处罚,显然在危害性上相对不足。陈兴良教授也认为,现在的枪支认定标准已经与《中华人民共和国枪支管理法》关于枪支的规定相抵触。[2]根据《中华人民共和国枪支管理法》的规定,枪支必须足以致人伤亡或者丧失知觉,但目前的枪支标准已经包括了不能致人伤亡的情形,并且没有相应的司法救济途径。根据主客观相统一原则的要求,对于此类案件的处理,要根据在案证据对行为人主观明知做出准确认定,对于不能认定行为人主观上明知涉案物品系枪支的,也不应认定为犯罪。并且,在其他类似的案件中,司法主体也曾做出完全不同于前述案例的解释和处理。"在解释法定犯构成要件时,任何时候都不可忘记,法定犯中的'不服从仅仅是可谴责的手段,法益侵害才会致使法所追求的目的落空,因此,法益的价值是衡量侵害犯之间的严重性的唯一标准',也是决定刑法处罚正当化的根据。"[3]

在司法实践上,行为人伪造一张身份证会被司法主体依照伪造身份证件罪进行认定,同时,行政部门对伪造一张身份证的行为也会给予行政处罚。如果对伪造一张身份证处以刑事处罚,就表明司法主体在伪造身份证的危害性上没有做出恰当分析。当行为人仅仅伪造一张身份证时,适用行政处罚是合适的,仅当伪造一定数量的身份证时,才应具有刑法意义上的严重社会危

---

[1] 参见刘艳红:"'法益性的欠缺'与法定犯的出罪——以行政要素的双重限缩解释为路径",载《比较法研究》2019年第1期。

[2] 参见陈兴良:"赵春华非法持有枪支案的教义学分析",载《中国检察官》2018年第9期。

[3] 刘艳红:"'法益性的欠缺'与法定犯的出罪——以行政要素的双重限缩解释为路径",载《比较法研究》2019年第1期。

害性，才有纳入刑法规制的必要。被告人张某某于2016年11月的一天，以200元的价格让他人根据其提供的本人照片及其驾驶证信息，伪造姓名为其本人的假机动车驾驶证1本。后持上述机动车驾驶证于2017年3月4日，驾驶重型半挂牵引车行驶至江阴市临港街道扬子大道大坎路路口被查获。经公安部交通管理科学研究所道路交通事故鉴定中心鉴定，被告人某某持有的上述机动车驾驶证系伪造。法院认为，被告人张某某伪造依法可以用于证明身份的驾驶证，其行为确已构成伪造身份证件罪。判处拘役三个月，并处罚金人民币二千元。根据上述案件，行为人仅伪造一张驾驶证就被认定构成伪造身份证件罪，会出现法律适用悖论，即对类似的行政违法案件，已经没有行政处罚的空间。易言之，不同部门法的法益保护是存在区别的，犯罪的法益侵害显然应高于行政违法的法益侵害程度。"法益侵害的程度就像一个控制阀门，没有达到刑法上的法益侵害'量'的，则不成立犯罪，在侵害法益的程度超出行政不法的量的'阈值'，就成了刑事不法行为。由此，行政犯是前置法定性与刑事法定量的统一，即"犯罪的危害本质和违法实质取决于前置法的规定，而犯罪量的具备，亦即性质相同的违法行为与犯罪行为的区别界限，则在于刑法的选择与规定"[1]。根据论者的观点，行政违法和刑事违法在法益侵害的度上存在区别，唯有行政违法的法益侵害达到一定量时，才能构成刑事意义上的犯罪行为。

由此，当行为人仅伪造一张身份证件时，其法益侵害性一般情况下达不到刑法意义上的严重危害程度，否则，就难以区分刑法与行政法之间的规制界限。对此，有学者曾明确指出："违法行为究竟需通过非刑事法中的责任条款予以规制，还是根据刑事法给予制裁，取决于违法行为对法益的破坏和侵犯程度"[2]。当然，从违法性上看，伪造身份证件的数量不应该成为危害性判断的唯一标准，但是，伪造身份证件数量在危害性判断上的重要性是毋庸置疑的。

三、刑法原则符合性分析

司法主体在对危害行为进行司法裁量过程中，往往会对行政主体的认定

---

[1] 田宏杰："行政犯的法律属性及其责任——兼及定罪机制的重构"，载《法学家》2013年第3期。

[2] 李至："行政犯处罚的反思与限定"，载《中国刑事法杂志》2016年第1期。

结论奉行拿来主义，但缺乏对该行政认定是否符合刑法基本原则的考察，结果则是，刑事认定结论往往会遭受社会主体的指责和批判。对此，司法主体需做出认真对待和反思，对行政主体的认定结论应进行独立考察，做出是否合法、合理、合情的分析，并判断是否应将其作为刑事裁断的证据支撑或理论依据。

交通肇事发生后如果肇事一方逃逸的，根据行政法的规定，可以推定交通肇事主体承担全部责任。并且，根据最高人民法院于 2000 年公布的《关于审理交通肇事刑事案件具体应用法律若干问题的解释》，肇事者的事故责任是认定交通肇事罪的主要依据。实践中，也往往直接根据《交通事故认定书》确定事故责任，在司法实践中，普遍存在着以道路交通管理法责任认定取代交通肇事罪的刑事责任认定现象。对此，在司法实践中，司法主体就需要慎重考量，不能肆意将行政处罚结论作为判断交通肇事罪符合性的重要依据。比如，2010 年 7 月的一天晚上，嫌疑人汤某独自驾驶小轿车回家，途中将车停在路边，下车后到路对面的小卖部买烟，汤某下车时将双闪车灯打开，以提示路人。稍后，张某驾驶摩托车与朋友在路上竞技，由于视线不良，车速过快，避让不及，撞上汤某停在路边的轿车，当场死亡。汤某见状驾车驶离现场，后被公安机关抓获。公安机关根据《交通事故处理程序规定》的规定：当事人逃逸，造成现场变动、证据灭失，公安机关交通管理部门无法查证交通事故事实的，逃逸的当事人承担全部责任，以汤某涉嫌交通肇事罪移送审查起诉。总的来看，理论与实践上对该案的看法主要有三种意见：

第一种意见认为，汤某交通肇事后逃逸，造成事故现场变动、证据灭失，公安机关交通管理部门无法查证交通事故事实，本案中汤某的逃逸行为导致公安机关交通管理部门无法查清事故事实，应当承担全部责任。因此，汤某违反道路交通安全法，致使发生交通事故，致 1 人死亡，负事故全部责任，行为构成交通肇事罪，处 3 年以下有期徒刑。

第二种意见认为，公安机关认定，汤某在交通事故中负全部责任，事故致 1 人当场死亡，汤某的行为构成交通肇事罪。并且，在本案中，汤某交通肇事后逃逸，根据《刑法》第 133 条的规定，交通运输肇事后逃逸的，处 3 年以上 7 年以下有期徒刑。

第三种意见认为，汤某的行为不构成交通肇事罪。原因为：公安机关交通管理部门以汤某违反《交通事故处理程序规定》的规定：当事人逃逸，造成现场变动、证据灭失,公安机关交通管理部门无法查证交通事故事实的,逃逸的当事人承担全部责任,认定汤某承担事故全部责任。但是,本条规定内容是"无法查证交通事故事实的",推定肇事者一人负全责。在本案中,汤某将轿车停在路边,存在违法停车情形,但是,汤某尽到了注意义务,考虑到天黑视线不良,在下车时已经将双闪灯打开。反而被害人张某在路上与朋友竞技,超速行驶,措施不当,避让不及,追尾撞到轿车尾部,导致死亡,可以说是由于被害人的过错导致事故发生。如果可以查明事故原因,就不能推定肇事逃逸人负全责。[1]

我们赞同第三种意见,也即,司法主体应该尽到事实查明义务,不能直接采纳行政机关的责任认定意见。与行政法的价值理念、法律原则不同,刑法上的罪刑法定原则、责任主义原则都决定了唯有责任主体才能承担刑事责任。从现代法治精神看,罪疑从无已成为现代法治原则,刑事类推已经不被认可。在认定交通肇事罪时,行为人与被害人各应负什么责任,是一个非常重要的事实问题。在交通事故中,如果不能查明承担责任的一方,就不能赋予任何人刑事责任,否则,就会有类推定罪的嫌疑,进而触犯现代法治的内在精神和基本原则。由此,将行政处罚中的责任推定作为刑事司法裁量的依据,明显违背刑法上的罪刑法定原则,并会侵害公民的基本权利。"行政机关所确定的入刑标准应该反映刑法的价值支撑和价值预设,该价值并非单向度行政管理效率的需要,而是刑法社会保护与人权保障价值的平衡与兼顾。行政机关脱逸刑法的价值,单向度或者偏重社会管理的需要对构成要素作出的扩张解释,应视为违背罪刑法定原则而归于无效。"[2] 质言之,这里的全部责任只是行政责任,司法机关不能据此认定行为人构成交通肇事罪。也即,即使因为行为人逃逸导致事实不清,在刑法上也应该适用存疑有利于被告人的原则,不能将行政责任的认定直接当作刑事责任的法律根据。此种对行为违法性的实质性推定,显然与无罪推定的传统与政治自由主义的基本内涵背道而驰。退一步讲,假如司法主体不能查清楚事实情况,不得已采纳行政主体的责任意见认定书,也需要给当事人反证的权利和机会,一旦当事人能提

---

[1] 参见朱芳红:"浅析交通肇事逃逸情节的重复评价",载 http://www.jcrb.com _ 1184312.html,最后访问日期:2018年10月11日。

[2] 孙国祥:"构成要素行政性标准的过罪化风险与防范",载《法学》2017年第9期。

供充足的证据证明其不应负主要责任或全部责任,就不能认定其构成交通肇事罪。

但是,从实践上看,司法主体更愿意直接根据行政法规和行政认定进行定罪量刑,从而让刑法判断缺乏独立性和客观性,并直接或间接导致刑法评价缺乏规范特征。法定犯危害性评价的行政支配性,实质是将危害的界定权完全置于国家之手。在此种情况下,模糊的危害性内涵与危害性原则批判功能的丧失,无疑使得国家能够不受阻碍地将任何不服从国家权威的行为犯罪化。[1] 实质上,交通肇事罪本身的立法规定没有问题,但是,司法解释将结果与责任并重,这可能是考虑到交通事故的发生往往与多方存在过错有关,并重考察有助于解决刑法中的因果关系问题,或者说有助于归责问题的解决。但问题在于,司法实践中简单地将事故责任取代因果关系,乃至否定了客观行为要件的确定性,导致缺乏基础行为事实的情形都可以被司法主体定罪。

四、刑法精神一致性考量

刑法的最后性是刑法谦抑性在部门法上的反映,对规范和约束刑法的规制范围具有重要作用。行政法规一般指向社会秩序保护,刑法规范一般坚持公民权利保障,鉴于二者在价值取向上的不同,在立法精神上也往往存在区别。也即,司法主体应该给予规范精神进行分析、比较、衡量,借以判断行政规范上的概念是否与刑法规范中的概念在内涵所指上是否一致。就如有的学者所言:司法工作人员不能仅仅是维护法律的权威,更多是应该维护法律所保护的价值。[2]

在行政法规当中,卖淫的含义相当广泛,既包括了以营利目的的性交行为,也包括了口交、乳交、打飞机、肛交等其他类似性交的行为。国务院法制办公室曾对浙江省人民政府法制办公室复函(国法函〔2003〕155号):卖淫嫖娼是指,通过金钱交易一方向另一方提供性服务,以满足对方性欲的行为,至于具体性行为采用什么方式,不影响对卖淫嫖娼行为的认定。并且,从行政执法实践看,也基本是按照这个标准执行的。比如,《公安部关于同性

---

〔1〕 参见劳东燕:"危害性原则的当代命运",载《中外法学》2008年第3期。
〔2〕 参见陈忠林:"'常理、常识、常情':一种法治观与法学教育观",载《太平洋学报》2007年第6期。

之间以钱财为媒介的性行为定性处理问题的批复》（公复字〔2001〕4号）指出：不特定的异性之间或者同性之间以金钱、财物为媒介发生不正当性关系的行为，包括口淫、手淫、鸡奸等行为，都属于卖淫嫖娼行为，对行为人应当依法处理。2010年11月，广东省江门市公安局《江门市公安局治安管理处罚情节认定实施细则（试行）》，该细则对卖淫嫖娼行为做了具体细化，列出了"以口淫、手淫等方式初次卖淫嫖娼"等7种情形。

在司法实践上，关于卖淫的内涵对刑法上组织卖淫罪的界定有重要影响，采取广义的卖淫还是狭义的卖淫，对于司法主体认定组织卖淫罪有很大不同。从司法实践看，确实存在不同司法主体进行不同认定的情况，也即，司法主体对卖淫的内涵有不同认识，并继而影响到组织卖淫罪的认定。比如，最高人民法院在答复浙江省高级人民法院关于口淫、手淫等行为能否作为组织他人卖淫罪中的卖淫行为时明确指出：口交、手淫尚不属于组织卖淫罪中的"卖淫"。2000年浙江省高院刑一庭、刑二庭出台《关于执行刑法若干问题的具体意见（三）》，明确指出，刑法分则第8章第8节组织、强迫、引诱、容留、介绍卖淫罪规定的"卖淫"，不包括性交以外的手淫、口淫等其他行为。不过，有的地方司法机关将容留他人手淫的行为认定为"容留卖淫罪"。比如，《关于本市办理部分刑事犯罪案件标准的意见（试行）》第71条是就卖淫、嫖娼行为的本质特征作出规定，所列举的"性交、口交、肛交"等行为的具体形态，是对性行为特征的说明，而不是对性行为外延的限制，容留异性之间以金钱收付为媒介而进行手淫的不正当性行为，符合《刑法》第359条规定的容留卖淫罪的行为特征。

2011年5月，广东省江门市中级人民法院二审维持了辖区内鹤山市人民法院判决的容留手淫构成容留卖淫罪的案件。刑法是最后法、保障法，谦抑性是刑法的本质属性。质言之，刑法在必要的时候才能对危害行为进行规制，更多的时候，应将危害行为的治理交给刑法的前置法律规范。也即，现代刑法在任何情况下对法益的保障都只具有辅助性，刑罚也只是社会政策的最后手段。面对现代社会的风险，刑法充其量只能提供辅助性的法益保护。[1] 既然是在风险社会的语境下，刑法的谦抑性也应该是经常被提及并重视的。组

---

[1] 参见梁根林："责任主义原则及其例外——立足于客观处罚条件的考察"，载《清华法学》2009年第2期。

织卖淫罪是具有严重社会危害性的行为,对卖淫的界定应该局限在法益侵害最严重的层面,由此,卖淫应该是指为了营利而性交的行为,对其他类似性交行为,给予行政处罚就可以了,否则,就会背离刑法的谦抑性精神,导致刑法过度使用,并有类推司法的嫌疑。

  与自然犯不同,行政犯认定中多需要考虑前置法律规定,鉴于此,行政犯的司法认定往往具有典型的行政规范色彩。实践上,行政违法与刑事犯罪的关系厘定一直困扰着司法主体;理论上,如何解决违法性认识的定位和标准等问题也一直存在不同观点。围绕行政犯中法律规定、违法性认识及行政犯的实践适用等维度展开对行政犯适用范围的研究,一定程度上,为廓清理论界在违法性认识上的分歧提供了研究视角,也为司法主体辨析行政违法与刑事犯罪提供了理论依据,对于合理认识刑法的适用范围具有重要价值。另外,行政犯中的法律规定也是一个重点问题和难点问题,随着社会发展,行政犯中的前置法律规定还会继续呈现出新的问题,对该问题的研究还需要继续深化,以防止刑法不当干预公民权利,并导致行政犯适用范围向前延伸的情形发生。

第八章
刑事处罚早期化与法益功能检视

自从法益概念引入我国,就开始在两个方面改造着刑法理论,一是犯罪客体逐渐被法益概念代替,一是法益取得与社会危害性的比较优势。前者淡化了犯罪构成理论中犯罪客体的抽象性,后者弱化了犯罪本质中社会危害性的政策性。鉴于法益的规范化与具体性,其对评价立法条文和诠释规范内涵具有积极意义。随着社会风险的多发,积极一般预防理论开始被提出和接受,反映在立法和司法层面则是法益保护不断提前,法益内容不断抽象化、精神化和非人本化。正是从这个意义上,晚近二十年我国刑法立法修正所表现出来的特点之一,即处罚范围的不断扩张,无疑与法益原则(或危害性原则)的功能蜕变存在紧密的内在关联。[1] 由此,在刑法理论上,不应该质疑和批判法益在立法和司法上的价值,而是需要更加关注法益的评价功能与诠释价值,并补充以危害性原则,以达到检视立法合法化与司法合理性之目的。

在风险社会概念引入我国之后,就在社会科学领域引起强烈反响,有关风险刑法理论也不断被学者提起,并充斥于各种学术期刊、法学会议、法学话语之中,与此适应,传统刑法理论开始不断遭受来自风险刑法观的冲击,并持续对传统理论进行渗透和改造,犯罪构成、共同犯罪、因果关系、危害性原则、罪责原则都开始被赋予新的属性和内涵,当然,刑法内容的变化与法益观的改变有密切关系。风险社会引发的严重的安全问题是刑法的聚焦所在,而对安全问题的关注以及预防目的的强调,无疑会使刑法体系发生深刻的改变,而刑法体系的这种改变最先是通过法益论的流变得以呈现的。[2] 基

---

[1] 参见劳东燕:"风险社会与功能主义的刑法立法观",载《法学评论》2017年第6期。
[2] 参见劳东燕:"风险社会与变动中的刑法理论",载《中外法学》2014年第1期。

本可以这样判断,在刑事处罚早期化的语境下,法益内涵逐渐变得模糊、抽象和空洞,其限制、批判与诠释功能也随之弱化。针对现代刑法早期化介入的表现样态:其一是抽象危险犯的多用化;其二是法益本身的早期化、前置化。从法益论本身来看,一般的法益概念很难定义,因此判断犯罪化当否的标准也很难做出。[1]对此,需引起重视的是,如何在复杂社会形态下正确认识和辨析法益的功能,以及如何能正确发挥其在规范诠释中的价值,为刑法干预提供正当化论证。显然,对这些问题的研究显得迫切且必要。

第一节 刑法法益的理性认知

风险社会理论的自反性与方法论特性,为法学尤其是刑法学的发展提供了有效的理论支持和方法指引。就刑法学者而言,不能因为风险社会理论的影响就匆忙构建风险刑法理论,也不能无视风险社会而罔顾刑法发展,而是需要充分认识风险社会理论的合理性、反思性与指导功能,探索符合时代需要的刑法理论和刑法制度。

一、理性认识法益的批判功能

"法益概念不仅具有指导构成要件解释的方法论机能,而且也是检验刑罚法规是否正当的根据。"[2]在传统刑法理论中,法益侵害性是犯罪的本质特征,法益侵害说在我国立法及司法中始终得到比较好的贯彻。根据法益理论,其在两个方面承担着重要的批判功能:危害行为构成犯罪必须严重侵害法益、刑事责任大小与法益侵害程度正相关,前者是关于法益侵害的质的规定性,后者是关于法益侵害的量的规定性,分别对应犯罪行为的定罪和量刑问题。在现代社会的理论视域下,积极的一般预防替代自由刑法下的刑法的消极预防,并对犯罪构成的体系与结构进行改造,进而影响到刑事立法的变化与司法实践的发展,于是,积极的刑事立法观和刑事处罚早期化逐渐成为实践常态。从近年来的刑事立法与司法实践可知,刑事处罚早期化的具体表现形式

---

[1] 参见[日]松宫孝明:"论法益论的意义与界限的含义",载《刑法杂志》第47卷第1号(2007),有斐阁,第4~5页。

[2] 张明楷:《刑法学》,法律出版社2016年版,第64页。

为：处罚预备行为与未遂行为、预备行为实行化、帮助行为正犯化、抽象危险犯增多、犯罪构成要件减少等。分析刑事处罚早期化的具体内容，基本都是法益内容愈发变得概念化和抽象化，一定程度上，对犯罪构成的限制和诠释功能随之下降。

在自由刑法的观念中，法益侵害是犯罪的本质，在司法实践中承担着重要的批判和分析功能。法益是一种基本要素，它不仅能说明可罚性的根据，而且其主要作用是对可罚性加以限定。[1] 但是，基于社会风险发展出的刑法理论与立法实践，法益在定罪量刑中的价值明显下降，尤其是在刑事处罚早期化的立法情势下，法益的批判性作用进一步弱化。观念上的法益概念助长了没有现实内容的总体概念假冒法益的趋势。由此，就会瓦解法益概念的刑法界定力量，进而贬低其效能。[2] 比如，根据一些理论观点可知，对抽象危险犯不需要考虑法益侵害问题、处罚预备行为和未遂行为与法益侵害的联系微弱、中立帮助行为是否侵害法益也存在争论，等等。基于此，有学者明确指出，在新的刑法观念下，法益的批判功能遭到严重弱化。"现代刑法赋予了法益越来越宽泛的内容，法益不断的膨胀，使它限制刑罚发动的功能日渐萎缩，并逐渐成为刑事政策的工具。"[3] 质言之，在风险社会语境下，应该对犯罪本质有新的认识，犯罪的本质应该由法益侵害向规范违反转变。在此刑法观中，法益的犯罪构成定性作用基本被放弃。还有学者指出，针对法益诠释功能的弱化，应该加大刑事政策在规范分析和阐释中的作用。在法益本身内容较为模糊或者理论上存在争议而无法履行解释论指导机能的场合，刑事政策可以发挥重要的指示作用，从而使相关犯罪的处罚范围趋于合理。刑事政策能够清楚地告诉解释主体，为什么对某一要件应当这样解释而不是那样解释，为什么需要做扩张解释而不是做限缩解释，或者相反。[4] 对此，我们应该有客观理性的认识。质言之，在新的社会背景下，即使刑法观念需要更

---

〔1〕 转引自夏伟："民法典编纂对财产犯罪法益保护的影响"，载《浙江工商大学学报》2019年第6期。

〔2〕 参见［德］克劳斯·罗克信："刑法的任务不是法益保护吗？"，樊文译，载《刑事法评论》2006年第Z期。

〔3〕 舒洪水、张晶："法益在现代刑法中的困境与发展——以德、日刑法的立法动态为视角"，《政治与法律》2009年第7期。

〔4〕 参见劳东燕："罪刑规范的刑事政策分析——一个规范刑法学意义上的解读"，载《中国法学》2011年第1期。

新,但是,法益侵害依然是犯罪的本质,在定罪量刑中的地位和功能不能下降。质言之,即使"风险社会"存在大量风险需要以刑法予以规制,也是因为风险是对法益侵害的危险性,因而刑法规制的目的是保护法益。[1]对于论者所持的观点,我们深以为然。

理论上有观点认为,为了回应社会转型的需要,根据风险治理需求,应该重新审视犯罪的本质观,用规范违反说替代法益侵害说,才符合社会风险情势下对犯罪的认知和理解。但是,可以明确的是,用规范违反取代法益侵害作为犯罪的本质,显然缺乏合理性、科学性与时代性,不应该获得理论上的赞同。具体原因如下:第一,即使是犯罪预备、犯罪未遂、抽象危险等行为,也应构成对法益的侵害,只是这种侵害可能仅表现为对法益的外在威胁,而非实质意义上的侵害;第二,从立法情况分析,刑事处罚早期化问题主要集中在危害公共安全的社会领域,比如食品安全、交通安全、医疗安全等方面,但分析历年来的刑法立法条文可知,刑事处罚早期化现象在立法条文中的总量所占比例依然较低。据此,法益侵害性在大部分犯罪类型中的批判功能和限制作用依然存在。基于此,在现代社会阶段,如果仅仅基于刑法的发展趋向,就肆意断言法益批评和分析功能大幅降低或消失的观点,无疑是缺乏理性的,也缺乏科学依据。即使根据风险社会理论,对传统刑法结构做出调整或改进,也不能忽视法益在犯罪构成中的评价作用,更不能忽视法益在刑法体系中的应有位置,尤其是法益在规范诠释和立法评价上的功能依然存在。正如有学者指出的:"既然条文是在保护某种法益的目的下制定的,既然犯罪构成要件是在保护特定法益的目的下设计的,那么,对构成要件的解释理所当然地必须以法益内容为指导"[2]。因此,法益概念至今仍然发挥着立法活动的批判机能和法律规范的解释机能,从这个意义上说,法益概念是能够被把握的,也是应该被把握的。

二、理性分析风险社会的法益类型

根据风险社会的内涵,风险社会中的风险具有不确定性、不可预测性和广泛性等特征,由此,风险社会的风险危害主要集中在公共安全领域。也即,

---

[1] 参见张明楷:"'风险社会'若干刑法理论问题反思",载《法商研究》2011年第5期。
[2] 张明楷:《法益初论》,中国政法大学出版社2000年版,第217页。

在国家法益与社会法益当中，涉及公共安全的有关法益与风险关联性往往会比较高，也往往容易成为社会风险的侵害对象，相反，个人法益并不是社会风险的直接指涉对象。"与刑法相关的社会风险种类，主要是涉及不特定人或多数人的生命、健康、财产等个体法益而拟制出的公共安全、市场经济秩序、社会管理秩序等集体法益类别。"[1]

风险社会理论是一种自反性理论和方法论，根据风险社会理论对刑法理论和刑法制度进行反思和改造是应有之义。但是，学界对风险社会的理解往往较为感性，容易将社会各领域发生犯罪的原因归结为风险社会，致使在刑法理论上的反思不够理性，进而主张彻底改造传统的刑法结构和刑法理论，以应对风险社会的未来挑战。更有甚者，基于对风险社会的误解，学界习惯于将刑法修正案中增加或者修改的条款，归诸风险社会的影响所致。究其原因，是源于对风险社会的风险属性的理解不足，也是对风险社会的指导功能认识有误，最终导致在风险社会对刑法理论与刑事立法的影响程度上存在较大的认识偏差。

如果能够理性认识刑法制度需要回应社会风险的法益类型，在刑法结构改造和刑事立法分析上就会相对客观和慎重。实质上，风险社会的风险是不确定、偶然的社会风险，是未来的可能风险。作为社会治理的制度规范，刑法需要积极回应社会风险问题。但是，刑法的谦抑性和最后性决定，刑法制度更应该关注过去，而不应该过多关注未来，因此，即使需要对刑法结构和刑法体系根据社会风险进行调整，但这种调整也应该是局部的或片面的，而非全局的或全面的。也即，可以根据风险社会理论对犯罪构成进行适当修补，但不是推倒重来。由此，在因果关系、刑事责任及主观要件等内容上可以进行适度完善，但倡导风险刑法、安全刑法的主张显然过于激进，并不符合刑法的本质属性和内在精神。

根据社会发展需要，近年来刑事立法显得较为频繁，刑法修正案涉及的条款也越来越多。仔细梳理和分析修正的刑法条款，大部分刑法条文修改都与风险社会没有直接关联，只是根据社会需要进行的常规性补充和完善。当然，有些刑法条文修改符合风险社会的属性，比如，生产、销售、提供假药罪、危险物品肇事罪、网络安全犯罪、恐怖主义犯罪等，这些罪名的调整更

---

[1] 姜涛："社会风险的刑法调控及其模式改造"，载《中国社会科学》2019 年第 7 期。

多是基于保护公共安全与社会秩序的需求,是为了应对未来可能发生的社会风险,具有回应风险社会的内在属性。可以说,在所有容易发生危险的国家、社会领域当中,诸如药品、援助、经济、税收、社会公共福利、环境保护等,刑法经常被用来满足安全政策的行为需求,以抑制或杜绝危险犯的发生。[1]但是,诸如组织考试作弊罪、盗窃罪、贷款欺诈罪等,则是根据社会发展需要进行的刑法条文修改,与社会的安全和风险没有必然关系,因此,不能将之归入风险社会影响下的刑事立法活动。具体来说,诸如环境犯罪、食品药品犯罪、计算机犯罪、基因医学犯罪等领域,在涉及公共安全法益的领域内进行刑事处罚早期化的立法活动是正当的。风险刑法侧重保护的是抽象、非个人、非人本的社会性法益,而在大多数情况下其体现为公共利益或者说是公共法益,这就要求风险刑法的实行领域要严格限制在关系到公共利益的领域中来。[2]质言之,公共安全领域应是风险刑法关注的对象,应该对其施以早期化处理的立法或司法措施,反之,公共安全之外的其他领域则是自由刑法规范的对象,不应该肆意适用刑事处罚早期化理论,两者应该恪守各自的规制对象,不应该擅自僭越,也不应该肆意退守。

第二节　法益理论对刑法知识的改造

20世纪后期,随着国内与德日刑法学界交流的频繁,德日刑法理论开始传入,我国刑法理论界对法益概念逐渐熟悉和接纳,并逐渐为实务界所接受和适用。法益观的引入不但使刑法知识体系改变,还积极践行着改造传统刑法理论的功能,与之相关的犯罪客体、社会危害性、危害行为等刑法概念,在法益理论的冲击下不断丧失固有的理论地位、批判功能与辨析价值。

一、犯罪客体的功能弱化

犯罪客体是犯罪构成体系的客观要件,犯罪行为侵害的是刑法规范保护的社会关系。在我国传统刑法理论中,犯罪客体承担着危害行为的定性和评

---

[1] 参见[德]乌尔斯·金德霍伊泽尔:"安全刑法:风险社会的刑法危险"刘国良译,载《马克思主义与现实》2005年第3期。

[2] 参见周静:"风险刑法价值分析与适用探究",载《山东社会科学》2013年第6期。

价功能。从犯罪客体指向来看，其涵盖着不同类型的社会关系，具体可将犯罪客体分为具体的犯罪客体、同类的犯罪客体、整体的犯罪客体等。

犯罪构成虽然是构成要素的集合，其内容指向却往往是规范背后的抽象社会关系，须根据刑法规范的内容与精神进行抽象性概括和凝练，比如，故意杀人罪的犯罪客体是人的生命权、盗窃罪的犯罪客体是财产权、强奸罪的犯罪客体则是女性不可侵犯的性权利等。在犯罪构成体系中，犯罪客体往往是辨析危害行为属性的构成要素，经常承担着界分犯罪类型的功能，在司法实践上具有积极的参考意义。不过，鉴于犯罪客体抽象化色彩浓厚，其承载的危害行为辨析功能较为有限。质言之，将社会关系（限制解释为法律关系）作为犯罪客体的上位概念，在犯罪构成及事案的分析中显然难得要领，为消解这类在"规范注释"层面并无太大实际的理论问题，可借鉴德日刑法学的提法，改成"法益"。"法益"这一概念既有极强烈的针对性，也有非常宽泛的涵盖力，可兼容"社会关系""制度""权利""秩序"等犯罪所侵犯的不同内容；既能包容各种犯罪场合对客体之不同表述，又使分析思想始终盯住某种具体实在的生活现象。〔1〕纵然传统刑法理论对犯罪客体的犯罪界分功能有充分认识，但这种功能一般是从宏观层面展开的，如果从具体犯罪类型上分析，犯罪客体的罪名界分功能则极为有限，比如，就财产犯罪而言，其侵害的社会关系都是财产所有权或财产占有权，因此，犯罪客体在财产犯罪个罪之间的区分作用并不大。

法益是法律规范保护的利益，无论是个人法益、集体法益还是社会法益，其最终指向都可以还原为具体的公民权利。刑法只能保护具体的法益，而不允许保护政治或者道德信仰，宗教教义和信条，世界观的意识形态或者纯粹的感情。〔2〕质言之，即使犯罪行为侵犯的是社会秩序或者国家安全，也可以还原为具体的公民权利，对此，国内外主流的法益观基本持赞成态度。基于此，法益可将犯罪客体承载的社会关系具体化为公民权利，最大程度弱化或者稀释法益的抽象化色彩，为司法主体判断危害行为的法律属性提供切实可行的裁量标准。至此，司法主体在诠释规范范围和衡量利益关系时，可以不

---

〔1〕 参见陈兴良："犯罪客体的去魅——一个学术史的考察"，载《政治与法律》2009年第12期。
〔2〕 参见［德］克劳斯·罗克信："刑法的任务不是法益保护吗"，樊文译，载《刑事法评论》2006年第2期。

再立足于抽象的社会关系，而是可以借助具体的公民权利，于是，刑法规范的司法适用显得切实可行，且具有可操作性。正如俄罗斯刑法学者札林斯基所认为的：法益概念具有社会关系概念所不具有的某些优越性，如"更易于具体化""不带有虚假的意识形态色彩""便于与立法调整的特点联系起来"等。〔1〕从社会关系到公民权利的转变，是从抽象到具体的变化，至此，在具体罪名的判断上，犯罪客体原本承担的界分功能开始让位于更加具体的法益观念。于是，在犯罪内涵认定、犯罪属性判断及犯罪类型区分上开始变得具体可行，立足于犯罪客体理论进行司法裁断的年代日益远去。

二、社会危害性价值下降

在传统刑法理论上，犯罪构成是犯罪要素的集合，是犯罪成立的规范标准。社会危害性被界定为犯罪本质，是犯罪构成的外在反映。易言之，犯罪构成表征犯罪行为的社会危害性，社会危害性是犯罪构成的判断标准，二者是相辅相成的关系，共同决定着犯罪的成立与否。

在司法实践上，犯罪构成是危害行为定性的形式标准，社会危害性则成为辨析危害行为的实质标准，对此，《刑法》第13条对犯罪概念的立法规定，进一步支持了理论上坚持的社会危害性为实质标准的观点。不过，源于犯罪构成在犯罪认定上的局限性，社会危害性经常成为弥补犯罪构成不足的分析工具。然而，社会危害性本身的政策性色彩浓厚，司法判断往往缺乏有效的规范性制约，于是，从以往的司法实践看，社会危害性时常成为司法主体曲解犯罪构成或者逢迎刑事政策的工具，基于此，各种政策性诉求、政治性判断、利益性衡量等法外因素都会通过社会危害性进入犯罪构成解读过程中，并成为左右司法主体对危害行为定性的重要因素。对此，国内理论界不断有学者批判社会危害性规范性不足，并积极倡导用法益概念替代社会危害性，以实现犯罪行为认定的规范化诉求。正是基于其内涵模糊的缺点，社会危害性概念虽然没有被驱逐出刑法教义学的领域，但无论是理论界还是实务界，都日益地以法益侵害性的概念来取代之。〔2〕对此，李海东博士曾给予中肯评

---

〔1〕参见转引自冯亚东："对我国犯罪构成体系的完善性分析"，载《现代法学》2009年第4期。

〔2〕参见劳东燕："法条主义与刑法解释中的实质判断——以赵春华将检察为例的分析"，载《华东政法大学学报》2017年第6期。

价：社会危害性并不具有基本的规范质量，更不具有规范性。它只是对于犯罪的政治的或者社会道义的否定评价。如果要处罚一个行为，社会危害性说就可以在任何时候为此提供超越法律规范的根据，因为它是犯罪的本质，在需要的情况下是可以决定规范形式的。[1]

法益是法律上保护的利益，其坚持根据是否侵害法律利益，而非是否具有社会危害性对犯罪行为做实质判断，避免因法外因素过分干扰犯罪构成的判断，以确保司法裁量过程的规范化与法治化。囿于社会危害性自身的非规范化色彩，社会危害性在犯罪认定上经常走到非规范化的作用，一定程度上危害行为认定经常为政治要素左右。于是，当法益概念引入我国后，迅速获得刑法理论界的接纳和认可，并得到实务主体的积极迎合，社会危害性的行为定性功能则逐渐淡出理论范畴和司法进程。换言之，鉴于法益概念具有规范化属性，在国内理论界颇受欢迎并被接受，随之成为评判刑事立法科学性与合理性的工具，并成为诠释、评价刑法规范的有效理论。于是，传统犯罪客体理论和社会危害性理论不断遭到学界的批判和质疑，甚至有不少学者主张，将犯罪客体和社会危害性两个概念逐出我国刑法理论，用法益概念予以替代。在古典刑法的理论上，当公民权利是刑事立法与刑事司法坚持的首要价值时，法益概念的价值及承载的功能无疑是积极、巨大的，在刑法理论中的地位无疑也是稳固的。

近年来，随着社会转型的加快，各种社会风险问题突出，于是，社会秩序保护要求被置于重要地位，自由刑法观则开始遭遇质疑和批判，法益也开始成为阻碍风险刑法观发展的羁绊和阻碍，并不断成为风险刑法或者安全刑法指责、怀疑的对象。基于此，法益概念需要积极回应社会发展的需求，并需要随着社会发展而发生改变，继而衍生出新的内容和特点，从而对刑事立法与刑事司法产生新的影响。

第三节 法益价值的时代演变

近年来，随着社会风险问题频发，预防性刑法观逐渐为理论界关注和侧目，以迎合社会风险治理的需要。建构预防性刑法观的过程，也是改造传统

---

[1] 参见李海东：《刑法原理入门（犯罪论基础）》，法律出版社1998年版，第56页。

刑法理论的过程，刑法理论中的基础概念，诸如因果关系、责任形态、违法本质、刑法与政策的关系等内容皆受到影响和冲击，法益理论也未能幸免，其外在形态与内在功能都开始发生改变，这种改变也影响着法益在刑事立法与司法实践中的指导形象。正如有学者指出的：为了保障刑法能够维系社会的有效运作和社会功能的正常化，刑法对特定领域进行了早期化的立法和司法介入，主要通过对抽象危险犯类型的规制来防止特定危险实害化。但是，这样做的结果就是对作为刑法基石的法益理论造成了强烈的冲击，导致法益概念的日渐抽象化、模糊化，有悖于法益理论创设之初的宗旨，也使法益的某些重要机能被弱化，甚至有逐渐丧失其核心机能的趋向。[1] 我们认为，论者的观点是合理的，准确指出了现代刑法的预防性特征，即刑事处罚早期化的客观性与合理性，以及法益在现代刑法视野下的内容变化和生存困境。也即，在现代刑事法当中，刑法介入的时间的·空间的扩大，且有机地结合而浑然一体，给现代刑事立法赋予新的特征，如果概括起来的话，可以说就是预防主义的刑法和特征。那么，它的具体表现就是"处罚预备行为的原则化""抽象的危险犯类型的多用""管理·统制类刑事立法的多用"。[2]

一、法益内涵抽象化日渐强化

法益指向具体个人的法律权益保障，即使在刑法当中有超个人法益的集体法益和社会法益，其最终也是具象化为个人法律权益。由此，在刑事立法当中，刑法个罪中的法益倾向于具体化权利保障，也即，仅当危害行为侵害或威胁到具体法益安全时，才可能符合个罪的犯罪构成，并进而构成刑事犯罪。

近年来，随着社会转型的深入，尤其是风险社会理论的发展，刑事立法层面对法益内容的把握开始变得越来越抽象，与法益本初的面目和本质渐行渐远。尤其是在涉及公共安全、食品卫生及生态环境等法益保护类型时，刑法对类似法益的保护显得愈发提前，以尽早对前述法益进行保护，避免危及公共安全行为的发生。有的学者针对生态安全法益保护变化，从刑法角度给

---

〔1〕 参见舒洪水、张晶："法益在现代刑法中的困境与发展——以德、日刑法的立法动态为视角"，载《政治与法律》2009年第7期。

〔2〕 参见［日］关哲夫："现代社会中法益论的课题"，王充译，载《刑法论丛》2007年第Z期。

出了较为合理的解答：为了有效且强化实现对这个法益的保护，在基本构成要件所要保护的环境的保全这个法益被侵害之前的更早阶段进行保护就成为必要，以此为目标制定了这样的协防的规范，由此，又主张处罚离保护法益很遥远的具有稀薄危险的犯罪类型也具有正当性。[1] 论者虽然仅仅是针对生态法益的刑法早期干预进行的解读和阐释，但该种观点完全可以扩展至其他涉及公共安全的法益类型。也即，在涉及公共安全的法益保护上，刑事立法特征是明显的，即刑法会尽早干预前述法益的保护，以防止危害公共安全的行为发生。

对于法益抽象性，有国内学者明确指出："利益的抽象性与虚拟概念的特点十分明显，尤其是当必须引入'超个人利益'这样的概念之后，利益甚至与主体也脱钩，成为一个纯观念化的产物，虽然利益说一直强调自身在价值上的应然属性和批判作用，但如果在实体上如此的空虚，还会成为一个可以任意填充的'框'，而这样的'框'又很容易沦为实定法的解释工具"[2]。基于此，如果法益概念实体内容过于空虚，其自身的犯罪构成诠释意义和责任限定机能就会开始弱化。于是，在国内外刑事立法维度上呈现出两种面向：第一，具体危险犯和抽象危险犯的刑事立法条款逐渐增多，第二，具体危险犯向抽象危险犯转变的趋向日益强化。在古典刑法当中，法益侵害或者法益威胁是行为构成犯罪的构成要素，因此，法益在犯罪成立中的诠释和限制功能是明显的。不过，随着刑法观念的转变，刑事处罚的介入期限开始提前，犯罪构成要素则开始发生改变，越来越多的犯罪构成不再要求法益侵害或威胁，只要存在法益危险就足够了。"事实侵害犯是古典刑法的核心。然而，在风险社会的刑法当中则恰好相反，危险犯才处于刑法关注的中心地位。"[3] 也即，在预防性刑法视野下，法益在犯罪本质中的作用不再明显，法益的评价功能和限制作用也开始下降。现代刑法的预防性功能导向，一定程度上突破了法益论的限制机能。比如，根据风险刑法理论，刑法立法的最佳选择是在危险已出现，但尚未转变为现实损害之前就予以防控，并增加个罪构成要件的涵摄范围。由此带来法益论过滤器功能的失灵，行为与结果之间无需清

---

[1] Vgl. F-Ch. Schroeder, Die Starftaten gegen das Strafrecht, 1985, S. 11 f.
[2] 熊琦："论法益之'益'"，载《刑法论丛》2008 年第 3 期。
[3] 薛晓源、刘国良："法治时代的危险、风险与和谐——德国著名法学家、波恩大学法学院院长乌·金德霍伊泽尔教授访谈录"，载《马克思主义与现实》2005 年第 3 期。

晰的法益侵害的客观存在。[1]

就抽象危险犯立法而言，一般体现了立法主体对某种涉及公共安全的法益提前保护的意旨，也即，如果不能通过抽象危险犯立法进行规制，危害行为的未来发展就是危害公共安全，根据一般的社会经验判断，这种潜在的危害非常可能转化为现实损害，比如，我国刑法规范中的危险驾驶罪，危害交通安全罪，非法持有枪支罪，强制穿戴宣扬恐怖主义、极端主义服饰、标志罪等。其实，危险犯立法不仅仅在国内日益增加，在国外的立法上也开始出现。比如，英国制定的《计算机滥用法》第1条规定的非法侵入计算机罪，此行为不要求直接针对特定的程序或数据，只要是未经授权，接触计算机数据，哪怕仅仅是一般的浏览也构成犯罪。《德国刑法典》也有类似非法侵入计算机罪的条款，其第202条a（探知数据罪）第1款规定：非法为自己或他人探知不属于自己的为防止被他人非法获得而作了特殊安全处理的数据的，处3年以下自由刑或罚金刑。对此，有学者明确指出："一种特别令人感叹的发展是，把保护相当严密地划定范围的法益特别是私人法益的刑法通过这种法益范围的延伸引向抽象的危险犯"[2]。就具体危险犯的立法转型而言，一般是指，立法主体认识到，如果将具体危险作为构成要件规定在个罪规范当中，会大大提高司法主体关于危险是否存在的判断和认识难度，对抑制或规范危害行为非常不利，于是，通过删减具体危险犯的构成内容，从立法上将具体危险犯转向抽象危险犯，从而达到及时、有效预防危害公共安全行为发生的目的，比如，我国刑法规范中的生产、销售提供假药罪等。正如王皇玉博士所指出的，抽象危险犯的构成要件设置是一种对于法益的提前而周延的保护，或者说是对法益保护的前置化措施。因为刑法规范除追求报应外，还承担着预防的功能，且这种预防应该是积极的。[3]

抽象危险犯是预防性刑法在立法层面上的反映，将刑法介入提前，对于维护法益具有积极意义。恰如德国法兰克福学派学者哈斯默尔（Hassemer）教授对受时代挑战的刑法的理解：（1）对"普遍的法益"（Al legemeinrechtsg）难

---

[1] 参见姜涛："社会风险的刑法调控及其模式改造"，载《中国社会科学》2019年第7期。

[2] [德]格吕恩特·雅科布斯：《行为责任刑法——机能性描述》，冯军译，中国政法大学出版社1997年版，第118页。

[3] 参见王皇玉："论贩卖毒品罪"，载《政大法学评论》2005年第84期。

以界定，刑法保护范围扩大；（2）刑法用抽象危险犯将处罚时间提前。[1]当然，抽象危险犯立法一般会有两个直接结果，且对社会民众权利保障相对不利：一是犯罪门槛降低，危害行为构成犯罪的可能性增大。鉴于抽象危险犯在构成要素上不要求危险结果，一定程度上已经划入行为犯范畴。质言之，只要实施抽象危害的行为就构成犯罪，犯罪成立门槛进一步降低。实质上，从立法层面上看，抽象危险犯的构成要件设置，表现出立法主体要提前对法益进行保护，也可以说，是对法益保护设计的前置化措施。不过，在某种程度上，抽象危险的危险内涵基本被虚置，内涵也被虚化，在犯罪构成的判断中的评价功能下降，但这显然不符合刑事立法的精神和宗旨。究其根源，抽象危险犯也是危险犯，其应该对法益造成一定威胁。也即，不能因为是抽象危险犯，对其危险就可以不做任何判断，对是否有危险就可以不做任何考虑。

抽象危险犯的设立也是一种举证责任转移的立法模式，也即，将危险是否存在的举证义务从公诉方转移至被告方。于是，通过改变构成要素配置，立法推定直接影响证明内容，行为人须对没有犯意和没有危险发生的主张进行举证。该立法直接改变了控辩双方在证明过程中的责任模式，在责任分配上作出了有利于控方的法律安排。危险构成要件被认为是恰当的堵截构成要件，以防止实害的出现。其原因是，运用实害的构成要件保护法益，往往遭遇举证的困难，危险构成要件的运用，则避免了这种困难。[2]犯罪门槛降低是从实体法角度挤压社会主体的权利生存空间，举证义务转移则是从程序上赋予当事人更多的诉讼义务。因此，不论是从实体还是从程序上，抽象危险犯立法对社会主体的自由权利保障都是较为不利的。由此，社会层面上对抽象危险犯立法应该保持警惕，具体包括立法层面和司法层面，前者是指通过规范分析判断刑事立法的科学性与合理性，进行合理与合法的批判；后者是指通过规范解释赋予刑事立法更多的有效性与功用性，避免刑法干预范围过早、过宽、过大。

总的看来，在抽象危险犯立法日益增多的情形下，在法益内容日益模糊的情况下，需对抽象危险犯的司法认定给予理性分析，有以下几点值得关注：

---

[1] [日]平野龙一："时代的挑战与刑法学的对应"，载《现代刑事法》2001年第5期。
[2] 参见[德]约克·艾斯勒："抽象危险犯的基础和边界"，蔡桂生译，载《刑法论丛》2008年第2期。

首先,抽象危险应该是客观实在的。这个特征不论是在立法当中还是司法当中,都需要给予认真对待;其次,抽象危险控制不利会发生具体危害。抽象危险容易转化为具体的社会危害,如果抽象危险预防不力或者缺乏有效的控制,往往会发生危害性严重的社会后果;最后,抽象危险往往是指向公共安全领域。这个是抽象危险犯立法的重要特征,当危害行为可能导致侵害公共安全的结果发生时,对其来源行为给予预防性控制往往成为立法常态。

二、法益保护早期化日益明显

根据犯罪形态理论和刑法分则条文,犯罪既遂是立法主体于立法之际选择的犯罪形态。考察刑事立法传统,犯罪既遂主要出现于结果犯当中。尽管也有行为犯、危险犯、举动犯等有别于结果犯的类型,但在整体的犯罪体系结构中,结果犯罪占据了主要比例。不过,随着社会的发展,尤其是在风险社会语境下,不以结果为既遂要件的犯罪类型日渐增多,结果犯在总体犯罪类型中的比例开始不断下降。危险刑法不再耐心等待社会损害结果的出现,而是着重在行为的非价判断上,以制裁手段恫吓、震慑带有社会风险的行为。[1] 于是,刑事处罚早期化开始成为一种立法现象。也即,鉴于社会风险因素的多元化,在刑法上以危害结果为基础构建刑法体系已经变得不再现实,因此,需要根据治理社会风险的需要,将刑法调整的标准不断前移,也即,在违法内涵和归责判断上,都需要根据社会风险进行分析和考量。

其一,犯罪成立标准降低。根据传统刑法理论与刑事立法,犯罪成立一般是源于法益受到危害行为侵害或威胁。"刑法的任务是保护法益,犯罪应当被限定为对法益的加害行为,即对法益的现实侵害行为或者对法益产生危险的行为。"[2] 法益是否受到侵害或威胁,一般需从二次性违法、规范文义范围、立法目的等几个维度进行判断和检验。质言之,危害行为需要违反前置法律规范,才可能侵害或危及刑法法益,或者危害行为可以被纳入刑法规范的词语文义范畴,且符合立法精神,才能被视为损害刑法的保护法益。不过,这种状况正从两个层面进行改变:第一,从立法上突破二次违法性。刑法是行政法、民法典的保障法,仅当危害行为被前置法规定为违法行为,或者被

---

[1] 参见林东茂:《危险犯与经济刑法》,五南图书出版有限公司1996年版,第15页。
[2] 张明楷:"法益保护与比例原则",载《中国社会科学》2017年第7期。

其他行为规范予以否定时,刑法才可能将该违法行为纳入规制范畴。但是,近年来,有的刑事立法并没有遵循这一立法规律,而是将行政法未规范的行为直接纳入刑事立法当中,比如,《中华人民共和国刑法修正案(九)》规定的代替考试罪、帮助信息网络犯罪活动罪等个罪规范。就代替考试罪而言,行政法并没有给予明确的处罚规定,刑法却在缺乏行政规制的前提下将其纳入到刑事立法规范当中,这显然与传统意义上的二次违法性原理不相符合。更有甚者,风险刑法甚至还惩罚预备犯的预备行为,这就更违背了客观主义刑法的基本思想。预备犯的预备行为基本上还停留在犯意状态,风险刑法对犯罪思想予以惩罚,就偏离了传统的法益观念。正如有的学者指出的:为应对风险社会恐怖犯罪的风险威胁,风险刑犯立法却对预备行为的处罚予以常态化、原则化,这就导致犯罪行为的法益关联性随之稀薄化。[1]

第二,从司法上突破规范文义。从司法层面突破规范文义,将危害行为纳入刑法规制范围,也是犯罪标准前提的突出表现,这种改变往往发生在司法实践当中。质言之,在立法主体尚未对某种危害行为进行立法时,司法主体却将该违法行为纳入刑法文义范畴,并援引刑法规范进行规制。比如,最高人民法院在关于寻衅滋事罪、侮辱罪、诽谤罪的司法解释中规定:在信息网络上散布虚假信息,起哄闹事,造成公共秩序严重混乱的,构成寻衅滋事罪。对该司法解释,我国理论界存在的争议很大,尤其是能否将网络虚拟空间视为公共场所争议不断。从刑法体系解释考察,我国刑法规范中还有其他涉及公共场所的立法规定,但一般都是指物理意义上的公共场所,而与网络虚拟空间无关,比如,强奸罪、强制猥亵罪、聚众斗殴罪等。再则,从刑法规定与司法解释来看,两者在寻衅滋事罪危害结果要求上也存在不同,分别为公共场所秩序与公共秩序,两者的指向和范围也存在明显区别,反映在法益保护层面也有显著不同。另外,关于销售不符合国家安全标准、卫生标准的医疗器械、医用卫生材料,关于变造有价票证以及关于交通肇事罪的共同犯罪的司法解释,都是扩大刑法规范文义范畴的越权性解释。易言之,司法主体通过将刑法规制范畴扩展到刑法文义范围之外,借以完成扩大刑法法益的保护范围。于是,在犯罪成立标准上比以往立法规定和司法实践有明显下

---

[1] 参见[日]关哲夫:"现代社会中法益论的课题",王充译,载《刑法论丛》2007年第2期。

降,刑法干预被大大提前。在运用刑法与风险作斗争时,必须保护法益关系和其他法治国的归责原则。在无法做到这一点的地方,刑法的干预就必须停止。[1]

其二,犯罪既遂标准前移。近年来,刑事立法出现新动向,预备行为实行化、帮助行为正犯化成为国内外立法的显著特征,尤其是在恐怖主义犯罪、网络犯罪、交通安全犯罪等危害公共安全的立法方面体现明显。第一,预备行为实行化。根据法益侵害原理,犯罪预备形态距离法益侵害尚远,行为人是否会从犯罪预备发展到行为着手还不确定,因此,传统刑法理论对处罚预备犯罪持谨慎态度,司法实践上一般也不主张处罚预备犯。不过,近年来,随着风险刑法或安全刑法理论的发展,刑法的积极预防功能不断被强化,充分发挥刑法的社会治理价值日益成为立法意旨。于是,在某些个罪立法上,犯罪既遂不再强调犯罪结果,而是将既遂标准前推至预备阶段。基于此,处罚预备犯在刑法理论与立法实践上开始成为一种现象。比如,《中华人民共和国刑法修正案(九)》中新增的准备实施恐怖活动罪,宣扬恐怖主义、极端主义、煽动实施恐怖活动罪等,非法持有宣扬恐怖主义、极端主义物品罪等,窃取、收买、非法提供信用卡信息罪,非法利用信息网络罪,等等。这种立法模式在国外刑法中也有明确体现。2001年,《日本刑法典》增设了"有关支付用磁卡电磁记录的犯罪",其中就包括了"为不正当制作支付用磁卡电磁记录作准备罪"。该罪是为了规制不正当制作支付用磁卡所必不可少的准备行为,包括磁卡信息的获取、提供与保管行为以及为制作磁卡准备器械或原料的行为。另外,德国在立法上也曾做出预备行为实行化的规定。比如,《德国刑法典》2009年新增了"严重危害国家暴力犯罪"的预备犯(第89条a)、"为实施严重危害国家的暴力犯罪而与恐怖组织取得联系"(第89b)和"引导实施严重危害国家的暴力犯罪"(第91条)等规范条文。

第二,帮助行为正犯化。处罚预备犯只是犯罪既遂提前的一种表现,除此之外,还有帮助行为正犯化。从传统刑法理论看,帮助犯唯有在实行行为构成犯罪的前提下才能成立犯罪。在立法上,帮助犯是在刑法总则中予以规定的,仅当正犯符合犯罪构成时,才可以考虑帮助犯的刑事处罚问题。不过,

---

[1] 参见[德]克劳斯·罗克辛:《德国刑法学 总论:犯罪原理的基础构造》(第1卷),王世洲译,法律出版社2005年版,第19页。

这种立法趋向也开始发生转变。近年来，随着恐怖犯罪、网络犯罪的社会危害性日益严重，此类犯罪中帮助犯的独立性与侵害性开始呈现出新的特点，帮助犯在共同犯罪中的作用和地位也开始发生变化，如果依据传统犯罪理论与司法实践来规制帮助行为，往往达不到惩治帮助行为之目的。基于此，立法主体开始从立法层面关注和考察帮助行为，并将其与共同犯罪分开考量，这与传统刑事立法明显不同，也即，立法主体开始将帮助行为视为独立的犯罪行为进行规制，从而使帮助行为构成犯罪的时间节点大大提前。在我国刑事立法中，帮助行为正犯化的立法主要表现为帮助信息网络犯罪活动罪、帮助恐怖活动罪、协助组织卖淫罪等。

三、特定不作为义务犯逐渐增多

为了推动特定的行政主体在规范许可的范围内从事行政行为，确保行政行为的合法、合理和安全，就需要赋予特定行政主体特定的行政义务，以促进和推动人类生活避免各类危险的威胁。因此，对有些行为，如果缺乏必要的行政许可或者严重违反行政法赋予的特定义务，就有必要以不作为犯罪进行处罚。比如，《刑法》第286条之一规定："网络服务提供者不履行法律、行政法规规定的信息网络安全管理义务，经监管部门责令采取改正措施而拒不改正，有下列情形之一的，处三年以下有期徒刑、拘役或者管制，并处或者单处罚金……"其实，《德国刑法典》第327条（未经许可开动核设备）、第328条（未经许可的放射性物质及其他危险物品的交易）也都规定，如果是缺乏必要的许可或违反可执行的禁止令，实施相应行为的，即推定为具备相应的危险，因此需要受到处罚。我国澳门地区刑法也规定，违反摘取手术安全性的要求，未按规定在医生直接监督下施行摘取和移植手术，或是在许可医院以外进行此类手术的，处以2年有期徒刑或课以240日的罚款。分析上述法律规定，都明确体现了赋予特定主体特定法律义务的精神，以确保相关主体积极履行法律义务，防止有害社会主体权利的危险发生，如果行为人违背上述特定的义务，则可能构成犯罪而被处以刑事处罚。

法益概念的抽象性自从其开始之日起就为学者所批评，即使在法益诞生地的德国，法益概念也没有像国内学者描述的那样美好，一直在经历着理论层面的质疑和批判。近年来，随着风险社会理论的兴起，法益概念的发展日益体现出空心化和抽象化的特性,其被颂扬的规范化和具体化等属性不但没有得以彰显,反而成为学界批判法益概念的内在原因。换言之,刑法发展到今天,法益概念和内容已经发生了诸多改变,并且在某些方面可能成为背离法治的动因,对此,理论界应该保持警惕和理性。20世纪以来,大陆法系国家刑法处罚范围的不断扩张,正是随着对法益概念日益宽泛的界定而实现的。以至于在今天的刑法体系内,法益只是意味着为刑法所保护的利益,这种利益甚至不需要与人相关。如此宽泛地界定法益,最终的结果是该概念彻底丧失规范的意味,而成为纯粹的实证法上的术语。[1] 其实,即使在风险社会下,西方发达国家关于预备犯的立法并没有出现如抽象危险犯那样的大举扩张之势,只是在个别条款中新增了预备犯规定,可见学者与立法者仍对其采取比较审慎的态度。[2] 基于此,我们可以看到,不管法益论者如何掩饰法益概念的不足和缺陷,其在现代刑法理论中遭遇的困境和尴尬都是明显的。质言之,法益的抽象化和精神化日益明显,传统意义的法益观念被修正和改造,并对规范诠释和犯罪评价产生重要影响。因此,对于法益诠释规范文本的功能,是到了需要在理论上进行反思和探讨的时候了。

第四节　法益规范解释的机能弱化

法益的解释论机能,是指法益具有作为犯罪构成要件的解释结论,必须是符合犯罪构成要件的行为。[3] 由此,在传统的法学理论当中,法益是规范诠释的使命担当,构成要件内容的分析与判断都离不开法益概念。法益是否受到侵害或者威胁,是判断危害行为是否构成犯罪和构成何罪的重要标准。也即,在传统理论与司法实践上,法益承担着重要的犯罪成立判断机能。由此,法益的规范诠释机能明显,可以根据法益判断个罪构成情况。不过,随着法益概念的日趋模糊化和抽象化,法益的规范诠释功能日益弱化,司法主体借助法益进行实践判断的可能与空间正在逐渐萎缩。最显著的转变即是法益概念内涵上的模糊化与外延上的不断扩张和侵害结果及因果关系作为责任

---

[1] 参见劳东燕:"风险社会与变动中的刑法理论",载《中外法学》2014年第1期。
[2] 参见吕英杰:"风险刑法下的法益保护",载《吉林大学社会科学学报》2013年第4期。
[3] 参见张明楷:《刑法的基本立场》,中国法制出版社2002年版,第128页。

根据的地位的下降。[1] 换言之，随着刑事立法上法益内涵的日益抽象化和提前化，法益的规范解释功能则开始呈现出逐渐弱化的趋势。

在刑事立法当中，抽象危险犯条文日趋增多，具体危险犯也向抽象危险犯转化，直接导致的结果就是，法益侵害和威胁在一些个罪中表现不再明显，甚至不再容易被察觉，于是，司法主体在根据法益进行犯罪构成判断时，就会出现不便和困难。法益概念作为外在于刑法规范体系的存在，要将其化为现实的刑法规范而注入刑法体系，需要一种方法或者说手段，这就是抽象危险犯的立法模式。[2] 刑事立法上增加抽象危险犯，是立法主体为了应对危害安全行为而进行的刑事处罚早期化的立法行为，主要表现在交通安全、食品安全、网络安全等严重危害公共安全的领域，比如，危险驾驶罪，生产、销售、提供假药罪等。根据传统理论与司法实践，对抽象危险犯不需要进行危险判断，符合抽象危险犯的犯罪构成即构成犯罪。于是，如果行为人醉酒驾车且符合法定标准或者生产销售假药，就可以构成犯罪，司法主体无需再做具体考量和判断。换言之，在危险驾驶罪和生产、销售假药罪的司法裁量中，法益的诠释功能发挥作用的空间不断萎缩。从表面上看，这对司法主体的自由裁量是便利的，不再需要司法主体对条文进行具体阐释，也不再需要对危险进行具体判断。但从法治精神看，这对实现法治上的实质正义是有危害的。

当行为人醉酒驾车达到法定的标准时，只能表明行为人的醉酒程度达到行政处罚的标准，是否达到侵害或者威胁刑法保护法益的程度，还需要进行具体考察和认真权衡。正如学者指出的："对于单纯的危险，如果总是期待以刑法的手段除去引发危险的原因的话，不仅会阻碍人类在科学技术领域里的创造性活动，而且也极有可能会造成新的风险——对风险规制越严格，对人的自由侵犯的风险就越大"[3]。质言之，虽然行为人达到了醉酒驾车的程度，但是否符合刑法上要求的法益侵害程度，还存在探讨和研究的空间。不过，对抽象危险犯，司法主体不需要做危害性的具体判断，行为人只要实施危险行为即可构成犯罪，具体是否侵害法益则不再要求。于是，法益诠释机能在抽象危险犯的司法裁量中基本销声匿迹了，不过，责任主义原则与罪刑法定

---

[1] 参见劳东燕："风险社会与变动中的刑法理论"，载《中外法学》2014年第1期。
[2] 参见王振："坚守与超越：风险社会中的刑法理论之流变"，载《法学论坛》2010年第4期。
[3] 姚贝、王拓："法益保护前置化问题研究"，载《中国刑事法杂志》2012年第1期。

原则在此过程中则可能存在被放逐和背离的风险。"由此可知，抽象的危险犯必然使危害性原则的内涵发生裂变，具有法益保护早期化而背离罪刑法定原则精神之危险。"[1]

在预备行为实行化的刑事立法当中，也存在法益诠释功能弱化的情况。在一般的刑事个罪中，预备犯距离法益侵害较远，且存在犯罪主观层面不确定的情况，因此，司法实践上对预备犯一般不予处罚，主要原因就是法益侵害或者法益威胁在预备犯中没有明确体现。"预备犯虽然能够反映行为人恶的内心决定，却没有进入实行，尚未表征出行为危险，它也不像抽象危险犯那样具有典型危险，因此处罚预备犯应该仅限于刑法有特别规定的重大犯罪领域。"[2] 不过，当立法主体将犯罪预备行为直接规定为独立的罪名时，预备犯就发生了质的转变，成为独立的实行犯。当然，这种立法往往发生在恐怖犯罪、网络犯罪等严重威胁公共安全的犯罪当中，比如，准备实施恐怖活动罪等。在这种立法模式中，法益侵害和威胁距离具体犯罪行为实施还有一段距离，再次表征了立法主体试图提前介入某些危害行为类型。由此引出来的问题是明显的，预备行为实行化之后会产生新的预备行为，对此类行为该如何认定和处理？比如，为准备实施恐怖活动而实施的预备行为，为准备实施网络违法犯罪活动而实施的预备行为，这些预备行为距离恐怖活动犯罪和网络违法犯罪活动的实行行为更远，危害性也更小。换言之，上述预备行为距离法益侵害或者法益威胁更为遥远，能否适用法益保护理论诠释其可罚性，就不再是确定性和可能性问题。至此，在预备行为实行化的个罪当中，如何运用法益诠释其犯罪形态显然存在障碍。但是，需要明确的是，危害行为构成犯罪应以其侵害法益为前提，如果行为没有侵害法益或者法益侵害程度很弱，则很难将其纳入到刑法的规制范畴当中，否则，就会还有侵害罪刑法定原则之虞。正如有的学者指出的：现代社会的社会成员对于安全的欲求强烈，对于暴露的危险非常敏感。在运用刑法与风险作斗争时，必须保护法益关系及遵循法治的归责原则。在无法做到这一点的地方，刑法的干预就必须停止。[3]

---

[1] 王耀忠："现代风险社会中危害性原则的角色定位"，载《现代法学》2012年第3期。

[2] 吕英杰："风险刑法下的法益保护"，载《吉林大学社会科学学报》2013年第4期。

[3] 参见[德]克劳斯·罗克辛：《德国刑法学　总论：犯罪原理的基础构造》（第1卷），王世洲译，法律出版社2005年版，第18页。

另外，如果行为人实施了实行犯的预备行为，又实施了实行行为，比如，行为人在实施了准备恐怖活动罪实行行为之后，又实施了组织、领导、积极参加恐怖活动的行为，对此，在传统刑法理论和司法实践上，往往认为犯罪行为实际侵害的是相同法益，依照组织、领导、积极参加恐怖活动罪处理即可。但是，根据新的立法规定，准备实施恐怖活动罪被独立规定为个罪罪名，并且，行为人后来又实施组织、领导、积极参加恐怖组织罪，那么，危害行为侵害的是一个法益还是两个法益，应该是根据数罪并罚进行处理，还是根据吸收犯进行处理，也是司法主体需要认真考量的问题。

法益解释能力不足还体现在帮助行为正犯化的情形当中。从传统的共同犯罪理论看，帮助犯之所以构成犯罪，是因为其行为与犯罪结果具有因果关系，对法益侵害或者威胁起到一定作用，所以从立法上规定对帮助行为进行处罚。近年来，随着恐怖犯罪、网络犯罪的损害趋于严重及表现多元化，立法主体对恐怖犯罪和网络犯罪的帮助犯开始规定为独立的犯罪行为，借以严厉处理类似犯罪的帮助行为，比如，帮助信息网络犯罪活动罪、帮助恐怖活动罪等。一定意义上，这是立法主体将法益侵害较小的帮助行为上升为独立的犯罪行为，也即，立法主体通过立法方式改变了类似行为的法益侵害程度。不过，这种立法模式导致的直接结果就是，法益诠释功能受到了实质性损害。比如，当行为人为帮助信息网络犯罪活动罪或帮助恐怖活动罪提供帮助时，是否可以根据刑法总则的相关规定，认定其构成共同犯罪的帮助犯。从理论上或者刑法规范上看，得出行为人构成帮助犯的结论无可厚非，但需要注意的是，本来就是犯罪帮助行为，即使将其独立规定为正犯行为，其法益损害性并没有发生实质性改变。换言之，当其是帮助犯时，对其实施帮助的行为因为法益损害小而排除至犯罪之外。但是，为何将其独立规定为犯罪行为时，其帮助行为的法益侵害程度会增大并进而构成帮助犯。对此，法益的规范诠释功能还需要继续探讨。有学者根据犯罪构成和共同犯罪规定指出，无论是预备行为上升为实行行为还是帮助行为上升为正犯行为，都是从立法上改变了行为性质，因此，根据共同犯罪理论和立法规定，新行为的预备行为或帮助行为都应该给予罪责认定。对于该种观点，我们认为，从立法的形式规定来看并没有不妥，但是，如果从行为的实质危害角度进行分析，论者的结论则有待商榷。再则，帮助恐怖活动罪或者帮助信息网络犯罪活动罪的成立，往往是以恐怖活动罪或者网络违法犯罪活动罪没有发生为前提。不过，如果行为人实施了帮助恐怖活动行为，且也实施了恐怖活动行为，对帮助行为应如何界定，是构成帮助恐怖活动罪或者是恐怖活动罪的帮助犯？也即，行为人的帮助行为是否构成独立的法益侵害行为，还是构成恐怖活动犯罪的法益侵害行为，对此，在理论上和实践上也需要认真分析和对待。

法益并不必然是一个确定的、具体的概念，它存在着抽象化、精神化的风险，法益作为刑法的基石正在被撬动。[1]在当前的社会背景下，由于法益的抽象性和前提性色彩日益浓厚，在不断降低犯罪门槛的同时，也在不断弱化法益的规范解释机能。对此，根据传统的法益理论，显然不能对危害行为进行合理的法律定性，也不能帮助司法主体合理裁量危害行为，因此，还需要对法益的规范诠释机能进行批判性反思。

第五节　法益解释机能的未来出路

虽然法益概念在刑法发展中遭遇怀疑和批判，但法益规范诠释机能还需要理论界继续坚守，并在新的社会形势下，努力尝试对法益的规范诠释机能做出新的理解，并结合危害性原则，借以弥补法益解释机能的不足和不便，共同应对新的社会形势下刑事立法发展对法益概念的冲击。

随着国内学者将风险社会作为分析刑法属性的理论模型，刑事处罚早期化也似乎印证了风险刑法立场，基于此，传统法益侵害理论在风险刑法理论中的地位和作用进入下降通道，积极的一般预防遂成为刑法理论上的重要观念。不过，自由刑法并未因风险刑法盛行而退缩，而是继续维持着传统刑法理论在各个层面的优势和价值，法益的诠释机能和批判功能也未消失。再则，近年来刑事立法虽然呈现出处罚早期化的特征，但并未在总的刑事立法中占据主要比例，更多的刑事立法还是延续着传统的自由刑法观。换言之，预备行为实行化、帮助行为正犯化、抽象危险犯的立法条文在数量上依然不多。鉴于此，虽然新的刑事立法模式对法益诠释机能有一定冲击，但在程度和效果上还是非常有限的。也即，在当下的刑事司法实践中，法益的规范诠释机能依然起着重要作用，绝大部分的刑法分则条文都可以根据法益进行分析和

---

[1]　参见李学良："违法性评价的核心要素：规范与法益"，载《河南财经政法大学学报》2019年第4期。

判断。正如有的学者所言："法益是作为个人、社会和国家的具体利益而成为保护对象的。不管是在解释论上还是在立法论上，法益概念都起着指导作用"〔1〕。至此，我们还是应该有这样一个基本判断和认知，法益诠释机能在一般刑法规范的解释和认识上依然有效，只是在某些个罪上存在不足。不过，同时还需要看到，在一些新的刑事立法条款中，法益的诠释作用确实存在下降和弱化的迹象，尤其是在抽象危险犯、持有犯、过失危险犯、预备行为实行化、帮助行为正犯化的立法案例中，法益的规范诠释和批判机能不足且相对明显。对此，我们认为，当法益的诠释功能存在不足时，借助社会危害性等其他解释手段显然是必要的。不过，有个问题需要强调，即使面临法益保护提前化的趋向，并不能因此否定法益保护原则的规范诠释和责任批判机能，相反，法益保护原则依然可以起到检验刑事处罚早期化、法益保护提前化是否合理与合法的功能。

  作为犯罪的本质属性，社会危害性在危害行为是否构成犯罪的判断中起着重要作用。尤其是《刑法》第 13 条的但书条款，直接规定行为危害性在犯罪成立与否判断中的地位和作用。但是，鉴于社会危害性是一个规范性不足且政策性较强的非规范性概念，其在刑法理论上一直处于被学界指责、质疑和批判的地位，直至法益理论被引入国内后，学界似乎找到了替代社会危害性的合适方案，逐渐造成社会危害性在立法批判和司法诠释上的作用弱化。不过，法益理论的发展并未如学者们所愿，而是在本来就充满异议的基础上进一步加大分歧，尤其是在进入风险社会之后，法益理论在刑法上的地位和作用开始持续下降，也再次印证，在我国的司法实践上，法益理论并不能完全替代犯罪客体和社会危害性原则。对此，我们应该有理性认识，既要认识到法益概念在现代刑法中的价值，也要兼顾社会危害性在个罪分析中的作用，二者可以起到相互补充、相互制约的效果。从传统刑法理论看，社会危害性之所以长期为学者指责和质疑，关键就在于危害性判断不具有规范性，且易为法律以外因素的影响，从而影响到对具体个罪的分析和判断。对此，理论上需要有明确认知，并需对社会危害性进行判断和检视，以最大程度做到社会危害性判断的规范性与合法性，具体可从刑法的二次性、必要性、替代性、合宪性等几个维度进行展开。社会危害性理论是一把双刃剑，对它政治意识

---

〔1〕 张明楷："法益保护与比例原则"，载《中国社会科学》2017 年第 7 期。

形态的一面和威胁人权、自由的一面必须作出限制,使其批判机能在正当合理的纬度内对立法真正发挥作用。[1]

一、对危害行为进行二次违法性判断

二次违法性是刑法谦抑性和最后性在法律文本上的反映,即刑法条文对社会事务的干预是有限的,当前置法规范能有效规范危害行为时,就不需要刑法规范介入。就法益侵害来看,也可以从侵害类型进行分类,具体可分为刑法法益、行政法法益、民法法益等不同种类,如果危害行为只是侵害了行政法法益或者民法法益时,则刑法的法益就是安全的,因此,就无需适用刑法进行规范。在此意义上,刑法是以保护其他法律手段所不能保护的法益为目的,唯有其他法律规范达不到保护目的时,才需要适用刑法规范进行处理。

二次违法性在经济犯罪、行政犯罪等领域被广泛认可,即使对自然犯而言,二次违法性也得到诸多学者承认。有学者曾指出,在成熟的法治国家,法律对风险的反应是有梯度的:对于不被容许的风险,首先以行政法作出限制,然后以刑法作出反应,在刑法内部又依据罪责程度设定合理的罪刑阶梯。[2] 质言之,刑法是行政犯、民法的保障法,也即,需先入他法而入刑法。实质上,二次违法是判断危害行为是否具有严重社会危害性的法律手段,如果在行政法、民法或其他前置法规上都未对某种危害行为进行规定,一定程度上表明,该危害行为并未进入立法者的视野,其对社会的危害性就相对有限,还不需要援引法律进行规范并予以处罚,当然,更不需要对危害程度要求更高的刑法规范予以介入。由此,二次违法性是判断危害行为是否具有严重性的规范性手段,也是司法主体判断危害行为是否符合犯罪构成的有效举措。易言之,虽然刑法当中规定了某个罪名,如果该罪名规范的危害行为并未出现在行政处罚当中,也即,如果行政法尚未将该危害行为界定为行政违法,那么,司法主体对符合犯罪构成的类似行为,就可以根据刑法但书规定进行出罪处理,即社会危害性显著轻微,不构成犯罪。另外,如果行政法并未明确规定"构成犯罪的,依照刑法处理",一般也表明,立法者并在将危害行为上升为犯罪

---

[1] 参见王耀忠:"现代风险社会中危害性原则的角色定位",载《现代法学》2012年第3期。

[2] 参见"闹市飙车的刑法反应",载 http://theory.southcn.com/c/2010-01/27/content_ 8580054.htm,最后访问日期:2019年3月4日。

的立法考虑，也不宜于将类似行为规定为犯罪行为，即使立法主体将该类似行为规定为犯罪，也可以从司法层面排除在犯罪圈之外。比如，对于购买伪基站，用于散发宣传广告，占用频谱资源而使特定路段人群的手机信号瞬间消失的行为，是否构成破坏电力设备罪也存在疑问。与采用持续、大规模的重复拨号手段打推销电话的干扰通信行为相比，其在受扰时长和受扰规模上都难以超越后者，因此，用刑法进行规范就背离了二次违法性原理，对其适用相应的行政处罚即可。当然，刑法应坚守其二次性、补充性的品质，并非所有的法益都是值得刑法保护的，既不能违背宪法保障人权与自由的价值制约，也不能突破罪刑法定主义的限制，只有在其他部门法达不到法益保护效果的情况下，选用达致目的而给相对人侵害最小的方式手段才具合理性。

二、对危害行为进行处罚必要性衡量

在风险叠加或者风险高发的社会背景下，需要对纳入刑法规制范畴的法益位阶进行综合考量。同时，对侵害法益的危害行为是否给予刑事处罚还要进行必要性分析。处罚必要性是指，对危害行为是否有适用刑事处罚的必要，往往是从刑事政策角度对其危害性是否严重进行的判断。从某种角度来看，在风险高发的情况下，法益承担着刑事政策的司法输入功能，为刑事政策进入司法裁量过程提供了合理渠道。因此，应在刑法体系和刑事政策之间建立互动关系，清除两者之间的紧张关系，推动犯罪行为的准确认定。易言之，当从法益侵害上看符合刑事应罚性的诉求，但从政策考量上却缺乏刑事需罚性要求，由此，是否需要对危害行为进行犯罪认定，需要在法益侵害与政策适用之间进行平衡和考察。

在刑法的个罪罪名中，包括抽象危险犯在内的诸多刑法条款都没有明确的数额限制，或者虽有明确的数额规定，但依然需要司法主体根据具体情况，并结合政策需求判断危害行为是否构成犯罪。随着立法上抽象危险犯的增多，罪名认定往往需依托司法主体能动性、司法经验和政策诉求，对危害行为是否达到刑法意义上的严重危害程度进行科学衡量与合理评估，比如，刑法上的危险驾驶罪和生产、销售有毒、有害食品罪等。根据法律规定，行为人饮酒达到 80mg/100ml 的标准，就符合危险驾驶罪的犯罪标准。对此数额标准，在司法实践上虽然一直被严格遵守，在理论界却一直存有争议。比如，行为人血液中的酒精含量虽然达到 80mg/100ml，但如果存在以下情形，则应该认真衡量：根据其身体体质，其酒后驾车不会对交通秩序产生不利影响；行为人虽是酒后驾车，但发生时间是半夜或凌晨，路上行人稀少，或者发生的地方非常偏僻；行为人虽是酒后驾车，但是发生在停车场或者小区门口，等等。质言之，在醉酒驾车问题上，应该坚持形式判断与实质判断相结合，不应该将 80mg/100ml 作为唯一的司法判断标准。易言之，针对上述酒后驾驶行为，不应该一律按照 80mg/100ml 的标准进行犯罪构成的符合性判断，而是应该在此基础上考虑处罚必要性，也即，司法主体应该从刑事政策的角度，考虑是否需要将符合酒驾标准的行为人以犯罪处理。对此，也有学者明确指出："按照法益保护原则的要求，也只有当行为的抽象危险容易现实化为实害，行为人基本上不可能控制危险的现实化时，才能将该危险行为规定为犯罪"[1]。一定程度上，论者的观点相对合理，是对醉酒驾车标准的合理诠释，并准确指出，对不会发生现实危害的抽象危险行为，不宜将其纳入到刑法规范的范围。

再则，就生产、销售有毒有害食品罪而言，也需要考虑行为人生产、销售有毒有害食品带来的具体社会危害，对社会可能造成的严重影响，对社会民众造成的可能或者具体损害等要素，分析危害行为是否具有犯罪本质属性上的严重危害性，并进而做出处罚必要性的恰当评价，而不是只要行为人实施生产、销售有毒、有害食品行为就认定其构成犯罪。质言之，法益概念针对刑事立法与刑事司法皆可发挥作用，当刑事立法不够明确或者具体时，就需积极发挥法益的司法评价机能，将不具有处罚必要性的危害性行为排除在犯罪范畴外。美国国家研究会曾经把危险评价划分为既有区别又有联系的四个阶段，即对危险的认识、对于露出量的反映评价、露出评价和危险特征评价。通过这些指标，可以帮助我们分析和判断关于保护法益的科学技术性危险的内容和程度，从而为危害行为是否侵害刑法法益提供有效的参考标准。实质上，必要性判断为我们分析何种类型的法益应进入刑法规制范围提供了参照指标，同时，必要性判断还是对刑法最后手段性的诠释和贯彻，有利于最大程度保障公民的合法权利。

---

[1] 张明楷："法益保护与比例原则"，载《中国社会科学》2017 年第 7 期。

三、对危害行为进行处罚替代性考量

刑事处罚的替代性考量是指，在刑事司法实践上，对有些符合犯罪构成的行为并不需要处以刑事处罚，而是对其适用刑罚之外的其他处罚方式，比如，行政处罚、民事赔偿及道德谴责等。总的来看，针对这种情况如果适用刑事处罚则属于刑罚昂贵情形，会造成刑法资源的浪费，因此，应充分考虑其他非刑罚处罚措施，以避免过度使用刑法资源。"即使行为侵害或者威胁了他人的生活利益，也不是必须立即发动刑罚。可能的话，最好能交给其他的社会统制手段。可以说，只有在其他的社会统制手段并不充分时，或者其他的社会统制手段（如私刑）过于强烈而有代之以刑罚的必要时，才可以发动刑罚。这就是刑法的补充性或者谦抑性。"[1]

近年来的刑事立法条文，出现了诸如将预备行为、帮助行为规定为独立犯罪行为的立法情况，考察这些立法条文的刑法构造，往往是犯罪类型中的行为犯，立法主体并没有为类似犯罪成立设立具体标准，是否构成犯罪则需要司法主体进行具体判断和考量。鉴于这些预备行为和帮助行为距离犯罪结果尚有一段距离，虽然立法主体将其作为独立的罪名进行规定，但是，就司法主体而言，这些个罪毕竟与其他罪名存在危害程度的不同，是立法主体基于政策诉求、利益平衡进行的立法规定，因此，司法主体在实践上进行具体认定时，还需保持谨慎和冷静，应在充分考虑是否适用其他处罚措施的基础上，再考虑刑事处罚的可能性。其实，上述法律规范适用的难点不在于解释法条用语的外延，而在于确定处罚必要性的大小，即合理划定网络服务提供者作为义务的来源范围，适当界定处罚早期化的程度，正确认定帮助行为与实行行为的关系。[2] 论者的观点无疑是合理的，从需罚性角度考虑犯罪构成问题，是对犯罪成立的必要的实质评价，应该给予认同和支持。易言之，如果对危害行为能适用行政处罚进行规制，就不需要考虑刑事处罚，以最大程度保证刑事处罚的合法性和公正性。另外，针对预备犯实施的预备行为或者帮助犯实施的帮助行为应如何适用，比如，对准备实施恐怖活动罪的预备行

---

[1] 张明楷："避免将行政违法认定为刑事犯罪：理念、方法与路径"，载《中国法学》2017年第4期。

[2] 参见欧阳本祺："论网络时代刑法解释的限度"，载《中国法学》2017年第3期。

为、对帮助信息网络犯罪活动罪的帮助行为，鉴于这些预备行为和帮助行为的危害性更小，没有必要适用刑罚进行规制，因此，司法主体应该态度鲜明，明确将前述行为认定为行政违法行为。

四、对危害行为进行处罚合宪性考察

在社会风险高发的社会发展阶段，为了有效、及时、合理的应对社会风险，国家为追求公益目的行使公权力，扩大刑法的法益保护范围；强调社会利益高于个人利益，为保护社会利益而过度限制个人利益，势必会侵害公民的基本权利。不过，根据衡平性原则的要求，由于法律规定所造成的损害和他所追求的目的之间必须维持一种合理的衡平关系，需要对所追求的公益目的和实现该目的所侵害的公民基本权利进行衡量。[1] 从刑事司法角度看，司法主体在援引刑法规范裁量危害行为是否侵害法益时，需要对刑法诠释和适用进行合宪性分析。宪法是根本大法，是其他法律法规制定的规范依据，也是部门法适用的根本保障。在司法实践中，司法主体不论是通过解读法律规范形成的司法解释，还是根据规范解读形成的个案结果，都需要符合宪法条文、宗旨和精神。

从刑法规范解释的维度看，近年来，有权解释主体在进行司法解释时，并未做充分的合宪性考量，肆意将一般的法益侵害行为纳入到刑法的规制范畴，不过，该种解释往往与公民的基本权利保障不相符合，从而违背了宪法的基本规定和根本精神。比如，2013年9月6日公布的《关于办理利用信息网络实施诽谤等刑事案件适用法律若干问题的解释》第2条同一诽谤信息实际被点击、浏览次数达到5000次以上，或者被转发次数达到500次以上的，应当认定为《刑法》第246条第1款规定的"情节严重"。根据该司法解释，公民在网络上发布相关信息不能被随便点击、浏览或者转发，否则，就可能因达到司法解释规定的数额标准而构成犯罪。不过，根据宪法规定，中华人民共和国公民有言论、出版、集会、结社、游行、示威的自由。也即，公民享有宪法上的言论自由，这种自由包括现实当中的言论自由和虚拟世界中的言论自由。在网络上进行的信息点击、浏览和转发是虚拟世界中的言论自由，不应该被肆意限制和禁止，否则就可能会违背公民权利的合宪性保护精神和

---

[1] 参见范飞："风险社会刑法法益的考量"，载《山东警察学院学报》2016年第4期。

宗旨。言论自由乃是源自对个人自主存在尊严的肯认，是为了保障个人之自主及自尊之目的而设；而非因赋予个人该权利有助于他人利益之追求……相反的，有时为了维护个人之言论自由权，必须要忍痛牺牲一般社会利益。[1] 显然，这一司法解释并没有严格遵循宪法规定的公民言论自由，而是通过司法解释将虚拟空间中的言论自由权进行限制。因此，在司法实践上，对类似的信息点击、浏览、转发行为，司法主体应给予充分、合理的合宪性考量，不能肆意将其纳入到刑法规制范畴进行处理。也即，如果对某个法益的保护与宪法相抵触，就不能将侵害这种法益的行为规定为犯罪。特别应当注意的是，不能将行使宪法所规定的基本权利的行为规定为犯罪，即使这种行为存在一定程序上的瑕疵，也不能将其规定为犯罪。[2]

在社会危害性认定被贴上缺乏规范性标签的前提下，适用社会危害性进行规范诠释和罪名适用就会存在争议和风险。不过，通过对社会危害性认定的改造和调整，将违法性、必要性、替代性、合宪性作为危害性认识的具体要素，可以尽量降低危害性判断的非规范性，努力做到社会危害性司法实践适用的合法性、合理性与科学性。

尽管法益理论近年来遭遇诠释性危机，但不可否认，从其诞生之日起，从未因为其缺陷和不足而退出历史舞台，即使在其功能发生弱化的当下，法益在刑法中的功能依然存在。尽管在不同的历史时代，社会赋予法益不同的功能，但其本身固有的立法批判和规范诠释功能持续存在。质言之，在特定的社会背景下，法益的批判和诠释功能或许会被弱化，但法益自身特有的规范性色彩并未消退，其在实践上独有的刑法文本认知和解读功能不会消亡。即使在风险社会观盛行的时代，法益的规范诠释和批判功能依然存在，当法益在针对某些罪名进行诠释的作用不佳时，也可以借助危害性原则进行补充，以达到共同完成对刑法罪名解读和适用之目的。

---

[1] 参见刘艳红：“网络时代言论自由的刑法边界”，载《中国社会科学》2016年第10期。
[2] 参见"利弊得失：特殊情境下的法益衡量"，载 http://www.baotoulawyer.com/info/3860.jspx，最后访问日期：2021年4月12日。